누적수익률 963% 김현준 대표가 답하는

주식으로 돈 버는 질문 40

김현준 지음

위즈덤하우스

누구나 주식으로
부자가 될 수 있습니다

당신이 이 책을 읽고 있을 때쯤이면 저는 이미 이 땅에 없을 겁니다. 40년간 살아온 대한민국 서울을 떠나 전 세계 자본주의와 금융의 중심 미국에서 새로운 도전을 시작하고 있을 테니까요. 글로벌 투자를 시작한 지 8년, 지역을 막론하고 주식시장은 탐욕과 공포가 지배하는 곳이지만 투자관만 올바르다면 건강한 수익을 창출할 수 있다는 믿음이 생겼습니다. 그러나 거주환경과 생활 관습이 다름으로 인한 종목 발굴 빈도 차이, 언어 장벽 그리고 외국 거주 경험 부재에 대한 아쉬움은 저를 해외 진출에 목마르게 했습니다.

　문제는 당신 같은 투자자였습니다. 조사 기관마다 다소 차이는 있지만 우리나라 주식투자자 중 30~40%는 코로나19 이후 주식을 처음 접했다고 하더군요. 코스피 3000 시대에 주식시장에 들어와 기쁨을 맛본 것도 잠시, 2년 내리 지루

하고 힘든 약세장을 겪은 겁니다. 월급으로는 답이 안 보이고 자산 가격은 자꾸 올라 불안한 마음에 놓고 있는 돈 좀 굴려보겠다고 결심한 게 뭐 그리 잘못이라고. 더 억울한 부분은 당신이 재테크 공부를 열심히 했는데도 돈을 잃었다는 겁니다. 대중을 위하는 투자자로서 저는 이런 당신을 두고 그냥 떠날 수 없었습니다.

이제 유튜브라는 채널은 명실상부 투자자들의 참고서이자 학원이 됐습니다. 소셜미디어 팔로워든 대학생 인턴 사원이든 강의 수강생이든 주식 좀 해봤다 하는 사람에게 어떻게 주식 공부를 했느냐고 물으면 유튜브를 봤다고 합니다. 유튜브를 보는 건 공부가 아니라고, 유튜브 좀 그만 보라고 아무리 얘기해도 소용이 없습니다. 전문성이 전혀 없는 이들이 달콤한 조회 수를 '빨기' 위해 무차별적으로 검증받지 않은 콘텐츠를 생산하고 있을뿐더러 최근에는 불공정거래에 연루된 핀플루언서**Finfluencer**(금융이라는 뜻의 Financial과 소셜미디어에서 영향력 있는 사람을 의미하는 Influencer의 합성어)에 대한 조사까지 이뤄지는 실정인데도 말이죠.

저는 진짜 투자자라는 알량한 자존심에 이제껏 제가 하고 싶은 얘기만 해왔습니다. 그게 방송이든 신문이든 책이든 소셜미디어든 가리지 않았습니다. 제게 쏟아지는 대부분의 질문에 "모른다" "공부 더 하고 물어봐라"고 답하면서요. 하지만 더는 혼자 끙끙대며 힘들어하고 있을 일반투자자를 냉정한 투자 세계에 내버려두면 안 될 것 같다는 마음이 들었습니다. 누구에게나 처음은 있는 법이잖아요? 저도 이제 와 돌이켜보면 주식을 처음 시작할 때의 고민과 궁금증은 지금의 그것과 달랐습니다. 시작이 반이고 운동화 끈을 매야 달릴 수 있듯이 일단은 포기하지 않고 주식시장에서 버텨 살아남는 법을 알려드리려고 합니다. "누구나 주식투자로 부자 될 수 있다" "주식이 모든 자산군 중 역사적으로 가장 수익률이 좋다"라고 얘기하는 사람의 사명감으로 말입니다.

이 책에는 초보 투자자가 전문투자자에게 가장 궁금해하는 질문과 그 답을 담았습니다. 지난 4년간 제가 실제로 신문사 기자, 방송국 PD와 작가, 유튜버에게 받은 질문 중 빈도와 무게감을 감안해 추린 내용입니다. 각 질문에는 제가 당신과 1대 1로 대화하듯 답변합니다. 당신을 진짜 투자자로 거듭나게 할 전문적인 내용을 김현준만의 솔직 담백한 화법과 누구나 이해할 수 있는 쉬운 얘기로 풀었습니다. 이 책만 있으면 제가 외국에 있어 대중매체에 얼굴을 자주 비추지 않아도 서로 걱정 없을 겁니다. 저는 당신을 올바른 투자의 길로 안내하고 있다는 안도감을 얻을 수 있고 당신은 주식투자에 관해 궁금한 점이 생겼을 때 언제든 답을 얻을 수 있을 테니까요. 마치 개인 멘토를 둔 것처럼요.

저는 당신이 이 책을 집어 든 오늘이 진짜 투자 공부의 시작이었으면 좋겠습니다. 더는 유튜브 바다에서 헤매지 않고 자신만의 투자 여정을 시작하길 바랍니다. 시작을 안 했으면 모를까 이제 와서 포기하기엔 몇 년간의 마음고생이 너무 아깝거든요. 경제와 주식시장은 반드시 순환합니다. 안 좋은 때가 있으면 좋은 날도 분명히 옵니다. 손 놓고 있다가 그때 다시 팔랑귀로 또 실패하면 부자로 가는 다리는 끊길 겁니다. 반대로 오늘부터 제대로 공부를 시작한다면 지금의 경험이 당신을 부자의 사다리로 이끌 겁니다. 가능합니다. 에이블!

함께 가고 싶은 김현준 드림

PART 4 주식으로 돈을 벌고 싶다면 이렇게 해야 합니다

PART
1

돈을 벌어야 투자입니다

지금
삼성전자
사도 되나요?

경제, 재테크, 투자 유튜브 어디에 출연하든 빠지지 않는 질문 중 하나입니다. 아마 2가지 이유가 있을 겁니다. 하나는 정말로 우리나라에 삼성전자 주식을 가진 주주가 많기 때문이고 다른 하나는 삼성전자가 우리나라 경제와 주식시장에 미치는 영향이 절대적이기 때문입니다.

실제로 2022년 말 기준 삼성전자는 주주 수 638만 명으로 주식 순위 1위를 차지했다고 합니다. 우리나라 상장주식에 투자하는 1,441만 명 중 44%에 달하는 숫자입니다. 우선주까지 합치면 2023년 6월 말 기준 시가총액으로도 유가증권시장의 23%에 달하니 명실상부 우리나라 1등 기업이라고 할 만하죠?

참고로 시가총액은 주가와 발행주식 수를 곱해 계산하는데 주식시장에서 평가하는 기업의 덩치 또는 값이라고 이해하면 됩니다. 다르게 말하면 주가란 시가총액을 발행주식 수로 나눈 값이니 기업 경영자가 발행주식 수를 늘리거나 줄이면 그에 따라 변동하는 종속변수 같은 겁니다. 기업 주가가 높거나 낮다는 사실만으로 그 기업의 가치를 판단할 순 없지만 시가총액은 이유를 막론하고 크면 클수록 '주식시장에서 규모를 인정받고 있구나', 작으면 작을수록 '주식시장에서 조그마한 기업으로 평가받고 있구나' 하고 생각할 수 있습니다.

삼성전자를 산 이유

먼저 정말로 삼성전자 주식를 가진 주주에게 물어보겠습니다. 삼성전자를 왜 샀나요? 아마 다양한 이유가 있겠죠? "우리나라 대표 기업이니까" "삼성전자가 망하면 우리나라 경제도 무너지니까" "미래의 쌀인 반도체를 생산하니까" "인공지능이나 사물인터넷 시대가 오면 주가가 오를 것 같아서" "배당을 많이 한다고 해서"… 다 틀렸습니다! 실제로 이렇게 생각했다면 다시 생각해봐야 합니다. 우리는 왜 주식을 살까요? 돈을 벌기 위해서 삽니다. 그래야만 하고요.

음식의 효용이 허기를 달래며 미각으로 기쁨을 얻는 것이고 자동차의 효용이 먼 거리를 편안하고 빠르게 이동하는 것이라면 주식의 효용은 돈을 버는 겁니다. 미국 플로리다주를 그대로 옮겨놓은 것 같은 분위기에 맛도 좋은 샌드위치 가게가 있다고 가정해보죠. 당신은 이곳에 푹 빠져 단골이 됐습니다. 그렇게 사장님과 친하게 지내던 와중 사장님이 요리를 더 배우기 위해 쿠바로 떠난다면서 당신에게 이 가게를 인수해보지 않겠냐고 제안합니다. 장사는 정말 잘되는 가게입니다. 한 달에 1,000만 원씩 남는다고 해보죠. 1년 순수익이 1억 원이 넘습니다. 이때 당신은 이 가게를 얼마에 인수할 건가요? 사장님이 권리금 없이 넘긴다고 하면 더할 나위 없겠죠? 그런데 만약 권리금이 1억 원이라면 어떨까요? 1년이면 원금을 뽑고도 남습니다. 연간 수익률이 100%가 넘는 거죠. 당연히 인수할 겁니다. 3억 원은요? 연간 수익률이 30%가 넘으니 충분히 괜찮은 거래죠? 하지만 내향적인 성격이거나 요리에 재주가 없다면 고민되기 시작할 겁니다. 만일 권리금이 20억 원이라면 어떨까요? 연간 수익률은 5% 정도로 떨어지는데 은행만 찾아가도 이 정도 금리 상품은 찾을 수 있습니다. 지금 다니는 직장에 사직서를 낼 이유가 없죠.

바로 이겁니다. 아무리 좋은 투자처라 해도 가격이 높으면 매력이 떨어집니다. 기업도 마찬가지입니다. 국내 대표 기업인지, 반도체 분야 세계 1등인지, 앞으로 그 산업이 유망한지는 상관없습니다. 내가 투자하는 가격 대비 이 기업이 내게 주는 이윤이 얼마나 되는지 비교해야 합니다. 투자 가격과 이윤, 이 중에서 가격은 당신이 이미 알고 있습니다. 네이버페이 증권에도 나오고 당신의 MTS에도 찍혀 있으니까요. 그럼 이윤만 알면 되겠네요. 삼성전자 주주인 당신은 삼성전자가 주는 이윤이 얼마인지 알고 있나요?

이윤은 이익입니다. 당신이 샌드위치와 콜라를 구매한 돈은 샌드위치 가게 사장님에게 갑니다. 이걸 매출액이라고 합니다. 하지만 이 돈이 모두 사장님 것은 아닙니다. 사장님은 샌드위치 원재료도 구매해야 하고 가게 임차료도 내야 하고 직원 급여도 줘야 합니다. 이렇게 이것저것 떼고 남은 돈을 영업이익이라고 합니다. 그야말로 영업을 해서 남긴 돈이라는 뜻이죠. 여기서 처음 가게를 차릴 때 은행에서 빌린 돈의 이자를 갚고 나라가 정한 세금을 내고 나서야 비로소 사장님이 마음대로 사용할 수 있는 순이익이 남습니다. 이 순이익이 앞서 얘기한 삼성전자가 당신에게 주는 '이윤'입니다.

순이익과 시가총액을 비교하거나 순이익을 발행주식 수로 나눈 주당순이익과 주가를 비교하는 작업을 거친 후에야 내가 가진 여윳돈을 샌드위치 가게 인수에 쓸지 은행에 맡길지 삼성전자에 투자할지 결정할 수 있습니다.

그럼 삼성전자는 어떻게 돈을 벌까요? 삼성전자는 우리나라 대표 기업인 만큼 여러 사업을 하고 있어요. 반도체도 만들어 팔고 스마트폰도 만들어 팝니다. 냉장고, 에어컨 같은 가전제품도 만들고요, 자회사에서 TV나 스마트폰에 들어가는 디스플레이 패널도 판매합니다. 사업이 너무 많아서 머리가 아파지죠? 먼저 삼성전자에 가장 많은 돈을 벌어다 주는 핵심 사업부, 반도체만 간단히 공부해봅시다.

반도체는 전기적 특성에 따라 전기가 흐르는 도체가 되거나 반대로 부도체가 되는, 도체와 부도체 반반 성격의 회로소자를 뜻합니다. 이 반도체는 기억 저장을 담당하는 메모리 반도체와 연산을 담당하는 비메모리 반도체로 나눌 수 있고요. 삼성전자는 주로 메모리 반도체를 생산합니다. 메모리 반도체가 미래 산업이라는 건 타당한 추론 같아요. 인공지능이나 사물인터넷이 발달하면 사용량이 늘어나는 것도 사실이에요. 과거부터 메모리 반도체 사용량은 항상 늘어만 왔으니까요. 그런데 왜 주가는 몇 년에 1번꼴로 요동을 칠까요?

수요와 공급에 관해 배웠던 기억이 있나요? 경제학에서 쓰는 용어인데요, 재화 가격은 시장의 수요와 공급에 따라 자연스럽게 결정된다는 얘깁니다. 애덤 스미스는 이를 '보이지 않는 손'이라고 칭하기도 했죠. 반도체는 수요가 계속해서 증가해온 재화예요. 과거에는 PC에만 들어가는 줄 알았던 반도체가 지금은 스마트폰, 자동차, 심지어는 음식점 포스기까지 안 쓰이는 데가 없을 정도니까요. 그럼 삼성전자라는 가게는 장사가 계속 잘돼야 하는데 그렇지만도 않았다는 거죠. 아마 백화점에서 '시즌 종료' '이월 상품' 같은 푯말을 내걸고 할인하는 상품을 본 적 있을 겁니다. 옷 하나를 만들기 위해 얼마나 많은 시간과 노력, 비용이 들어갔을까요? 하지만 같은 과정을 거쳐 만든 옷이라도 '신상'이라는 단어 앞에서는 비싸게 팔리고 '할인' '재고'라는 단어 앞에서는 헐값에 팔립니다. 의류업체 입장에서 어느 쪽이 돈이 될지는 너무 뻔한 얘기겠죠?

삼성전자의 반도체 판매량이 늘어남에도 주가가 내려갈 때가 있습니다. 역시 같은 이치입니다. 힘들여 연구, 개발하고 어려운 과정을 거쳐 생산한 반도체가 낮은 가격에 팔릴 때가 있기 때문입니다. 수요는 늘어나는데 가격이 내려간다? 바로 공급 때문입니다.

반도체 공장에 가본 적 있나요? 삼성전자 평택 공장은 전체 면적이 289만m^2로 축구장 400개 크기라고 합니다. 서울 여의도 면적(약 290만m^2)과 맞먹는 수준이죠. 삼성전자가 2042년까지 건설한다는 용인 클러스터는 투자금액이 300조 원에 달합니다. 참고로 서울 강남구 압구정동 현대아파트는 44평형 기준 1채에 50억 원 정도입니다. 삼성전자가 20년간 투자하는 금액이 이 아파트 6만 채 가격 정도 되는 셈이네요.

아무리 우리나라 1등 대기업이라 해도 투자를 할지 말지 결정하기가 요샛말로 '후덜덜'하겠죠? 그러니 삼성전자 주요 경영진은 미래에 어떤 반도체가 얼마만큼 쓰일지, 그게 얼마에 팔릴지 예측해야 합니다. 하지만 미래 예측이란 게 어디 쉽나요? 또 이게 혼자만 잘한다고 되는 일이 아닙니다. SK하이닉스 같은 경쟁사의 연구개발과 설비투자에도 촉각을 세워야 합니다. 수요 예측을 잘못하면 생산을 너무 많이 해서 투자금액조차 회수하지 못할 수 있고 반대로 생산을 너무 적게 해서 경쟁사에 시장점유율을 빼앗길 수도 있습니다. 따라서 결론은 이렇습니다. 반도체 공장을 건설하는 일은 천문학적 비용과 최소 수년에 달하는 긴 시간이 필요하고 수년 후 미래는 아무도 알 수 없기에 반드시 수요와 공급의 불일치가 발생한단 겁니다.

이를 조금 어려운 말로 생산부터 판매에 걸리는 리드 타임이 길다고 하는데요, 리드 타임이 긴 산업은 필연적으로 수요와 공급의 불일치 때문에 재화 가격이 등락하는 사이클이 나타납니다. 이런 기업은 수요보다 공급이 많아 업황이 안좋을 때 투자하고 호황기를 맞이할 때 파는 게 제일입니다. 당신이 해온 것과 정반대죠? 보통은 삼성전자가 돈을 많이 벌고 증권사 보고서나 언론에 좋은 얘기가 많을 때 투자했다가 '대규모 적자' '역대급 불황'이라는 단어가 보이면 팔아버렸을 거예요. '지금' 삼성전자에 투자해도 되느냐는 질문을 삼성전자 메모리 반도체 사업부가 '지금' 어떤 상황이냐는 질문으로 바꿔보면 어떨까요? 그리고 모두가 삼성전자를 사야 한다고 외칠 때, '메가트렌드' '슈퍼 사이클'이라는 단어가 심심찮게 들릴 때 파는 거예요.

이번에는 삼성전자가 주식시장 전체를 대변하는 종목이라고 생각하는 사람에게 답해보겠습니다. 삼성전자가 우리나라를 대표하는 주식인 건 사실입니다. 시가총액도 가장 크고요, 직원 수도 우리나라에서 가장 많습니다. 제 생각에도 삼성전자가 망하면 우리나라 경제가 휘청거릴 것 같아요. 그런데 꼭 나도 같이 휘청거려야 할까요? 오히려 우리나라 경제가 휘청거릴 때 내 투자자산이 빛나야 하지 않을까요? 제 전작《부자들은 이런 주식을 삽니다》에〈무턱대고 삼성전자 주식만 사고 있는 당신을 위해〉라는 장이 있는데요, 거기 보면 '만일 삼성전자가 고평가되는 날이 온다면 당신은 어떻게 할 것인가?' 하는 내용이 나와요. 삼성전자가 지금의 회사가 되기까지 설탕부터 화학비료와 라디오를 팔았다는 얘기도 나오고요. 그러니 당신도 이 책을 끝까지 읽고 나면 꼭 삼성전자가 아니라 마치 파도를 타듯 여러 좋은 기업을 골라 탈 수 있는 '서퍼'가 됐으면 좋겠습니다.

혹시 우리나라나 전 세계 경제와 같은 속도로 자산을 불리고 싶은 사람이 있다면 삼성전자를 포함한 ETF에 투자하는 방법도 있어요. 삼성전자가 훌륭한 기업이니까 전체 경제보다 더 빠르게 성장하지 않겠느냐는 의견에도 동의해요. 우리나라에서 가장 공부를 잘한 학생들이 삼성전자에 입사해 체계적인 시스템 안에서 성장할 테니까요. 학창 시절만 해도 그래요. 똑같이 열심히 공부하더라도 원래 공부를 잘하던 친구가 서울대에 진학할 확률이 높고 원래 달리기가 빠른 친구가 체력장에서 높은 급수를 받지 않던가요? 하지만 꼭 주의해야 할 점이 있습니다. 뭘까요? 삼성전자를 먹여 살리는 건 메모리 반도체인데 메모리 반도체는 리드 타임이 길어서 공급이 수요를 초과하는 때가 반드시 생기고 이때는 삼성전자 임직원이 제아무리 똑똑하고 열심히 일한다 해도 수익성이 악화하고 주가가 내려간다는 점이에요. 삼성전자에 장기투자한다는 전략은 좋아요. 단, 메모리 반도체 사이클이 불황일 때를 견딜 수 있고 다음 호황이 올 때까지 기다릴 수 있는 마음의 근육과 자금이 있다면 말이죠.

언제 살지는 알겠는데 언제 팔지를 모르겠어요

거짓말! 거짓말입니다. 주식을 언제 사야 할지 알겠다고 말한 사람은 이 책을 잠깐 덮고 노트나 휴대전화 메모 앱에 그 내용을 적어보세요. 그리고 거기에 파는 시점이 적혀 있지 않다면 다시 책을 펼치길 바랍니다. 주식 매수와 매도는 사실 누르는 버튼만 다를 뿐 한꺼번에 일어나는 행위라 해도 과언이 아닙니다. 주식을 살 때의 의사 결정 과정은 이렇습니다.

1. 이 기업(주식)의 적정 가치(주가)는 ☆☆원이다.
2. 그런데 지금 이 기업 가격(주가)은 그보다 훨씬 낮은 ○○원이다. 지금 이 기업을 사서 기다리면 □□% 수익률이 예상된다.
3. 이 수익률은 내 기대수익률보다 높으므로 산다.

4. (선택적) 역사적으로 주식시장 참여자들의 행태를 볼 때 이 기업 주가가 적정 가치에 도달하는 데는 △△과 같은 조건이 필요하고 그 이벤트는 ♡♡개월 정도 걸릴 것 같다.

눈치챘나요? 주식 매수는 기업의 적정 가치를 계산하는 작업에서 출발해요. 그리고 제가 '선택적'이라고 덧붙인 내용에는 그 적정 가치에 도달하기까지의 기간과 과정이 담겨 있죠. 이게 바로 주식 매수와 매도가 사실상 같은 작업이라고 말한 배경이고요. 그런데 당신이 주식을 언제 살지 적은 메모에는 이런 내용이 없을 가능성이 크기 때문에 '거짓말'이라는 자극적이고 단정적인 단어로 이 글을 시작한 겁니다.

그럼 당신이 주식을 사야 할 때는 알고 팔아야 할 때는 모른다고 생각하는 이유는 뭘까요? 주식을 아무렇게나 사기 때문입니다. 회사 엘리베이터 안에서, 점심 먹으러 간 식당의 건너편 테이블에서 들리는 소리에 귀를 쫑긋 세웠다가 포털 사이트에서 대강 검색해보고 사니까요. 그렇게 주식을 사고 나면 2가지 갈림길이 나옵니다. 오르거나 내리거나. 주가가 내려간 주식은 '존버'하다가 본전이 오면 팔기 때문에 이미 파는 때는 정해져 있습니다. 평가손실 규모가 커지면 머릿속에서 지우기도 합니다. 이때는 매도 자체가 선택지에 없어서 고민할 필요도 없습니다. 그러니 운 좋게 주가가 올랐을 때만 문제가 되죠. 주가가 올랐으니 우쭐한 마음이 듭니다. 아무렇게나 산 과거는 잊어버린 채 '나는 주식을 잘 고른다' '매수 타이밍을 정확히 안다' 같은 환상에 휩싸입니다. 그런데 이놈의 주식은 항상 내가 팔기도 전에 어느새 정점을 치고 다시 주르륵 미끄러집니다.

정리하면 이렇습니다. 주식을 사서 손해를 보면 매도 시기를 저울질할 필요가 없고 이익을 봤을 때만 매도 시기가 중요해지는데, 매수할 때 정당한 이유나 목표 가격을 설정하지 않았기 때문에 우물쭈물하다가 이익을 반납하니 답답한 겁니다.

주식은 공동생산, 공동소유의 약속이자 기업의 소유권입니다. 따라서 주식을 사기 전에 기업, 즉 그 사업을 잘 알아보고 거기서 벌어들이는 이익이 예금, 부동산 등 내가 할 수 있는 다른 투자 대안보다 월등히 나은 선택인지 비교해야 합니다. 오랜만에 고등학교 동창이었던 절친에게서 연락이 왔다고 해보겠습니다. 친구는 직장을 그만두고 음식점을 차린다면서 당신에게 투자를 해달라고 부탁합니다. 절친이니까 덮어놓고 투자해주나요? (그럼 저도 당신과 친구가 되겠습니다.) 아니죠? 그럼 어떻게 할까요? 내가 얼마를 투자하면 얼마를 돌려줄 수 있는지, 다시 말해 수익률부터 물어볼 겁니다. 그 수익률을 올리기 위해 어떻게 장사를 할 예정인지, 매상은 얼마를 예상하는지도 물어보겠죠. 요새 그 메뉴가 젊은 이들에게 인기가 있는지, 주변에 경쟁할 만한 점포는 없는지도 알아볼 겁니다. 내 소중한 돈이 묶이니까요.

반면 상장 주식은 쉽게 사고팔 수 있다는 장점(?) 때문에 애초에 장기투자를 할 생각이 없습니다. '아니면 팔지 뭐' 하는 안일한 생각으로 돈을 넣는데 정작 손실이 나면 '조금 더 기다려볼까?' '마이너스에서 어떻게 팔아' 하는 생각에 팔지 못하거나 혹 냉혹하게 손절매를 했다 하더라도 사업성 분석이 없으니 번번이 실패하면서 가랑비에 옷 젖듯 손실이 커져만 갑니다.

그럼 이번에는 제 '뼈 때리는' 지적에 정신이 번쩍 들어 열심히 기업 분석을 해서 투자를 했다고 가정해볼게요. 하지만 정확한 가치평가는 아직 무리인 상황이라고 하죠. 정말 좋은 기업 같고 너무 싼 것 같아서 주식을 산다면 그때 사는 이유를 적어보세요. 최대한 구체적으로요. '시장성이 좋다'보다는 '현재는 우리나라 사람 10명 중 1명만 이 서비스를 사용 중인데 10년 이내에 국민 중 절반은 쓸 것 같다'거나 '매우 저평가돼 있다'보다는 '소비자들이 반복 구매할 제품이라 현재 순이익 100억 원이 계속 유지될 것 같은데 시가총액이 500억 원밖에 안 되다니 기대수익률이 20%(순이익 100억 원÷시가총액 500억 원)로 현재 예금 금리 3%보다 매우 높다'는 식으로요.

그리고 최소 우리나라 상장기업이 분기 실적을 발표하는 주기인 3개월에 1번은 그 내용을 다시 점검하고 업데이트합니다. 만일 처음 샀을 때나 지난 분기에 점검했을 때와 달리 회사 상황이 안 좋은 쪽으로 바뀌고 회복할 기미가 보이지 않는다면 미련 갖지 말고 주식을 팔아버리세요. 처음 살 때 대략적으로나마 설정한 목표주가를 넘어섰을 때도 이 작업을 다시 해봅니다. 회사가 의외로 내 생각보다 훨씬 빠르게 성장할 수도 있거든요. 이럴 때는 목표주가를 더 높여 더 보유해도 되겠죠.

하지만 주식시장에서 어떤 종목이 주목받고 있다면 그때는 조심해야 합니다. 사람들이 주목하고 환호하는지 어떻게 알 수 있느냐고요? 먼저 뉴스나 증권사 보고서 양이 부쩍 늘어날 겁니다. 회사 경영자가 인터뷰를 자청할 때도 있을 거고요. 주변 사람들이 그 종목에 관해 먼저 말을 꺼내거나 네이버 종목토론실이 활발해지는 것도 증거입니다. 비슷한 종목군이 하나의 업종이나 테마로 묶여 다뤄지는 것도 위험합니다. 이런 현상이 생겼을 때는 이미 그 주식의 주가가 꽤 올라 당신의 계좌도 두둑해졌을 테니 팔아버리더라도 크게 아쉽지는 않을 거예요. 물론 그 이후로도 기업이 훌륭한 실적을 이어가면서 주가가 계속 오르는 경우도 있습니다. 하지만 우리는 실력을 더 높여 다음 종목에서 그런 행운을 잡자고요. 투자의 세계는 크게 실패한 자에게 재기할 기회를 주지 않습니다. 자신만의 성공 공식을 찾아 반복적으로 수익을 내는 게 부자가 되는 길입니다.

종목은 몇 개가 적당할까요?

주식시장에는 많은 격언이 있습니다. "무릎에 사서 어깨에 팔라" "떨어지는 칼날을 잡지 말라" "잘 아는 기업에 투자하라"…. 이런 격언이나 투자 원칙은 각자의 투자 실력이나 상황에 맞춰 적용해야 하는데 무작정 따라 하면 문제가 됩니다.

그중 가장 잘못 알려졌다고 생각하는 게 "달걀을 한 바구니에 담지 말라"입니다. 투자 꾸러미(포트폴리오)에 여러 종목을 담아 분산투자를 하라는 의미의 격언이죠. 일단 분산투자의 장점부터 살펴볼까요? 모든 자산을 한 종목에만 투자하는, 이른바 '몰빵' 투자를 했다고 가정해보죠. 운 나쁘게 그 종목의 주가가 많이 하락한다면 어떨까요? 극단적으로 부도가 나거나 상장폐지가 된다면요? 생각만 해도 겁나고 끔찍한 일입니다. 이때 '이 종목 말고 다른 종목도 좀 사둘걸. 그랬다면 이렇게 큰 손실을 보지는 않았을 텐데' 하는 생각이 절실할 겁니다.

이렇게 개별 기업에 문제가 생기는 걸 경영학 용어로 '비체계적 위험'이라고 합니다. 글로벌 금융위기나 코로나19처럼 모든 기업이나 경제 상황 전반에 걸쳐 발생해 피하기 어려운 '체계적 위험'과 상반되는 개념이죠. 분산투자를 하면 비체계적 위험은 감소합니다. 단, 업종이나 투자 아이디어가 서로 달라 상관관계가 낮을 때만 그렇습니다. 중국인 단체 관광객이 우리나라에 방문한다고 생각해 면세점을 운영하는 호텔신라와 카지노를 운영하는 파라다이스에 투자했다면 종목 개수는 늘어났지만 비체계적 위험 감소 효과는 작을 수밖에 없을 겁니다. 과거 2016년 사드 미사일 배치 때 그랬듯 정치적 갈등이 벌어져 우리나라와 중국 사이가 틀어지면 두 주식 모두 하락할 테니까요.

그럼 "달걀을 한 바구니에 담지 말라"라는 격언의 어디가 틀렸다는 걸까요? 2가지를 들 수 있습니다. 첫째, 과도한 분산투자는 피해야 합니다. 미국 경제학자 메이어 스탯먼Meir Statman은 1987년 미국 시장을 대상으로 한 분석에서 10개 종목으로 구성된 포트폴리오라면 비체계적 위험의 84%가, 종목이 20개라면 92%가 사라진다고 밝혔습니다. 그리고 종목이 20개를 넘어서면 분산투자 효과가 급격히 감소해 종목 분석Research 노력과 거래비용 등을 생각하면 실익이 크지 않다고 했죠. 비체계적 위험 축소가 목적이라면 10~20개 종목만으로도 충분하다는 뜻입니다.

둘째, 잘 모르는 기업이나 본질가치가 낮은 기업에 투자하는 건 삼가야 합니다. 앞에서 스탯먼이 분석이라고 한 부분인데요, 달걀을 여러 바구니에 나눠 담긴 했는데 그게 모두 썩은 달걀이라면 무슨 소용이겠습니까? 일반투자자들이 과하게 많은 종목을 사는 이유는 사실 분산 효과를 노려서가 아닙니다. 어디서 들은 종목도 조금 사고 샀다가 물린(?) 종목은 팔기 아까우니 그냥 두고 유튜브에서 전문가가 추천한 것도 좀 사고 하다 보니 늘어난 것뿐입니다. 그러나 투자에서 가장 위험한 일은 '몰빵 투자'가 아니라 가세가 기울어가는 기업에 투자하는 것과 본질가치보다 훨씬 비싼 가격에 투자하는 것입니다.

따라서 투자 전에 기업의 본질가치를 잘 꿰뚫어야 하고 투자 후에도 기업이 내 전망대로 잘 순항하고 있는지 관찰해야 합니다. 이런 작업은 매우 상식적이지만 쉽지만은 않습니다. 직장인이라면 잘 생각해보세요. 내가 맡은 업무 하나도 어려운데 동료나 상사, 부하와의 관계까지 신경 쓰려면 스트레스가 엄청나지 않나요? 나는 분명 내 몫을 충분히 다한 것 같은데 옆 팀에서 문제를 일으켜 큰 프로젝트가 좌초된 경험도 있을 겁니다. 어이가 없을 만큼 부당한 요구를 하는 손님이나 거래처도 있고요. 이를 모두 합친 것이 기업입니다. 기업 '하나'요. 그런데 기업의 미래를 잘 예측하고 본질가치를 정확히 측정할 수 있을까요? 어렵겠죠? 그러니 투자하는 기업 수가 많이 늘어나면 어떨까요? 당연히 투자의 난도는 부쩍 높아집니다.

한편 종목 수가 늘어나면 수익률은 반비례로 낮아집니다. 이렇게 얘기해볼까요? 당신에게 기업가치를 정확히 분석할 수 있는 능력이 생겼습니다. 그럼 우리나라에 2,000개가 넘는 상장기업의 등수를 모두 매길 수 있을 겁니다. 자, 이제 몇 등 주식에 투자하시겠어요? 당연히 1등이겠죠? 어떤 위험이 닥칠지 모르니 분산투자를 한다고 하더라도 10등 정도까지만 하지 않겠어요? 종목이 많아지면 많아질수록 투자 꾸러미에 안 좋은 기업 비중이 늘어나니 수익률은 자연히 떨어질 겁니다. 분산투자가 너무 좋아서 2,000개 종목을 모두 담는다면? 그 꾸러미의 수익률은 시장 평균과 같아질 겁니다. 이걸 지수Index라고 하고요. 그럴 바에는 인덱스 펀드나 ETF에 투자하는 게 속 편하겠죠? 그래서 워런 버핏은 "달걀을 여러 바구니에 나눠 담는 게 아니라 한 바구니에 담고 그 안을 잘 들여다보라"라고 했나 봅니다.

현재 더퍼블릭자산운용에서는 5명의 펀드매니저가 일하고 있습니다. 총 6개 국가, 18개 종목에 투자하고 있고요. 펀드매니저 1명당 3~4개 정도 종목을 관리하는 셈이에요. 종일 종목 분석만 하는 사람들인데도 말이죠. 학업이나 생업에 종사하는 사람이 좋은 종목에 집중투자하려면 이보다는 적어야 하지 않을까요? 실제로 제 주변의 주식으로 수십, 수백억 원을 번 전업 투자자도 여러 종목에 투자하지 않아요. 오히려 근사한 1~2종목이 몇 배 뛰어오르면서 전체 포트폴리오 수익률을 '하드 캐리'하죠.

가장 중요한 투자 지표 딱 하나만 고른다면요?

이건 제가 첫 직장 브이아이피투자자문(현 브이아이피자산운용)에 면접을 보러 갔을 때 받은 질문 중 하나입니다. 2007년 당시 저는 "ROE"라고 대답했어요. ROE는 Return On Equity의 약자로 우리말로는 자기자본이익률이라고 합니다. 순이익을 자기자본으로 나눠 계산하는데요, 예를 들어 자기자본 또는 자본총계가 1,000억 원인 기업이 순이익 200억 원을 창출한다면 200억 원÷1,000억 원해서 ROE는 20%가 됩니다. 부채를 뺀 순수한 자기자본, 즉 내 돈만으로 이익을 얼마나 벌어들이는지 계산하는 거죠.

제가 ROE라고 답한 이유는 버핏 때문입니다. 입사 전 읽은 버핏 관련 책만 해도《워렌 버핏》《워렌 버핏 실전 가치투자》《워런 버핏의 완벽투자기법》《워런 버핏의 가치투자 전략》《주식투자 이렇게 하라》《워런 버핏의 실전 주식투자》

《워렌 버핏 실전 투자》《워런 버핏만 알고있는 주식투자의 비밀》《워런 버핏의 스노우볼 버크셔 해서웨이》… 정말 많죠? 주식투자를 공부하는 학생으로서 주식투자로 세계에서 가장 많은 돈을 벌었다는 사람의 머리부터 발끝까지 배우고 싶은 욕심이 어찌 안 날 수 있겠습니까?

버핏은 돈을 쉽게 버는 비즈니스 모델과 경쟁자를 물리칠 수 있는 강력한 경제적 해자**Economic Moat**를 강조하는 사람입니다. 돈이 적게 들어가면서도 높은 이익률을 올릴 수 있는 기업을 좋아한다는 뜻이죠. 이를 재무적으로 표현하면 낮은 자기자본으로 높은 순이익을 기록하는, 높은 ROE라고 할 수 있습니다. 실제로 버핏이 우리가 알고 있는 ROE를 가장 중요시하는지는 알 수 없지만 그 시절 제가 읽은 책에는 그가 ROE 15% 이상 기업에 투자한다는 등의 지침이 적혀 있었습니다.

생각해봅시다. 버핏의 투자 철학이 ROE라는 지표 하나로 충분히 설명될 만큼 간단할까요? 우리도 장기적으로 높은 ROE를 기록하는 기업에 투자하면 버핏만큼 부자가 될 수 있을까요? 아닐 겁니다. 그럼 왜 많은 책에서 비슷한 지침을 다뤘을까요? 저도 책을 몇 권 내면서 출판업계 사정을 알게 되다 보니 이제는 감이 좀 옵니다. 독자가 그런 구체적인 지침을 원하니까요! 그게 따라 하기 쉽다고 느끼니까요! 저 또한 면접장에서 당당히 'ROE'를 외치고 잘난 체하며 후배들에게 면접 내용을 공유했던 과거를 생각하면 지금도 얼굴이 화끈거립니다.

유튜브 섬네일에서 '꼭 봐야 할 투자 지표 1가지' '이 2가지만 알면 투자가 쉬워집니다' 같은 제목을 사용하는 이유도 이와 마찬가지입니다. 투자를 쉽게 하고자 하는 욕망을 자극하기 위해서죠. 최근 자주 뵙는 월급쟁이부자들의 김병철 팀장님(필명 너나위)은 일반투자자들과 상담할 때 '갈아 넣어야 한다'는 표현을 자주 씁니다. 투자 세계에서 쉽게 되는 일은 하나도 없고 젊은 날의 시간과 노력을 최대한 쏟아부어야만 부자가 될 수 있다는 뜻입니다. 저도 공감합니다. 제 방송을 보고 책을 읽고 강연을 들은 모든 사람이 저처럼 투자할 수 있다면 아마 저는 솔직해지지 못했을 수도 있습니다. 많은 이들이 제 비결을 따라 해 제가 초과수익을 올릴 기회가 사라질 테니까요. 하지만 저는 20년간 주식투자만 했습니다. 입사 후 2년간은 밤 10시 이전에 퇴근해본 적이 없습니다. 8시에 출근해 미팅 준비를 하고 팀원들에게 종목 발표를 한 후 다음 기업을 공부합니다. 오후 3~4시쯤 나가 기업 탐방을 하고 회사로 돌아옵니다. 저녁을 먹고 기업 탐방한 내용을 정리하면 10시가 되죠. 브이아이피투자자문을 다니던 4년간 미팅한 기업이 1,000개 정도입니다. 1년에 평일이 250일쯤 되니 하루 1개 기업을 미팅하고 정리하고 발표한 셈입니다. 중요한 투자 지표를 꼽고 그게 어떤 의미를 지니는지 설명할 순 있습니다. 그러나 그것만으로 수익이 난다고 생각하면 큰 오산입니다.

그래도 하나를 고르자면 PER을 선택하겠습니다. PER은 Price Earnings Ratio의 약자로 주가이익비율 정도로 해석됩니다. 여기서 주가는 우리가 내야 하는 가격을, 이익은 우리가 얻는 가치를 의미합니다. 예를 들어 순이익 100억 원 기업의 시가총액이 1,000억 원이라면 1,000억 원÷100억 원으로 계산해 PER은 10이 됩니다. PER은 시가총액이 이익의 몇 배에 거래되느냐를 뜻하기 때문에 단위로 보통 '배'를 씁니다. "이 기업의 PER은 10배야"라는 식으로요.

이미 눈치챈 사람도 있겠지만 PER은 내가 투자할 경우 발생할 기대수익률이라 중요합니다. 앞 사례처럼 PER이 10배인 기업은 거꾸로 계산하면 기대수익률이 10%라는 뜻입니다. 순이익 100억 원을 시가총액 1,000억 원으로 나눈 거죠 (100억 원÷1,000억 원=10%). 투자할 때 내가 얻을 수익률보다 중요한 게 있나요? 인터넷 은행의 파킹통장을 고를 때도 가장 중요한 건 이자율 아닙니까? 지인이 좋은 사업 아이템이 있다며 우릴 꾈 때도 "얼마 투자하면 얼마 벌 수 있어"라고 하지 않던가요?

　이렇게 생각하다 보면 분명 궁금한 점이 생길 겁니다. '지금 순이익은 100억 원이지만 앞으로 업황이 안 좋아지거나 경쟁사가 나타나 70억 원, 50억 원으로 줄어들면 어떡하지? 수익률이 떨어질 텐데… 심지어 몇 년 후에는 중단해야 하는 사업이라면?' 반대로 '앞으로 유망한 산업이라 이익이 분명 지금보다 늘어날 텐데 그럼 조금 더 높은 시가총액, 즉 높은 PER에 거래해도 기대수익률은 괜찮지 않나?' 바로 그겁니다! 그래서 PER 하나만 보고 투자할 수 없는 거예요. 그 기업이 앞으로 어떻게 변할지 복잡한 사고 단계를 거쳐야 하는 거죠. 이제 당신은 주식투자를 그 기업의 소유권과 동일시하기 시작했습니다.

　마지막으로 버핏은 ROE를 꼽고 저는 PER을 꼽는 이유를 살펴보겠습니다. 다시 말하지만 버핏이 ROE만 보는 것도, 제가 PER만 보는 것도 아닙니다. 버핏은 주로 비상장기업에 투자하며 투자 기간도 상상을 초월할 만큼 깁니다. 이 때문에 그 회사의 최초 투자 가격이 얼마인지보다 투자 이후 아주 오랫동안 버는 돈이 얼마인지가 더 중요합니다. 이때 그 기업이 신규 사업을 해야 한다거나 공장을 더 넓혀야 한다며 자꾸 자신에게 손을 벌리면 곤란하겠죠? 버핏은 자회사들이 벌어들이는 돈을 좋은 기업에 재투자해야 하거든요. 그래서 기업의 본질적인 수익력을 뜻하는 ROE가 더 중요할 겁니다.

　반면 저는 상장주식에 투자하고 투자 기간은 보통 1~3년 정도입니다. 본질 가치는 뛰어나지만 일시적으로 주식시장에서 주목받지 못하는 기업을 산 후 주가가 오르면 팝니다. 아직 투자 규모가 1,000억 원대로 작기에 최대한 빨리 돈을 벌어야 합니다. 애초부터 비싼 값에 매도할 걸 가정하고 투자하니 싼값에 투자해야 합니다. 사실 버핏도 여러 인터뷰에서 밝혔다시피 100만 달러 정도의 적은(?) 돈만 가졌을 때로 돌아간다면 모든 수단을 동원해 지금보다 훨씬 높은 수익률을 올릴 거라 했습니다. 또 입씨름하기 힘드니 자신에게 회사를 팔고 싶은 사람은 반드시 이메일에 매도가(버핏에게는 매수가이자 PER)를 적어서 보내라고 하기도 했죠. 그러니 당신이 어떤 상황에 놓인 투자자이냐에 따라 가장 중요한 투자 지표는 달라질 수 있으며 그게 꼭 하나일 리도 없다는 점을 기억해두세요.

1,000만 원이 있다면 포트폴리오를 어떻게 꾸릴까요?

1,000만 원은 많은 돈일까요, 적은 돈일까요? 입출금 통장에 들어 있다면 많은 돈일 수도 있지만 만기된 적금으로는 큰돈이 아닐 수도 있습니다. 만약 이번 달이 지나면 없어질 돈이니 당장 쓰라고 한다면 소비하기에는 큰돈이지만 전 재산이라고 하면 적은 돈일 수도 있습니다.

　주식투자를 하기 위해서는 어떨까요? 충분합니다. 주식투자의 장점 중 하나가 소액으로도 할 수 있다는 거니까요. 우리나라 주식거래 단위는 1주입니다. 아주 적은 돈으로도 주식을 살 수 있죠. 최근에는 증권사들이 1주 단위 미만으로도 주식을 쪼개 사고팔 수 있는 소수점 거래 기능을 제공하면서 주식투자의 문턱이 더욱 낮아졌습니다.

　하지만 13년간 2,700% 수익을 올린 전설적인 펀드매니저 피터 린치는 저서

《전설로 떠나는 월가의 영웅》(이하《월가의 영웅》) 출간 35주년 기념 인터뷰에서 초판 출간 당시와 지금 달라진 주식시장에 대해 평하면서 스마트폰이나 인터넷 등의 발달로 주식 '놀이'가 너무 쉬워져 휴가 계획을 검색하다 말고 버스 안이나 파티에서 들은 정보에 1만 달러를 집어넣는다고 말했습니다. 그리고 그건 매우 위험한 도박이라고도 했죠. 주식투자의 문턱이 낮아졌다고 좋아할 일만은 아니라는 겁니다.

저도 린치의 말에 100% 공감합니다. 1,000만 원은 주식투자로 날려버리기에 매우 쉬운 돈입니다. 분명 큰돈이지만 역설적이게도 그 돈만으로 인생이 좌우되진 않기 때문이죠. 혹자는 복리의 마법을 무시하는 거 아니냐고 지적할 수도 있습니다. 1,000만 원을 30년 동안 연간 20% 수익률로 굴리면 24억 원이 됩니다 (엑셀에 "=0.1*(1+20%)^30"이라고 넣어보세요). 강남 아파트값이네요! 지금의 강남 아파트값이요. 매년 3%의 물가 상승을 생각하면 현재 가치로 10억 원 정도가 되겠네요(이번에는 "=24/(1+3%)^30"이라고 넣어볼까요?). 10억 원도 큰돈이라고요? 문제는 당신이 그때쯤이면 60~70세 정도 됐다는 점과 연간 20% 수익률은 버핏과 같은 수치라는 점 정도겠죠.

저는 당신이 아직 젊고 종잣돈은 적은 상황이라면 먼저 몸값을 높이라고 조언하고 싶습니다. 저는 'FIRE'라는 말을 싫어합니다. FIRE는 Financial Independence, Retire Early의 줄임말로 젊은 나이에 경제적 자유를 이루고 은퇴한다는 뜻이죠. 세상에 빨리 부자가 되길 마다하는 사람이 있겠습니까? 다만 그 방법이 문제입니다. 회사에서는 '월급 루팡'이 되고 업무 시간에 재테크 방법을 익히는 사람이 부자가 될 수 있을까요? 지금 머릿속에 당신이 아는 부자를 떠올려보세요. 주변 사람도 좋고 유명한 사람도 좋습니다. 버핏? 빌 게이츠? 제프 베조스? 보통은 기업가 이름일 겁니다. 그리고 그들 대부분은 젊을 때부터 지금까지 특정 분야에 몰입한 사람들입니다.

그럼 인터넷에 많이 등장하는 파이어족은 다 뭘까요? 저는 2가지 가능성을 들겠습니다. 하나(라고 쓰고 대부분이라고 읽는다)는 코로나19로 주식, 부동산, 암호화폐 등 가릴 것 없이 많은 자산이 폭등한 시기에 운 좋게 큰돈을 벌어놓고 자신만의 비법인 양 떠벌리는 것뿐인 거죠. 우연인지 불행인지 그 이후 같은 자산 폭등이 더는 나타나지 않았고 같은 사람이 더 큰 부를 일궜다며 대중매체에 얼굴을 드러내는 일도 좀처럼 없습니다.

저와 같이 일하는 정호성 대표는 인생 철학 중 하나가 '행복=노력÷욕심'이라고 합니다. 행복해지기 위해서는 분모인 욕심을 줄이거나 분자인 노력을 늘려야 한다는 겁니다. 제아무리 열심히 사는 사람도 욕심이 크면 행복을 느낄 수 없다는 뜻도 되고요. 그래서 파이어족이 되는 다른 방법으로 욕심을 줄이는 것도 있습니다. 의미 없는 소비를 줄이고 적당한 수입을 만들어 직장에 매이지 않은 채 생활을 꾸리는 거죠. 작가일 수도, 인플루언서일 수도, 전자상거래 사이트를 운영하는 사람일 수도 있겠죠. 자신만의 철학이 있고 지속 가능하다는 점에서 충분히 본받을 만합니다.

적은 종잣돈으로 큰돈을 벌려는 시도는 첫 단추부터 잘못 끼우는 것과 같습니다. 능력에 맞지 않는 무리한 투자를 하거나 탈법적 길로 빠질 수도 있고요. 그래서 종국에는 더 깊은 가난의 늪에 빠지고 말죠. 없어도 되는 돈 1,000만 원이 꼭 있어야만 하는 1,000만 원이 될 수도 있습니다. 처음 투자를 시작할 땐 당연히 수익률이 낮겠죠? 투자수익률이 올라갈 때까지는 몸값을 올리고 주식투자 공부를 하며 때를 기다려야 합니다. 만약 필요한 돈이 한 달에 100만 원, 1년에 1,200만 원 정도라고 한다면 10% 수익률을 낼 수 있는 사람에게는 종잣돈 1억 2,000만 원이, 20% 수익률을 낼 수 있는 사람에게는 6,000만 원이 필요하겠네요.

몸값이라는 건 쉽게 말해 연봉입니다. 자영업을 하는 분이라면 순수익이 되죠. 당신은 아마 투자보다 당신이 종사하는 그 일에 더 전문성이 있을 겁니다. 투자 실력을 쌓아서 벌 수 있는 돈보다 전문성을 갈고닦아 올릴 수 있는 연봉 수준이 훨씬 더 높을 거고요. 동시에 소득이 낮을 때의 소비 수준을 유지하는 것도 중요합니다. 소주를 먹으나 양주를 먹으나 취하는 건 매한가지니까요. 그럼 언젠가 둑이 터지듯 현금이 쌓이기 시작합니다.

예를 들어 연봉이 4,000만 원인 직장인 A씨가 있습니다. 실수령액은 300만 원에 조금 못 미칠 겁니다. 여기서 월세 내고 보험료 내고 교통비에 밥값까지 하면 숨만 쉬고 살아도 200만 원은 쓰겠죠. 남는 돈은 100만 원입니다. 월급으로는 답이 없다고 생각하고 투자 공부를 열심히 합니다. 하지만 인생은 공평한 법, 승진과 연봉 인상이 요원해지죠. A가 저축할 수 있는 돈은 1년에 1,200만 원, 5년을 모아야 6,000만 원이네요. 5년 동안 모은 돈으로 투자 좀 하려니 친구들처럼 차도 사고 싶죠, 번듯한 오피스텔 전세로 이사도 가고 싶죠, 결혼도 해야 하죠? 모두 참고 투자를 시작해 20% 수익률을 올려도 빠듯하게 1,000만 원 정도 더 벌 수 있습니다.

한편 젊은 시절 바짝 일해 연봉을 7,000만 원까지 높인 대학 동창 B씨가 있습니다. 조금 쓰고 살아도 어느새 돈이 훅훅 모일 겁니다. 간혹 성과급이라도 받은 해에는 통장 잔고가 정말 두둑해질 거고요. 5년이 지나니 2억 원에 가까운 여윳돈이 생겼습니다. 훨씬 속 편하고 안전한 저축은행 특판 예금이나 증권사 발행 어음(증권사가 영업용 자금 조달 목적으로 직접 발행해 일반투자자에게 판매하는 금융상품. 은행 예금보다 금리가 높으면서도 예금자보호대상 상품으로 여유 자금을 단기로 운용하기에 적합하다)에만 맡겨도 이자가 1,000만 원에 달합니다. 조금 더 모으면 법적으로 최소 투자금액이 1억 원 이상으로 정해져 있어 부자들만 가입 가능하다는 사모펀드에 가입할 수도 있습니다.

종잣돈이 1억 원이라면요?

그럼 얘기가 조금 달라집니다. 수익률이 10~20%만 돼도 최소한의 생활비는 벌수 있는 돈이니까요. 먼저 투자 목적을 결정하는 게 좋겠습니다. 안정적으로 수익을 낼 건지 아니면 주식투자로 승부를 볼 건지로 나눌 수 있겠네요. 안정적으로 수익을 내는 쪽은 다시 꾸준히 현금흐름이 생겨야 하는지 아니면 현재 근로소득 등 충분한 수입이 있어 증권 계좌에서 돈을 뺄 일은 없지만 작은 변동성에도 겁이 덜컥 나는지에 따라 다를 것 같습니다.

  가장 먼저 증권 계좌에서 매년 꾸준한 현금흐름이 필요한 투자자라면 배당주 포트폴리오를 권합니다. 속한 산업이 성숙 국면에 접어들어 폭발적인 성장성은 없지만 그 안에서 업력이 길고 시장점유율이 높은 기업은 이익을 잘 냅니다. 그러면서도 새로 큰 공장을 짓거나 대규모 인력을 충원하는 등의 투자가 필요하지 않기 때문에 회사 통장에 돈이 고스란히 쌓이죠. 이를 이익잉여금이라고 합니다. 그중 주주를 귀하게 여기는 일부 기업은 배당금이라는 형태로 주주에게 돈을 돌려줍니다. '이제 이 돈이 없어도 충분히 장사할 수 있으니 고마운 투자자분들께서 요긴하게 쓰세요' 하는 것이죠. 보통 1년에 1번 지급하니 그만큼을 생활비로 사용하고 보유 주식은 계속 가져가는 방법이 배당주 투자입니다. 다만 기업 상황이라는 건 언제든 변할 수 있기에 충분히 여러 개 기업에 나눠서 투자해야 하고 추가로 여유 자금이 생겼을 때는 무작정 같은 종목에 돈을 넣는 게 아니라 그때그때 주식이 고평가된 건 아닌지 주당 배당금을 주가로 나눈 배당수익률을 다시

계산해보는 습관을 들여야 해요.

　나이가 어리거나 꾸준한 수입이 있어 증권 계좌에서 자주 출금할 일은 없지만 금리나 임대수익 이상의 적당한 수익을 노리는 사람에게는 지수 ETF나 인덱스 펀드를 추천합니다. 주가는 기업 실적의 거울이고 주식시장은 모든 기업의 합집합입니다. 장기적으로 망할 것 같지 않고 나아가 국가 경쟁력이 있는 나라의 주식시장은 물가 상승률 이상으로 상승합니다. 부자는 보통 사람보다 돈을 많이 벌잖아요? 부자는 주로 기업가라고도 말씀드렸고요. 물가 상승이란 뭡니까? 유형의 재화(물건)나 무형의 용역(서비스) 가격이 오르는 거죠? 물건이나 서비스는 누가 팔죠? 기업입니다. 기업이 실제로 부동산이나 물건(재고자산)을 많이 소유하고 있기도 하고요. 그래서 좋은 기업은 물가 상승에 따른 구매력 감소를 훌륭하게 방어해줍니다. 그러니 우리나라나 미국 또는 전 세계 주식시장을 추종하는 ETF에 투자하면 장기적으로 손해 볼 일은 없을 겁니다.

　마지막으로 주식투자에 진심인 사람은 여전히 몇 개 종목에 집중해야 합니다. 크게 벌어도 보고 크게 잃어도 보면서 온몸으로 느껴봐야 해요. 그래야 더 공부하게 됩니다. 벌었을 때는 나만의 성공 공식을 쓰게 될 테고 잃었을 때는 복기하면서 실력이 몇 배씩 좋아집니다. 성장주도 가치주도 나눌 필요가 없습니다. 시간이 지나면 자신에게 맞는 투자가 뭔지 깨닫게 돼요. 공부도 투자도 어중간하면 이도 저도 안 됩니다. 언제까지? 수년간 평균 수익률로 바라봤을 때 수익금이 연봉을 넘어설 때까지. 대략 10억 원쯤 될까요? 연평균 수익률이 10%라면 매년 1억 원을, 20%라면 2억 원을 벌겠죠? 그 정도면 이미 당신은 저보다 더 뛰어난 투자자가 돼 있을 거예요.

　레이 달리오의 올 웨더 포트폴리오All Weather Portfolio라고 들어보셨나요? 우리말로 사계절 투자 정도로 번역할 수 있는데요, 거시경제나 주식시장과 관계없이 어느 때나 작동하는 투자 꾸러미라는 뜻이에요. 주로 주식, 채권, 금 등에 나눠 투자하고 경제 상황에 따라 그 비중을 적절히 바꿈으로써 안정적인 수익을 낸다고 알려져 있죠. 달리오 같은 투자의 대가도 이렇게 다양한 자산으로 포트폴리오를 꾸리는데 우리는 왜 그렇게 안 하느냐고요? 달리오가 회장인 브리지워터 **Bridgewater Associates**는 수백조 원을 다루는 세계 최대 헤지펀드입니다. 그렇기에 무겁고 느리게 하지만 안전하게 움직이고 우리 같은 사람처럼 기민하고 공격적으로 움직이거나 높은 수익률을 기대하지도 않아요. 따라서 시장 평균보다 조금 나은 수익률을 목표로 달리오의 펀드에 가입하면 몰라도 직접 올 웨더 포트폴리오를 공부하고 흉내 내는 건 적합한 방법이 아니라고 생각합니다.

그리고 그거 아세요? 최근 그가 주목을 받았던 때는 코로나19 대유행기였습니다. 전 세계 주식시장이 급락하는 가운데 그의 펀드는 상대적으로 덜 하락했기 때문에 '올 웨더 포트폴리오가 맞았다' '레이 달리오의 마법' 등으로 칭송받았죠. 하지만 이는 그 펀드가 다양한 자산을 담고 있어 당연하게도 주식 편입 비중은 적고 일반적으로 주식시장과 반대 방향으로 움직이는 금 등의 실물 자산 가격이 올라 생긴 일입니다. 주식시장이 급격히 상승하기 시작하자 금세 달리오는 잊히고 테슬라 같은 성장주에 투자한, '돈나무 언니'로 불리는 아크인베스트먼트**Arc Investment Management**의 캐시 우드**Cathie Wood**가 전 세계인의 우상이 된 일도 떠올려보세요. 그리고 달리오가 인기를 끈 후에 달리오를 따라 하고 우드의 인기가 상한가를 칠 때는 우드를 따라 했다면 어떻게 됐을지 상상해보세요. 주식시장에는 이런 말이 있죠. "황소(강세론자)도 돈을 벌고 곰(약세론자)도 돈을 벌지만 돼지(이도 저도 아닌 탐욕스러운 자)는 도살당한다."

가장 많은 수익을 낸 종목의 공통점이 있을까요?

돌이켜보면 저는 대박주를 발굴하는 스타일의 투자자는 아니었던 것 같습니다. 이른바 텐배거10 Bagger라고 하는 종목과는 거리가 멀었어요. 그 이유를 찾기 위해서는 먼저 제 파트너 정호성 대표가 찾아낸 텐배거 종목의 사례를 살펴보는 게 좋을 듯합니다.

10배에 가까운 수익을 낸 종목은 3가지 유형으로 나눌 수 있습니다. 첫째, 더존비즈온처럼 오랫동안 회사를 잘 경영한 경우입니다. 인터넷과 모바일 기기가 발달하면서 소프트웨어 회사는 고객이 원하는 시간에, 원하는 장소에서 이용할 수 있도록 제품을 서버에 올려두고 제공하기 시작했습니다. 이를 클라우드 소프트웨어라고 하죠. 제품 서버를 하늘 위에 떠 있는 구름Cloud에 빗대 표현한 겁니다. 소프트웨어를 클라우드 형식으로 제공할 경우 CD·DVD나 USB 같은 물리적 장치에 넣어 일시불로 판매하는 게 아니라 자유롭게 이용권을 구매하거나 해지할 수 있는 구독 방식으로 판매합니다. 마이크로소프트의 오피스365나 동영상 플랫폼 넷플릭스가 대표 사례입니다. 매월 소액의 요금을 결제하다 보니 저렴하게 느껴지지만 실제로는 과거 일시불로 구매하던 때보다 더 많은 돈을 쓰게 되죠. 기업으로서는 같은 제품을 만들어 돈을 더 버는 거예요.

더존비즈온도 같은 사례였습니다. 이 회사는 중소기업에서 재무제표를 만들고 세무 신고를 하는 데 꼭 필요한 소프트웨어를 만드는 곳입니다. 꼭 필요한 소프트웨어란 뭐다? 클라우드와 구독이다. 클라우드 환경을 구축하려면 먼저 대규모 서버 투자가 필수적으로 이뤄져야 합니다. 아직 클라우드용 신제품은 출시되지도 않았는데 천문학적 투자비용이 먼저 들어가니 투자자에게서 외면을 받을 수밖에요. 이게 텐배거의 시작이었습니다. 그리고 여기까지는 저도 매우 강하게 공감했죠. 더존비즈온의 소프트웨어 기술력과 시장 지배력은 아주 강력하니 클라우드 전환과 가격 인상이 당연한 미래라고 생각했습니다. 그러나 이런 사실을 주식시장에서 알아채고 주가가 2~3배 오르면 저는 두려워집니다. 당연한 미래가 주가 상승으로 이어지고 난 뒤, 그다음 앞날은 자욱하게 안개가 낀 것처럼 불확실해 보이거든요.

하지만 훌륭한 기업은 시야가 짧은 투자자를 압도하는 편입니다. 더존비즈온은 기존 제품의 클라우드 전환에서 그치지 않고 대기업용과 소상공인용 제품을 잇달아 출시하며 수년간 영업 실적을 끌어올렸습니다. 그리고 정호성 대표는 끊임없는 기업 분석과 미팅을 통해 투자 기간 내내 '더존비즈온은 지금보다 더 잘할 수 있다'는 통찰과 신뢰를 보여줬습니다.

두 번째 사례는 아주 위험해 보이는 투자에서 나왔습니다. 넥스트리밍(현 키네마스터)과 지어소프트인데요, 두 회사 모두 기존 사업은 변변치 못했지만 제대

더존비즈온 주가 차트

최고 123,500 (-76.60%)▼

118,431

105,272

92,113

78,954

65,795

52,636

39,477

28,900

13,159

2.86m

최저 19,150 (50.91%)

거래량 53,029

2017   7월   2018   7월   2019   7월   2020

출처: 네이버페이 증권

로 된 신규 사업을 키워내면서 이른바 '대박'을 터트렸습니다. 넥스트리밍은 휴대전화 제조사에 동영상 플레이어를 납품하던 회사였고 지어소프트는 IT 외주 개발사였습니다. IT 개발이라는 말이 듣기에는 근사할지 모르나 실상 일은 매우 고됩니다. 자사 브랜드가 없으면 수익성도 박하고 항상 고객사 요청과 납기일에 쫓기듯 일해야 하죠. 재무적으로 보면 투자 대상으로서도 꽝입니다.

하지만 오랜 기간 투자를 하면서 깨달았습니다. PER, PBR 같은 밸류에이션 지표로 봤을 때 저평가된 주식이라고 해도 주가는 얼마든지 더 내려갈 수 있고 적자를 보는 기업이라도 투자자 대부분이 관심을 두고 있다면 주가는 견고하게 바닥을 다질 수 있다는 걸요.

넥스트리밍은 키네마스터라고 하는 스마트폰용 동영상 편집기를 만들었습니다. 키네마스터는 영상을 PC로 옮기지 않고도 스마트폰 내에서 간편하게 편집할 수 있다는 입소문을 타며 사용자가 증가하기 시작했습니다. 남의 제품을 만들어 납품하던 회사가 자사 브랜드를 내고 구독 방식으로 인기까지 끌었으니 그야말로 환골탈태였죠. 심지어 넥스트리밍은 회사 이름을 제품명과 똑같은 키네마스터로 바꾸기까지 했습니다.

한편 지어소프트는 오아시스라는 자회사를 통해 신선식품 새벽 배송에 나섭니다. 쿠팡과 마켓컬리가 개척한 시장에 생협이라는 기존 오프라인 매장을 강점

키네마스터 주가 차트

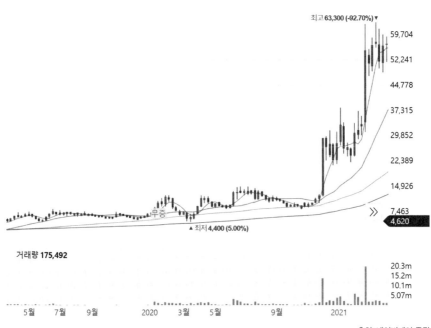

출처: 네이버페이 증권

으로 진출했죠. 생협은 생활협동조합의 줄임말로 소비자가 직접 조합원이 돼 출자금도 내고 운영도 하는 형태의 유통업입니다. 소규모지만 지역 생활과 밀접하게 닿아 있고 신뢰할 수 있다는 장점이 있죠. 오아시스는 계열 관계인 우리생협에서 상품을 조달하거나 그 매장을 보관 및 배송 거점으로 활용해 경쟁업체보다 높은 수익성을 자랑하고 있습니다. 지어소프트는 비록 본업에서 큰돈을 벌지는 못했지만 똘똘한 자회사가 사회 변화의 흐름을 타고 큰 거래액(전자상거래 플랫폼 내에서 발생한 결제 금액의 총량. 기업은 거래액 모두를 매출액으로 인식할 수도 있고 일부 수수료만 인식할 수도 있다)과 기업가치를 인정받으며 주가가 큰 폭으로 상승했

지어소프트 주가 차트

출처: 네이버페이 증권

습니다. 넥스트리밍과 지어소프트 모두 본업 가치가 낮았던 것이 오히려 전화위복의 계기가 됐죠.

　마지막은 지누스와 원텍의 경우입니다. 저희는 두 기업 모두 비상장 시절부터 투자했습니다. 지누스는 침대 매트리스를 만드는 회사인데 K-OTC 시장에서 거래했었고 원텍은 코넥스^{KONEX} 시장에 상장돼 있던 피부 미용 기기 회사입니다. 참고로 K-OTC는 Korea Over-The-Counter의 약자로 금융투자협회가 운영하는 장외시장이고 코넥스는 KOrea New EXchange의 약자로 한국거래소가 운영하는 중소기업 전용 주식시장입니다. 두 시장 모두 기술력이 우수함에

원텍 주가 차트

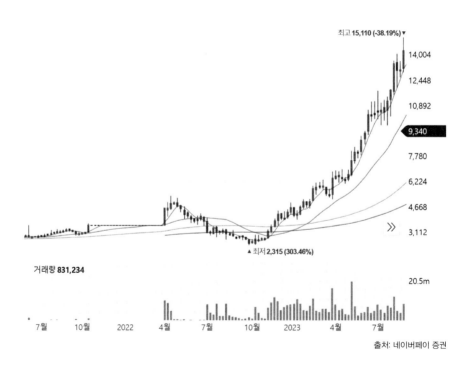

출처: 네이버페이 증권

도 짧은 사업 경력 등을 이유로 자금 조달에 어려움을 겪는 비상장기업을 지원할 수 있도록 설립됐습니다. 지누스와 원텍은 각각 미국 전자상거래 플랫폼 아마존에서 판매량이 급증하고 있었고 코로나19 이후 피부 미용 시장의 빠른 성장으로 수혜를 입고 있음에도 투자자들이 일반적으로 거래하는 코스피, 코스닥 상장기업이 아니라는 이유만으로 턱없이 낮은 평가를 받았습니다. 하지만 비상장기업에 주로 투자하는 버핏은 투자는 기업의 주인이 되는 것이고 주인이 된 순간부터 파는 걸 고민하는 사람은 투자자가 아니라고 지적했죠. 이제 지누스와 원텍은 각각 코스피, 코스닥 시장에서 활발히 거래되고 있습니다.

높은 수익을 못 올린다는 얘기를 에둘러서 했네요. 저는 매년 2배 오를 종목 하나씩만 찾자는 생각으로 투자를 합니다. 매년에 2배씩 계좌가 불어나면 2배, 4배, 8배, 16배… 10년이면 1,024배가 되거든요? 1억 원으로 투자를 시작하면 10년 만에 자산 1,000억 원이 넘는 엄청난 부자가 되는 거죠. 꿈같이 높은 목표라는 얘깁니다. 이런 목표로 일하면 조금 실수를 하거나 목표를 더디 달성해도 나름대로 괜찮은 수익률을 올릴 수 있다는 뜻이고요. 또 그보다 조금 높은 수익을 올릴 때도 있겠죠. 아마 당신은 그 종목들이 궁금할 겁니다.

《부자들은 이런 주식을 삽니다》에는 더퍼블릭자산운용이 금융투자업에 등록된 이래 제가 직접 관여한 주식 중 근사한 수익률을 기록한 종목을 기록해뒀습니다. 지면이 허락하는 한 앞으로도 계속 업데이트할 계획이니 이미 읽었더라도 가끔 서점에서 보이면 표지라도 들춰봐주세요. 안 읽은 분들은 지금 주문하세요! 이 책을 다 읽을 때쯤 현관문 앞에 놓일 수 있도록요.

그럼 좋은 주식을 언제 사면 되는데요?

높은 수익률을 기록한 기업의 공통점을 꼽아보자면 훌륭한 역량이 있는데 여러 이유로 투자자가 그 진가를 알아보지 못했단 겁니다. "또 (유)퀴즈?"라고 하는 사람도 있겠지만 제가 tvN 〈유 퀴즈 온 더 블럭〉에서 한 얘기를 다시 꺼내지 않고는 못 배기겠네요. 국민 MC 유재석 씨를 대형 우량주를 뜻하는 '블루칩'으로 표현하고 이어 조세호 씨를 '대박주'에 비유하니 모두 놀랐습니다. 조세호 씨는 내심 기분이 좋았을지도 몰라요. 그런데 대박주 조건이 '소외'이고 '양배추'라는 활동명으로 불리던 과거가 있었기에 현재 그의 스타성이 훨씬 부각됐다는 부연 설명이 이어지자 제작진은 물론 주변에서 구경하던 이들까지 모두 '빵' 터졌습니다.

　그런데 저는 정말 그렇게 생각하거든요. 지금 MC로 활약하는 조세호 씨의 순발력과 친근함은 그에게 원래 있던 기질일 겁니다. 내재된 역량이죠. 그러나 KBS 〈개그콘서트〉 〈웃음충전소: 타짱〉에서는 과도한 분장이나 몸을 이용한 개그를 통해 1차원적 웃음을 주는 사람으로 인식됐어요. 조세호라는 사람을 잘 보여주지 못한, 소외된 국면인 겁니다. 만약 이때 그를 좋은 조건으로 영입한 연예기획사가 있다면 저평가된 주식을 산 셈이겠죠. 이후 좋은 멘토 유재석 씨를 만나 언뜻 보기에는 구박을 받는 듯 보이지만 자신만의 캐릭터를 구축하며 많은 이들의 사랑을 받는 MC로 거듭났습니다. 그의 인지도나 수입은 물론 우리가 가상으로 설정한 연예기획사도 홈런을 친 기분일 겁니다.

　에머슨퍼시픽(현 아난티), 카니발Carnival Corporation, 에스엠, 덴티움 모두 비슷합니다. 각자 활약하고 있는 산업 내에서 업력이 오래됐고 지위가 공고합니다. 지금 보면 그렇죠. 하지만 다들 어려운 시절을 겪었기에 제가 투자한 겁니다.

에머슨퍼시픽은 경상남도 남해군, 부산광역시 기장군, 경기도 가평군에 억대의 고가 회원권을 가진 이들을 위한 리조트를 운영하고 있습니다. 기업은 먼저 좋은 입지에 그럴싸한 리조트를 짓는다는 계획을 세우고 이를 바탕으로 회원권을 팝니다. 회원들이 완공된 프라이빗 리조트에서 여유로운 휴식을 취할 날을 기대하며 미리 돈을 내면 에머슨퍼시픽은 그 돈으로 리조트를 건설해요. 그걸로 모자라면 은행에서 추가로 돈을 더 빌리기도 하고요. 제가 투자할 당시는 경상남도 남해 리조트만 영업을 하던 때였어요. 그 얼마 전까지 운영하던 금강산 리조트는 북한에 몰수낭한 상태였고요. 그때 에머슨퍼시픽이 부산광역시와 경기도에서 대규모 개발을 한다는 계획을 발표한 겁니다. 말하자면 변변치 못한 회사가 무리한 투자를 하겠다고 나선 셈이었죠.

저는 다르게 생각했습니다. 누구보다도 리조트에 진심이던 이만규 사장과 아난티라는 브랜드를 생각하면 기장군과 가평군의 신규 리조트 모두 완판되리라고 확신했습니다. 그렇게만 된다면 회사가 무리한 은행 대출을 받을 필요도 없고 회원권 부채로 재무구조가 취약해 보이는 건 착시 현상에 불과하다고 본 거죠. 회원권은 등기제와 회원제로 나뉘는데 등기제는 소유권이 회원에게 이전되는 반면 회원제는 일종의 보증금 성격이라 만기가 되면 사업자가 회원에게 반환해야 합니다. 일종의 무이자 대출 같은 셈이죠. 그러나 이자가 없다 하더라도 언젠가 갚아야 할 돈이라 에머슨퍼시픽 재무제표에는 부채로 기록되고 장사가 잘돼 회원권을 많이 판 것임에도 불구하고 부채비율이 높게 나타납니다. 저는 리조트가 잘 운영되면 계속해서 회원이 되려는 수요가 있을 테고 기존 회원이 기간을 연장하거나 다른 회원에게 권리를 되팔면 될 테니 브랜드 가치가 뛰어난 아난티 리조트의 경우 문제가 되지 않으리라 생각했어요. 결과적으로 지금은 누구나 네이버 지도에 검색해볼 수 있는 것처럼 기장군과 가평군 리조트 모두 성황

리에 운영되고 있고 이후로도 순차적으로 신규 시설을 분양하고 있습니다.

이수만 창업자와 카카오 간 경영권 분쟁이 불거지며 주가가 천정부지로 치솟은 에스엠도 한때는 미운 오리 새끼 같았습니다. 주력 아티스트인 엑소가 군 입대를 앞두고 있어 영업수익에 공백이 우려됐고요. 사드 미사일 배치 후 암암리에 한국 제품과 서비스를 불매하는 중국의 한한령은 거둬질 기미가 보이지 않았습니다. 여기에 이수만 창업자가 프로듀싱 등의 명목으로 과도한 수수료를 챙긴다거나 음식점 같은 본업과 관련이 적은 계열사의 손실이 기업 본질가치에 악영향을 준다는 등 이른바 지배 구조 문제도 불거졌습니다.

그런데요, 주식시장에서는 모든 일에 이유를 갖다 붙일 수 있습니다. 주가가 오르면 오르는 대로, 내리면 내리는 대로 갖가지 뉴스가 나온다는 걸 아시죠? 심지어 바로 어제 한 얘기와 정반대인 얘기를 오늘 하기도 합니다. 예를 들면 금리를 올리니 주식시장이 떨어졌다고 했다가 금리를 예정대로 올렸으니 불확실성이 해소돼 주가지수가 올랐다고 합니다. 또 실업률이 높게 발표되면서 경기 침체 우려로 주가가 떨어졌다고 해석했다가도 높은 실업률이 금리 인상 같은 긴축정책을 완화하리라는 기대감에 주가가 오를 거라 말하기도 하죠. 다시 말해 K-POP의 세계화로 빅히트(현 하이브)나 JYP엔터테인먼트 주가는 매일같이 신고가를 기록하는데 에스엠만 지지부진하니 그럴 듯한 이유를 대는 것뿐이었어요. 군 입대 문제나 한한령은 모든 음반기획사에 공통적으로 해당하는 내용이었죠.

에스엠에 투자할 때는 적극적인 사실 수집과 단도투자 마인드가 빛났습니다. 우선 아이돌의 군 입대는 아주 오래전부터 있던 일이고 회사 수익 차원에서 한 번도 대단한 공백이 발생한 적이 없더라고요. 군 복무 기간이 계속 줄어왔을 뿐 아니라 유닛 활동이라 해서 전체 그룹이 아닌 일부 인원이 솔로나 또 다른 소수

그룹을 구성해 활동하기 때문입니다. 입대 전에 앨범이나 영상 등 콘텐츠를 미리 제작해두기도 하고요. 한한령과 지배 구조 문제는 많은 사람이 알고 있는 악재라 낮은 주가에 이미 반영돼 있다고 생각했습니다.

참고로 단도투자는 제가 가장 좋아하는 개념으로 인도계 미국인 투자자 모니시 파브라이Mohnish Pabrai가 《투자를 어떻게 할 것인가》에서 소개했습니다. 단도는 인도의 산스크리트어에서 유래한 단어로 부를 창출하는 능력 정도로 해석할 수 있는데요, 파브라이는 성공하면 왕창 벌고 실패해도 거의 잃지 않는 투자 방식이라고 재정의했죠. 저는 단도투자를 많은 이들이 알고 있는 악재로 주가가 억눌려 있지만 기업 이익이나 본질가치를 크게 늘릴 만한 소지가 있는 상황으로 이해하고 있습니다.

피셔인베스트먼트 회장 켄 피셔Kenneth Fisher는 《슈퍼 스톡스》에서 '일시적 결함'에 관해 설명합니다. 이는 위대한 기업이 성장해가는 과정에서 반드시 겪는, 하지만 또 반드시 이겨낼 수 있는 고난을 뜻합니다. 신제품 연구개발이나 인허가가 지연된다든지 수율(새로 공장을 지었을 때 생산된 완성품 중 투입량 대비 양품 비율)이 낮아진다든지 하는 문제 말이죠. 아버지 필립 A. 피셔Philip A. Fisher가 《위대한 기업에 투자하라》에서 넓은 시장과 뛰어난 제품, 훌륭한 경영자를 가진 기업에 투자하라는 명언을 남겼다면 아들은 위대한 기업에 투자해야 하는 시점에 방점을 찍은 셈입니다.

2020년부터 전 세계를 강타한 코로나19는 투자자에게 여러 기회를 제공했습니다. 정책적으로 많은 돈이 풀렸고 '집콕'하게 된 사람들은 여러 자산에 투자할 만한 시간적, 물리적 여유를 얻었죠. 그리고 좋은 기업이 낮은 가격에 거래됐습니다. 강력한 브랜드나 기술력 등으로 소비자의 마음을 사로잡고 있는 기업에 코로나19는 바로 이런 일시적 결함 같은 것이었습니다. 처음에는 여행 수요가 급감했습니다. 특히 갇힌 공간에서 오래 머물러야 하는 크루즈 여행은 큰 위기를 맞았죠. 그러나 백신이 상용화되고 여행자들이 마스크를 쓴 생활에 익숙해지자 크루즈 선사는 다시 활기를 되찾았습니다. 어떤 이들은 유동성 위기를 맞은 크루즈 회사들이 파산할 거라고 경고하기도 했지만 그중 1등 회사였던 카니발은 탑승객 1명 없이도 망하지 않고 수년을 버틸 수 있는 체력을 갖추고 있다고 판단했기 때문에 투자했습니다. 그리고 백신 상용화가 발표된 날, 저는 한밤중에 급등한 주식을 매도하느라 전화통을 붙들고 있었죠.

오스템임플란트나 덴티움 같은 치과용 자재를 생산하는 기업에 코로나19 대유행 후 경제활동 재개 현상을 뜻하는 '리오프닝'은 정해진 미래와도 같았습니다. 치아나 잇몸이 불편해졌다고 당장 생명에 지장을 주진 않습니다. 특히 마스크를 착용하던 시절에 입과 코를 드러내야 하는 치과 진료는 미뤄지기 일쑤였죠. 덴티움 주가도 많이 하락했고요. 그러나 언제까지고 충치를 그대로 둘 수도, 빠진 치아로 식사를 계속할 수도 없는 노릇입니다. 시간문제일 뿐 반드시 수요는 살아나리라 확신했고 또 어느 순간에는 미뤄뒀던 진료가 몰리는 이른바 이연 수요까지 나타날 수 있다고 생각했습니다. 크루즈 여행을 2년 못 갔다고 해서 3년 차에 3번 가지는 않겠지만 아픈 치아가 늘어나면 치료해야 할 치아도 늘어나는 게 당연한 이치니까요.

치과용 임플란트는 유럽이 종주국입니다. 그러나 우리나라 기업은 특유의 손기술와 폭넓은 건강보험 지원에 의한 내수 시장 확대를 등에 업고 중국을 비롯한 신흥국에서 서양 업체들을 제치고 수위권을 차지하고 있습니다. 코로나19는 장기 성장이 담보된 헬스케어 기업을 저렴하게 매수할 수 있는 마지막 기회였는지도 모릅니다. 더욱이 병원에 일일이 찾아가야 했던 영업 방식이 비대면 세미나 등으로 대체되면서 영업비용마저 줄어드는 뜻밖의 효과까지 얻었고요.

이렇듯 제가 수익을 많이 낸 종목은 모두 훌륭한 기업이라는 공통점이 있습니다. 훌륭한 기업에 투자했을 때의 장점은 많이 살 수 있고 오래 가져갈 수 있다는 겁니다. 기업의 기초 체력이 훌륭해 웬만한 악재가 아니고서는 본질가치가 훼손될 가능성이 낮습니다. 그래서 불안해하지 않고 포트폴리오의 많은 비중을 투자할 수 있고요. 또 기업과 구성원이 투자 초기 생각한 것보다 더 잘해나가므로 계속해서 목표주가를 높여가며 보유할 수 있습니다. 수익률이 올라가는 동시에 수익 실현 후 다른 주식을 찾아야만 하는 재투자 리스크를 줄이는 효과도 누릴 수 있죠.

버핏이 1998년 플로리다대학교 MBA에서 강의한 내용으로 이번 얘기를 마칠까 합니다. "정량적으로 매우 저렴한 주식을 사서 수익을 낼 수도 있다. 하지만 이는 수익률이 낮은 방식이다. 시간은 훌륭한 기업에는 친구지만 형편없는 기업에는 적이다. 훌륭한 기업에 오랜 기간 투자한다면 비록 조금 비싸게 사더라도 훌륭한 결과를 가져다준다."

지금
자산 포트폴리오는
어떻게 구성돼 있나요?

소중한 내 돈을 전문투자자에게 맡기려고 할 때 딱 하나만 봐야 한다면 '이해관계의 일치'를 보세요. 《고객의 요트는 어디에 있는가》라는 책을 읽어본 적 있나요? 금융시장의 부조리와 탐욕에 관한 비판과 풍자가 담겨 있는 책입니다. 월스트리트나 여의도 전문투자자가 돈을 많이 벌어 개인 요트를 장만할 정도로 부자가 됐다면 그들에게 돈을 맡긴 이들은 더 큰돈을 벌었어야 마땅한데 왜 간접투자를 한 사람은 항상 볼멘소리만 하고 있느냐고 말입니다. 따라서 그 회사 대표자나 최대 주주가 고객과 한배를 타고 있는 곳에 돈을 위탁해야 합니다. 고객 자산이 늘어나면 회사 수수료 수입이 늘어나니 당연히 이해관계가 일치하는 거 아니냐고요? 생각해봅시다. 수익률과 관계없이 운용 보수를 받아가는 투자 회사와 수익률이 높을 때는 많은 성과 보수를 받고 수익률이 낮을 때는 수수료를 거의 받지 못하는 투자 회사가 있다면 어느 쪽이 더 고객 자산에 신경을 쓸까요? 성과 보수가 많은 쪽일수록 수익률에 혈안이 돼 최선을 다할 게 자명합니다.

이미 대기업에 가깝거나 개인 자산이 아주 많은 오너가 경영하는 투자 회사도 주의해야 합니다. 모두 다 그런 건 아니지만 주식투자 그 자체보다는 다른 데 관심을 두고 있을 수도 있거든요. 당장 수익률이 높아지거나 낮아져도 개인의 명예나 생활수준을 크게 바꾸지 못하니까요. 또 그들의 자산이 어떻게 배분돼 있는지도 중요합니다. 고객에게는 주식투자를 하라고 권하면서 자신은 강남 아파트를 여러 채 갖고 있다거나 자사 펀드를 홍보하면서 자신은 그 펀드와 다른 종목에 투자하고 있다면 신뢰하기 어려울 겁니다.

저는 돈이 많지는 않습니다. 하지만 자산 구성은 고객에게 부끄럽지 않습니다. 제 자산 중 가장 큰 비중을 차지하는 건 우리 회사 주식입니다. 비상장 주식이라 정확한 가치를 매기기 어렵고 현실적으로 팔기도 어렵습니다. 자산운용사는 사람이 전부인 사업이라 그 회사를 인수한다 한들 기존 경영자나 펀드매니저가 떠나버리면 고객도 같이 떠나기 마련이거든요. 저도 젊은 날 고생하며 키워온 자식 같은 회사를 팔고 싶은 마음이 없어요. 팔 수도 없고 주가도 계산하기 어렵지만 제게는 가장 크고 중요한 자산입니다. 앞으로 더 키워야 해요.

우리 회사는 매년 받는 운용 보수로 손익분기점을 맞추고 수익률이 높을 때 받는 성과 보수와 회사 자체 자금을 운용해 얻는 수익으로 이익을 내는 구조입니다. 회사 자체 자금은 대부분 고객이 가입하는 펀드에 똑같이 가입돼 있죠. 아직 회사 규모가 작기에 수익률에 집착해야 하는 상황입니다. 특히 영업이익이 발생했을 때 지급하는 임직원 성과급을 생각하면 임직원의 이해관계도 고객과 일치한다고 볼 수 있어요.

두 번째로 큰 자산은 제가 거주하는 아파트입니다. 월가의 영웅 피터 린치도 주식투자를 하기 전 집 1채는 있어야 한다고 말했는데요, 어릴 적에는 그 의미를 몰랐습니다. 주식투자를 하는 사람으로서 주택에 많은 돈을 묶어두다니 비효율적이고 자존심 상하는 일이라고 생각했죠. 그런데 지금 와서 생각해보면 거주 환경이 안정돼 있기에 사업과 주식투자에 더 집중할 수 있었던 것 같습니다. 이런 감정은 전세 만기가 돌아올 때마다 이사 다니느라 골머리를 썩고 만약 그 시기에 전세 가격은 오르고 주식시장은 안 좋으면 울며 겨자 먹기로 주식을 팔아야 하는 주변 동료를 보면서 더 절절히 느낍니다. 물론 아파트값이 계속 오르기도 했고요.

그다음은 금융자산들인데요, 항상 빼서 쓸 수 있는 돈으로 1년 치 생활비 정도는 준비해두려고 합니다. 하는 일이 워낙 외부 환경 변화에 취약하다 보니 단기적으로는 어떤 일이든 일어날 수 있다는 생각을 갖고 살거든요. 물론 이런 돈도 몇 년에 1번 오는 하락장에서는 싼값에 많은 주식을 살 수 있는 총알로 활용하기도 합니다. 그 외 돈은 상장주식과 펀드에 들어 있어요.

우선 펀드는 당연하게도 우리 회사가 운용하는, 그래서 고객의 돈과 똑같이 투자되는 사모펀드에 들어 있습니다. 참고로 사모펀드는 사적으로 모집하는 펀드라는 뜻으로 일반적으로 은행이나 증권사 창구에서 가입하는 공모펀드의 반대 개념입니다. 상대적으로 다양한 투자 전략을 이용해 공격적으로 투자하기 때문에 최소 투자금액이 법적으로 정해져 있습니다. 금융 투자 상품에 투자를 해본 경험이 적은 일반투자자가 덜컥 가입해 예상치 못한 손실을 입는 걸 방지하고자 함이죠. 제 다음 목표 중 하나가 공모펀드를 낼 수 있는 인허가를 받는 것인데요, 많은 사람이 고객이 될 수 있는 만큼 감독 당국에서 회사 규모나 인력 구성 등 깐깐한 규정을 두고 있어 아직 넘어야 할 산이 많습니다. 공모펀드를 내면 우리 투자 철학을 일반투자자 모두와 공유할 수 있다는 장점도 있지만 제게는 이 외에도 다른 목적이 있습니다. 사모펀드 최소 투자금액은 투자자 상황에 따라 1억 원 또는 3억 원으로 정해지다 보니 아직 평균 연령대가 낮은 우리 직원은 가입하기가 어려워요. 수억 원을 모은다는 게 쉽지 않을뿐더러 어느 정도 모으면 결혼도 해야 하고 집도 장만해야 하니 펀드에 장기로 묶어두기가 힘들거든요. 그래서 펀드를 꾸리고 팔고 관리하는 이들이 스스로 돈을 불리기 위해 다른 방법을 찾아야 하죠. 저는 이 문제를 꼭 해결하고 싶습니다. 또 비단 직원만의 문제는 아닌 게 사모펀드는 퇴직연금 상품도 될 수 없거든요. 그래서 저도 어쩔 수 없이 퇴직연금은 다른 자산운용사 펀드에 넣고 있답니다.

나머지 돈은 상장주식에도 투자합니다. 펀드는 국내 10개, 해외 10개 정도 종목에 나눠 투자하는데 그중에는 제가 직접 발굴하고 분석한 기업도 있고 그렇지 않은 기업도 있겠죠? 제 주식 계좌에는 주로 제가 담당하는 종목이 들어 있습니다. 다른 팀원의 종목도 충분한 검증 과정을 거쳤지만 아무래도 제가 가장 잘 아는 종목에 투자하고 싶은 마음은 어쩔 수 없더라고요. 그래서 3~4종목에 더 집중투자하는 대신 평소에는 현금도 많이 갖고 있어요. 다만 저도 일반투자자와 똑같은 심정이라 증권 계좌에 예수금이 있으면 뭐라도 더 사고 싶다 보니 주식을 팔고 나면 은행 파킹통장으로 바로 옮겨놔요. 사람 마음이 참 희한한 게 옮겨놓으면 뭔가 콱 꽂히는 주식이 생기기 전까지는 조급함이 싹 사라지더라고요. 사고 싶은 마음을 참지 못해 고민인 사람은 이 방법을 한번 활용해보세요.

가치투자란 도대체 뭔가요?

"투자면 투자지 가치투자는 무슨 뜻인가?" "가치 없는 곳에 투자하는 바보 같은 사람도 있단 말인가?" 지당한 말씀입니다. 저도 그렇게 생각해요. 그래서 골수 가치투자자들은 가치투자가 동어반복 오류라고 하기도 합니다. 마치 '역전 앞'처럼요. 이미 앞 전前 자를 썼는데 앞이라는 말을 또 붙일 필요가 없으니 역전이나 역 앞이 맞는 것처럼 모든 투자는 가치 있는 곳에 하는 것이니 가치투자는 별다른 게 아니고 사실은 투자와 투기로 나눠야 맞는다는 겁니다.

가치투자는 Value Investing에서 나온 말입니다. 컬럼비아대학교 교수이자 버핏의 스승으로 알려진 벤저민 그레이엄이 저서 《현명한 투자자》에서 주창했다고 알려져 있습니다. 그레이엄은 기업의 본질가치는 각기 다르고 그보다 낮은 가격에 매입하면 안전하게 수익을 얻을 수 있다고 얘기했습니다. 본질가치를 계산하는 방법으로는 순유동자산법^{Net-Net}을 제안했고요. 순유동자산법이란 기업의 순유동자산을 최소한의 본질가치라고 생각하고 시가총액이 그보다 낮을 때 투자하는 방법입니다. 여기서 순유동자산은 유동자산, 즉 1년 이내에 현금화할 수 있는 자산에서 부채를 뺀 겁니다. 쉽게 말하면 '기업의 본질가치는 수중에 가진 현금에서 빚을 빼고 난 정도보다는 높지 않겠느냐'는 거죠. 응당 기업이라면 건물이나 기계장치도 소유하고 있을 테고 지금까지 개발해온 기술이나 판매 노하우 또는 브랜드 가치도 있을 텐데 이런 건 무시하고 가치평가에는 확실한 현금만 반영하겠다는 겁니다.

자본시장이 발달하지 않아 본질가치를 계산하려는 사람이 적었던 과거에는 이렇게 쉬운 방법으로도 투자수익을 얻을 수 있었던 것 같습니다. 그레이엄과 그의 제자들이 재무제표상 유동자산과 부채를 계산하고 있을 때 나머지 시장 참여자들은 루머나 차트만으로 거래한 거죠. 이렇게 들으니 꼭 옛날 얘기만은 아닌 것 같아 씁쓸하기도 합니다. 욕심과 공포에 휩싸인 투자자들이 기업 본질가치와 무관하게 가격을 올렸다 내렸다 하니 가치투자자들은 저평가된 가격에 매수해 고평가된 가격에 매도하길 반복하며 복리 수익을 만들어낼 수 있었습니다.

버핏은 이런 상황을 의인화해 '미스터 마켓'이라고 표현했습니다. 미스터 마켓은 아이큐가 굉장히 높아 기업 본질가치를 정확히 계산할 수 있습니다. 하지만 안타깝게도 조울증이 있어 하루하루 기분이 들쭉날쭉 변합니다. 그래서 기분이 좋은 날에는 본질가치보다 훨씬 높은 가격을 제시하고 기분이 나쁜 날에는 본질가치보다 훨씬 낮은 가격을 제시하죠. 버핏이 한 또 다른 비유도 있습니다. 주식시장은 단기적으로는 미인 선발 대회지만 장기적으로는 체중계 같다는 겁니다. 체중계가 사람 몸무게를 정확히 측정할 수 있듯이 기업 주가는 결국 본질가치에 수렴한다는 거죠. 다만 단기적으로는 사람들 마음에 따라 어떤 결과도 낼 수 있습니다. 미인 선발 대회에서 1등을 할 만한 사람을 고를 때는 내 기준만 내세우면 안 되잖아요? 최대한 많은 사람이 예쁘다고 생각할 만한 사람을 선택하는 게 중요합니다. 주식시장에서도 단기적으로는 그때그때 유행하는 주식의 주가가 오르다가 인기가 식으면 어느새 다른 곳으로 관심이 옮겨갑니다.

이 내용을 학문적으로는 효율적 시장 가설Efficient Market Hypothesis이라고 합니다. 효율적 시장 가설은 어떤 금융자산 가격과 기대수익률은 이미 공개된 모든 정보를 반영하기에 추가 위험을 부담하지 않고선 더 높은 수익률을 기대할 수 없다는 이론입니다. 이는 정도에 따라 어떤 방법을 쓰더라도 시장 수익률을 뛰어넘을 수 없다는 강형, 내부자 정보 등 정보 비대칭성이 있을 때만 시장 수익률을 초과할 수 있다는 준강형, 많은 경우 비효율성이 발생할 수 있고 따라서 시장 수익률을 뛰어넘는 투자자가 다수 발생할 수 있다는 약형으로 나뉩니다. 그러나 모두가 알다시피 워런 버핏, 찰리 멍거Charlie Munger 같은 위대한 투자자들이 이미 시장은 효율적이지 않다는 점을 장기간 입증해왔습니다. 그래서 최근에는 학계에서도 행동경제학 등이 주류로 부상하고 있어요. 참고로 행동경제학이란 인간이 상황과 심리에 따라 합리적이지 않은 선택을 할 수도 있다는 데서 출발한 학문으로 기존 주류 경제학이 많은 변수를 제거하기 위해 했던 가정이 비현실적이라는 점을 꼬집습니다. 그리고 주식시장의 비효율성이나 변동성을 설명하는 데 쓰이고 있죠.

그레이엄은 이렇게 변화무쌍한 주가 속에서 안전하게 투자하는 방법은 안전마진에 있다고 얘기합니다. 안전마진은 2가지 개념으로 이해할 수 있습니다. 하나는 투자자가 추정하는 기업 본질가치의 완충 구간입니다. 당신이 지인에게 돈을 빌려준다고 가정해봅시다. 지인은 한 달에 버는 돈이 300만 원이라면서 다음 달에 갚을 테니 300만 원을 빌려달라고 합니다. 그런데 지인이 자영업자라 월 소득이 고정적이지 않다고 가정해보죠. 그럼 당신은 300만 원이 아니라 지인의 사업 상황을 잘 살펴보고 200만 원이나 250만 원만 빌려주는 게 안전하겠죠? 여기서 지인이 얘기하는 300만 원과 당신이 보수적으로 가정한 200만 원이나 250만 원의 차가 완충 구간이자 안전마진입니다. 기업 경영이라는 게 본래 불확실한 사업을 하는 일이니 공무원 월급처럼 돈이 따박따박 들어오지 않는다는 점을 감안해 전망해야 한다는 뜻이에요.

안전마진의 두 번째 개념은 기업가치와 주가의 차입니다. 여러 방법으로 계산한 기업가치가 1,000억 원이라고 가정하겠습니다. 이 기업을 시가총액 900억 원에 매수한 사람은 안전마진이 100억 원입니다. 기업가치가 변하지 않는다고 생각하면 100억 원은 상승 여력이라고 볼 수도 있고요. 기업의 영업 환경이 안 좋아지더라도 기업가치가 100억 원 하락하는 정도로는 원금을 잃지 않을 수 있죠. 당연하게도 800억 원에 매수해 안전마진이 200억 원이 된다면 상승 여력이 더 높고 원금도 더 안전하게 지킬 수 있습니다.

버핏은 그레이엄의 가르침을 받아 당시 섬유 회사였던 버크셔 해서웨이를 싼값에 매입합니다. 순유동자산보다 낮은 가격에 매입했으니 시간이 지나면 당연히 버크셔 해서웨이의 주가가 올라 수익을 가져다주리라 생각한 거죠. 그런데 1960년대 미국 섬유 회사는 높은 인건비 문제로 신흥국 등에 자리를 빼앗기고 있었습니다. 적자가 지속되자 현금이 메말라가고 순유동자산도 줄어들기 시작했습니다. 낮은 주가가 높은 본질가치에 수렴해야 하는데 시간이 지나면서 오히려 높은 본질가치가 낮은 주가에 수렴한 거죠. 싸게 샀다고 생각했지만 결과적으로 비싸게 산 셈이 됐습니다.

이후 버핏은 제2의 스승 피셔, 평생의 동반자 멍거 부회장을 만나면서 가치투자를 완성합니다. 자산 가치만으로 기업의 본질가치를 계산하는 단계에서 벗어나 좋은 비즈니스 모델과 강력한 경제적 해자, 훌륭한 경영자가 있는 기업은 스스로 본질가치를 상승시켜나간다는 사실을 깨달은 거죠. 본질가치가 오르니 투자 시점의 PER이나 PBR이 높아 당장은 비싸게 보이더라도 시간이 지날수록 싸지는 효과가 생깁니다.

예를 들어 코카콜라라는 비밀스러운 레서피와 강렬한 브랜드로 소비자를 사로잡았습니다. 이런 코카콜라의 무형자산은 대단한 돈이나 생산시설을 들여 만들진 않았지만 경쟁사에는 어떤 노력을 해도 따라잡기 어려운 장벽으로 작용합니다. 여기서 그 유명한 명언이 나옵니다. "적당한 기업을 싼 가격에 사지 말고 훌륭한 기업을 적당한 가격에 사라." 그리고 버핏은 이 교훈을 잊지 않기 위해 본인이 경영하는 기업 이름을 버크셔 해서웨이로 놔두기로 결심합니다.

이런 경향은 현대로 올수록 더 강해집니다. 아마존이나 구글, 마이크로소프트는 제품을 만드는 데 공장이 필요하지 않습니다. 제품을 파는 데 대단한 유통망도 필요하지 않죠. 하지만 천문학적인 돈을 벌어들입니다. 이렇게 기업 본질가치에서 무형자산이 차지하는 비중이 커지는 건 거스를 수 없는 트렌드입니다. 그레이엄의 정신은 살아 있되 그의 순유동자산 전략은 막을 내리고 있다는 뜻이죠.

가치주를 사야 가치투자 아닌가요?

가치투자를 좁은 의미로 해석할 때는 가치주Value Stock에 한정하기도 합니다. 가치주는 성장주Growth Stock와 상반되는 의미로 기업이 성장하지는 않으나 많은 투자자의 관심에서 멀어져 PER이나 PBR 같은 평가지표가 낮은 주식 스타일을 뜻합니다. 반대로 성장주는 가치평가지표는 다소 높아 고평가 논란이 있을 수 있으나 기업 매출액이나 이익이 전체 경제보다 빠르게 성장하는 주식을 뜻해요.

가치주 투자자는 기업이나 경제의 미래를 예측하는 일은 불확실성이 크기에 현재 상황으로만 기업 본질가치를 평가해야 하며 그러므로 싼값에 주식을 매입해야 한다고 주장합니다. 그리고 언제 어떤 주식이 미인 선발 대회에서 우승할지 모르니 여러 저평가 주식을 동시에 보유하는 분산투자를 선호합니다. 반면 성장주 투자자는 주식시장의 많은 정보가 주가에 반영돼 있어 아무 이유도 없이 싼 주식은 없다고 생각하고 오히려 가치주 투자자가 가치 함정Value Trap에 빠질 수 있다고 지적합니다. 가치 함정이란 버핏이 버크셔 해서웨이 투자에서 범했던 실수처럼 '싸구려' 회사에 투자했다가 시간은 시간대로 잡아먹고 수익도 내지 못하는 상황을 말합니다. 이 때문에 성장주 투자자는 아직 현실화되지 않은 기업의 미래 가치를 면밀히 분석해 먼저 투자해야 한다고 말합니다. 성장주는 변동성은 크지만 미래를 잘 예측할 경우 짜릿한 수익을 줄 수 있다는 특징이 있죠. 여기서 더 나아가 GARPGrowth at a Reasonable Price라는 전략도 생겼습니다. 기본적으로 성장주에 투자하되 너무 과도하게 비싼 가격에 사는 건 경계하자는 투자자를 한데 묶을 때 사용하는 단어로 굳이 꼽자면 저는 여기에 해당됩니다.

가치주와 성장주 중 무엇이 더 좋은 투자법인지는 이제 케케묵은 논쟁이 됐습니다. 한마디로 정리하자면 둘 다 타당한 방법이고 자신에게 맞는 쪽을 취하면 됩니다. 다만 메릴린치의 수석 투자전략가를 역임하고 자기 이름을 건 리처드번스타인어드바이저스Richard Bernstein Advisors를 이끌고 있는 리처드 번스타인의 얘기에는 귀 기울일 필요가 있습니다. 그는 저서《순환 장세의 주도주를 잡아라》에서 통찰력 있는 가치주 펀드매니저는 동료보다 늦게 주식을 매입하고 통찰력 있는 성장주 펀드매니저는 동료보다 빨리 보유 주식을 매도한다고 했습니다. 주가가 떨어지는 데는 그에 걸맞은 이유가 있을 가능성이 높은데 어수룩한 가치주 투자자는 이를 비정상적인 하락으로 치부한다고도 했죠. 실제로 PER이나 PBR이 낮은 가치주는 충분히 소외된 후 시장 참여자의 의견이 바뀌는 시점에 이르러서야 상승하기 때문에 늦게 주식을 매입한 사람이 지루한 하락세를 짧게 겪고 기회비용을 덜 치른다는 거예요. 반면 성장주 투자자는 우월한 성장이 지속되리라고 낙관해 주식을 너무 오래 보유할 때 큰 실패를 겪는다고 했습니다. 잘 오르고 있는 주식을 파는 건 당장은 바보 같아 보이지만 실은 적당히 안전한 국면에서 수익을 확정 짓는 행위인 겁니다.

주식으로
부자 된 사람들의
공통점을 알려주세요

제 주변에는 진짜 주식투자로만 부자가 된 사람이 많습니다. 본인 명의 증권 계좌에 100억 단위의 돈이 있는 사람들이요. 이들의 공통점은 전업 투자자라는 겁니다. 너무 싱겁나요? '돈이 많으니 일을 안 하지…' 생각했나요? 그런데 이들이 돈을 많이 벌어서 전업 투자자의 길로 들어선 게 아닙니다. 보통은 10억 원도 안 되는 자산으로 전업 투자를 시작해 이후 훨씬 많은 수익을 냅니다. 어찌 보면 당연한 결과겠네요. 만약 실패했다면 월급쟁이로 돌아갔을 테니까요. 하지만 저는 이들이 자신을 믿고 '할 수 있다'는 자신감으로 도전한 것 자체로 멋있고 그렇기에 부자가 될 수 있었다고 생각해요.

이들의 투자 방식은 정말 다양합니다. 자신에게 맞는 분야를 선택하고 깊이 있게 공부한 다음 오래 보유해 큰 수익을 내는 사람이 가장 많긴 한데요. 그 외에도 산업이나 업종을 가리지 않고 기업 실적이 개선될 만한, 그러면서도 주식시장에서 관심을 끌 만한 기업을 다방면으로 찾는 사람도 많고요. 돈이 될 것 같다면 어떤 주식이든 단기 매매를 통해 수익을 쌓아나가는 사람도 있었어요.

하지만 방법은 달라도 주식을 가장 사랑한다는 점, 주식에 미쳐 있다는 점은 똑같습니다. 취미도 딱히 없고 술이나 유흥을 즐기지도 않아요. 다들 집에 빨리 돌아가려고 하고요. 아마도 돈을 많이 벌고 나면 삶에서 가장 중요한 게 뭔지 깨닫게 되나 봐요. 바로 가족이죠. 그 외에는 종일 주식 생각만 하는 것 같아요.

주요 투자 종목이나 업종, 투자 기간은 각기 다르지만 몇몇 종목에 집중투자하는 것도 비슷합니다. 제대로 알고 장기투자하는 투자자는 기업마다 공부해야 할 양이 많기 때문에 종목 수가 줄어들 수밖에 없어요. 단기 매매하는 투자자는 안 그래도 투자 1건당 기대수익률이 작은데 포트폴리오 안에서 적은 비중만 투자하면 투자에 성공해도 별 의미가 없으니 집중투자합니다. 제가 존경하는 투자계 선배님들을 보면 많은 종목에 분산투자를 하기 시작할 때가 자산 성장 곡선 기울기가 작아지는 때와 일치했습니다. 경제적으로 충분한 부를 쌓았다고 확신할 때 안정성을 추구하거나 자신의 전문 분야나 익숙한 투자 전략이 아닌 곳에도 관심을 두기 시작하는 것 같더라고요. 빚을 내 투자하는 경우도 왕왕 있습니다. 탐욕적으로 보일 수도 있지만 투자가 매번 성공할 수 없다는 점을 잘 알기에 성공 확률이 높은 기회에 수익을 극대화하는 전략이라고도 볼 수 있어요.

또 성격적으로는 호기심과 승부욕이 많은 것 같습니다. 이건 나이가 들어도 마찬가지입니다. 새로운 비즈니스 모델을 발견하면 마치 어린아이처럼 눈을 반짝이며 궁금해하죠. 그게 바로 기업 분석으로 이어지고요.

주식 부자들의 아쉬움도 있어요. 돈이 많아서 하고 싶은 일을 다 하고 사는 데 문제도 없고 주변 사람도 금전적으로 풍요롭게 지내도록 도와줄 수 있죠. 그런데 개인 재산과 사회적 영향력은 조금 다른 문제입니다. 돈도 하나의 권력일 수는 있지만 처음 보는 사람에게 증권 계좌 잔고를 까서 내보일 순 없지 않겠어요? 그러다 보니 100억 원을 가졌든 1,000억 원을 가졌든 겉모습은 평범해요. 명품 브랜드를 눈여겨보거나 하차감을 자랑하며 값비싼 수입차에서 내리는 모습을 발견하지 못한다면요. 그런데 인간은 사회적 동물이잖아요. 매슬로의 욕구 5단계 이론에 따르면 인간은 순서대로 생리적 욕구, 안전의 욕구, 애정과 공감의 욕구, 존경의 욕구, 자아실현의 욕구를 추구한다고 합니다. 그중 존경의 욕구와 자아실현의 욕구는 돈만 있다고 해결되지 않습니다. 그래선지 전업 투자자로 부자가 된 이후 갑작스럽게 찾아온 공허함을 토로하는 지인도 있습니다. 이를 극복하기 위해 어린 후배를 양성하거나 어려운 이웃을 돕거나 자신만의 경영 철학을 바탕으로 회사를 차리기도 합니다. 재밌는 부분은 창업을 할 때 꼭 투자 기관이 아니라 음식점이나 피트니스 클럽처럼 관심사를 투영한 업종을 하는 경우가 많다는 점입니다. 결국 돈이 아닌 다른 마음 붙일 곳을 찾고 싶었던 거겠죠.

저는 이들과 공통점도, 차이점도 있네요. 고집스럽고 내향적인 성격, 호기심과 승부욕이 많은 건 비슷해요. 하지만 저는 주식투자 외에도 관심 있는 게 많아요. 그래서 사업도 하고 있고요. 제 돈만 벌려고 했다면 훌륭한 전업 투자자에게 치여 자존감을 잃었을 수도 있어요. 지기 싫어하는 타입이니 아예 투자자의 길을 포기했을 수도 있고요. 다행히 제게 맞는 투자 방법을 찾아 조금씩 발전시키며 거기서 기쁨을 느끼고 있습니다. 한편으론 저뿐 아니라 누구나 할 수 있는 일이기에 이를 투자 상품, 책, 방송 등으로 널리 알리고 있기도 하고요.

어떤 면에서는 특정 성향이나 성격을 지닌 사람이 더 쉽게 부자가 될 수 있는지도 모릅니다. 하지만 그들의 공통점을 찾아 무작정 그걸 따라 하려고 하기보다 내게 맞는 투자가 뭔지 자기 자신을 잘 파악해보는 게 먼저일 것 같네요.

PART

2

코스피 3000에 들어와 강제로 장기투자하는 분, 주목하세요

주가가 하락할 때 멘탈을 부여잡기 힘들어요

저는 가끔 '남의 돈을 맡는 이 비즈니스를 왜 하고 있을까?' 생각한답니다. 내 돈만 투자한다면 주가가 크게 떨어질 때 외에는 스트레스를 받을 일이 없을 것 같거든요. 그조차도 투자한 기업의 내용을 잘 점검해보고 별일 아니다 싶으면 신경을 끄면 되고요. 반면 남의 돈을 맡으면 그들의 사정과 기분까지 제 몫이 됩니다. 수익을 많이 낸 것 같아도 단기 수익률 정점에 투자한 고객은 불만이 있을 수 있죠. 전문투자자 시각에서는 짧은 기간이거나 별다른 의미를 두지 않아도 되는 작은 수익 변동에도 일반투자자는 마음을 졸이거나 심지어는 다른 기관투자자와 비교하기도 하고요.

전문투자자도 주가가 떨어지면 짜증이 나는 건 일반투자자와 마찬가지입니다. 특히 고객에게 보고해야 하는 3월, 6월, 9월, 12월의 분기 말이 다가오거나 특정 업종이나 테마로 쏠림 현상이 생기면서 특별한 이유도 없이 주가가 떨어질 때는 더 그렇습니다. 아, 좋은 실적을 발표할 줄 알았던 기업이 어닝 쇼크(기업이 사전에 제공한 전망치Guidance 또는 시장 참여자들이 예측한 수치의 평균Consensus에 미달하는 실적을 발표해 주주 등을 놀라게 하는 일. 서양에서는 부정적인 어닝 서프라이즈라고도 한다)를 기록할 때도 기분이 나빠요. 제가 그랬잖아요, 일반투자자와 같다고요.

그러나 제가 펀드매니저 명함을 가질 수 있는 건 그 나쁜 감정이 공포에 휩싸인 저점에서의 매도나 기업 본질가치를 생각하지 않은 채 무턱대고 하는 물타기로 연결되지 않기 때문입니다. 기업가치와 미래 향방을 대략적으로나마 알고 있다면, 몇 년 이상 장기적으로 투자할 수 있는 자금으로 충분히 싸게 샀다면 감정에 휘둘릴 필요가 없습니다.

저는 스트레스를 받으면 반주飯酒 한잔 곁들인 후 일찍 잠자리에 드는 편입니다. 보통 한잠 늘어지게 자고 나면 많은 감정이 잊히더라고요. 명상이나 요가를 하는 사람들 얘기를 들어봐도 그 당시의 문제가 아니라 본인의 몸이나 호흡에 집중하면 금세 '별일 아니었잖아?' 하게 된다고 하잖아요. 제가 〈유 퀴즈 온 더 블럭〉에서 "쉬어야죠. (주가가) 올라갈 때까지. 제조업이면 뭐라도 만들면 되는데 저희는 할 수 있는 게 없어요"라고 했던 것도 절대 농담이 아닙니다.

다만 할 수 있는 일이 있는데 나 몰라라 하는 건 투자자로서 최악의 선택입니다. 주가는 아무 이유 없이 움직이지 않습니다. 누군가가 지금 주가가 싸다고 생각하고 사니 오르는 거고 반대로 누군가는 비싸다고 생각하고 파니 떨어지는 겁니다. 주식시장 앞에 겸손해서 손해 볼 일은 없습니다. 내가 좋게 생각해서 투자하는 기업이라 하더라도, 분명 좋은 소식을 가져다주리라 생각하더라도 나보다 더 똑똑하고 성실하며 그 기업을 더 오래 지켜본 투자자가 있으리라 가정해야 합니다. 주가가 내려간다면 더 말할 것도 없죠. 내 생각이 맞는지, 잘못 분석한 건 아닌지, 내가 모르는 정보가 있진 않은지 재점검해야 합니다.

저 같은 경우는 주가가 내려가면 여러 생각이 들어요. 최근 급등한 유가가 투자한 기업의 수익성에 영향을 주진 않는지, 관세청에서 발표한 수출입 데이터가 지난달보다 하락한 건 아닌지, 갑자기 예정에 없던 성과급을 지급한 건 아닌지… 이런 생각을 뒤로하고 잠이 오겠습니까? 안 와요. 베개를 베고 이불을 덮고 누워도 눈이 더 말똥말똥해집니다. 이럴 때는 스스로 솔직한 물음표를 던져야 합니다. 그걸 해결할 때까지 전자공시, 엑셀과 씨름하는 거예요. 그 작업을 완료해 충분히 의문점이 사라졌음에도 주가가 하락한 게 시장 참여자들의 오해라고 판단된다면 그때 비로소 물타기를 하는 겁니다. 내가 잘못 생각한 부분이 드러났다면 손실을 두려워하지 말고 매도한 후 다른 기회를 찾아야겠죠. 혹시 좀 더 투자하기로 마음먹었다면 이제는 잊어버리고 꿀잠에 듭시다!

물린 주식 물탈까요, 손절할까요?

주식 관련 상담을 요청하는 사람이 종목명과 함께 꼭 얘기하는 게 매입 단가와 현재 수익률입니다. 간혹 무슨 주식인지조차 말하지 않는 사람도 있어요. 무슨 주식인지도 모르는데 살지, 팔지 제가 어떻게 압니까? 이러는 거랑 똑같아요. "저 달랑 만 원짜리 2장 들고 교보문고에 왔는데 책 살까요, 말까요?" 그럼 저는 그러겠죠. "무슨 책인데요?"

매입 단가와 현재 수익률을 함께 얘기하는 건 아마 차트 매매의 폐해일 가능성이 큽니다. 증권 방송을 본 적 있나요? 보통 증권 방송은 프로그램 하나당 30분 내외로 편성됩니다. 만일 시청자와 전화 연결을 해서 상담한다고 하면 1명당 길어야 5분도 안 되는 시간일 겁니다. 예를 들면 이렇습니다.

"어떤 주식을 갖고 계십니까?"

"카카오를 갖고 있는데요."

"매입 단가는 어떻게 되시죠?"

"10만 원 정도요. 반 토막 정도 났어요."

"현재 주가가 4만 9,850원인데요, 단기 목표가 6만 원 정도 보고요, 손절가는 4만 5,000원입니다."

"감사합니다."

여기서 손절이라는 건 못난 주식을 산 자신의 손을 자르라는 뜻이 아닙니다. 손실을 잘라낸다는 로스 컷**Loss Cut**에서 유래한 일본어 손기리損切り를 한자음으로 읽은 겁니다. 위의 대화에는 기업이 어떤 일을 한다거나 매출액과 이익이 어떻다거나 하는 본질가치에 관한 내용이 없습니다. 단지 주가만 나오죠. 그래서 빠른 (정확하다고는 하지 않겠습니다) 대답이 나올 수 있는 겁니다. 사실 그들에게는 카카오라는 기업명도 필요 없을지 모르겠네요. 그냥 주가 차트만 보면 답이 '뿅' 하고 나오는 수정구슬이라도 가졌을지도요. 그리고 당신은 이런 상황에 중독된 거고요.

주가는 기업 본질가치의 거울이라고 했습니다. 장사가 잘돼 본질가치가 오르면 주가도 따라 오르고 상황이 나빠져 본질가치가 하락하면 주가도 내려가기 마련입니다. 우리는 미래 주가가 궁금한 것이니 기업 본질가치, 즉 장사가 잘될지 안 될지를 전망하고 계산해야 합니다. 수정구슬에 점치는 게 아니라요. 주가가 본질가치를 따라 후행적으로 움직이는 거울이라고 한다면 주가 차트만 보고 소중한 돈을 집어넣는 사람은 자동차 백미러만 보고 운전하는 사람과도 같습니다. 얼마나 위험합니까? 실제 백미러에는 "사물이 거울에 보이는 것보다 가까이 있음"이라고 쓰여 있고 후방 카메라 화면은 "운전자는 항상 전방을 주시하고 실제의 도로 상황과 교통 법규를 준수해 운전해야 한다"라고 안내한다는 걸 떠올려 보세요.

현재 평가손실이 발생한 주식에 집착하는 마음도 충분히 이해합니다. 손수 골라 어렵게 모은 돈을 투자했는데 지금 팔면 내가 틀렸다고 인정하는 것 같고 큰 손실이 확정돼 복구하지 못할 것 같겠죠.

하지만 내가 팔지 않는다고 해서 내 돈이 쪼그라들었다는 사실이 달라지나요? 그렇지 않습니다. 현실을 직시해야 합니다. 또 꼭 내가 투자한 카카오로만 원금을 되찾아야 하나요? 아니면 이 세상 모든 주식, 아니 모든 투자자산 중 카카오가 가장 빨리 회복하리라는 근거가 있나요? 그렇다면 당연히 물타야 합니다. 그러나 돈에는 꼬리표가 없습니다. 그 주식은 당신이 투자했다는 사실도 모를 겁니다. 주식시장 격언 중에 이런 말이 있습니다. "오늘 새로 투자한다고 할 때도 이 주식을 사겠는가? 만약 대답이 '아니요'라면 지금 갖고 있는 그 주식을 당장 모두 팔아버려라." 내가 과거에 이 주식을 샀다는 사실에 사로잡히는 이른바 앵커링Anchoring 효과에서 벗어나야 합니다. 이는 큰 배가 닻을 내리고 그 자리에서 꼼짝도 하지 않는 것처럼 인간이 과거 자신의 행동에서 벗어나지 못해 새로운 의사결정을 하지 못하는 심리 상태를 말합니다.

물린 주식을 물탈지, 손절할지는 기업가치와 시가총액의 관계에 달려 있습니다. 투자한 기업이 목표를 향해 순항하고 있는데 주가만 내려갔다면 당연히 추가 매수를 해야 합니다. 물론 그 기업보다 더 좋은 종목, 더 좋은 투자 대안을 발견했다면 언제든지 갈아타도 됩니다. 주가가 반 토막, 아니 10분의 1 토막이 났다 하더라도 당신이 처음 생각한 것과 달리 그 기업이 만드는 제품과 서비스가 소비자의 외면을 받거나 경영자가 의심스러운 행동을 일삼는다면 주가와 관계없이 눈 딱 감고 팔아버리세요. 돈은 수익률이 높은 곳으로 흐릅니다. 가장 이윤이 많이 남는 투자처는 서울 강남 한복판에서 이미 완판되죠. 당신의 돈도 수익률이 높은 곳으로 가야 합니다. 그런데 돈의 주인이 발 담그고 있는 개울가에서만 머물고 다른 좋은 투자처를 찾아보지 않는다면 물이 고이다 못해 썩어버릴지도 모릅니다.

대표님은 아예 손절을 안 하나요?

저는 손절매를 칼같이 지키는 증권사에서도 일해봤고 '내 사전에 손절매는 없다' 는 장기투자 기관에서도 일해봤습니다. 일단 두 회사는 자금 성격이 달라서 운용 전략도 달라요. 증권사는 그 자체로 상장기업이라 분기에 1번씩 일반투자자에게 실적을 공개합니다. 증권사의 주된 수익원은 손님들의 주식 매매에 따른 매매 수수료인데요, 잘 알다시피 정말 높아봐야 0.5%, 낮으면 0.01%도 안 되는 수수료율로 그 큰 기업을 운영하기란 쉬운 일이 아닙니다. 그런데 증권사의 자체 자금을 운용하는 쪽에서 수백, 수천억 원을 운용하다가 한번 실수하면 수십, 수백억 원 손실을 볼 수도 있단 말이죠? 매매 수수료로 겨우 벌어들인 이익을 트레이더 1명이 다 까먹을 수도 있다는 뜻입니다. 그래서 일정 수준 이상의 손실률이 발생하면 일단 그 주식을 팔고 다시 마음을 냉철하게 다지는 시간을 보내는 거죠. 반면 장기투자 마인드가 확실한 고객의 돈을 운용하는 투자 기관에서는 현재 손실보다 먼 미래 수익이 훨씬 중요하기 때문에 기업가치가 변함없다면 주가 하락을 오히려 즐기기도 합니다. 좋은 기업을 더 싸게 살 기회가 왔다고 생각하는 거예요.

　지금 저는 기본적으로 주가에 의한 손절매는 지양하려고 해요. 작은 파도를 헤치고 지나갔을 때 정말 큰 수익을 맛볼 수 있다는 사실을 경험적으로 알고 있기 때문이죠. 그러나 여기서도 잊지 말아야 할 점이 있습니다. 주식시장은 점점 똑똑해지고 있어요. 많은 시장 참여자가 투자 공부에 진심이 됐을 뿐 아니라 온라인 사회의 발달에 따라 정보를 평등하고 손쉽게 얻을 수 있기 때문입니다. 옛날보다 이유 없는 주가 하락이 적어진 것 같아요. 따라서 투자 기업에 맹목적인 믿음을 갖거나 처음 분석했을 때의 상황만으로 무턱대고 물타기를 하는 건 권하지 않습니다. 결국 손실 규모만 눈덩이처럼 불어나기 때문입니다. 그보다는 내가 틀릴 수도 있다는 겸허한 자세로 기업이 변해가는 모습을 끊임없이 따라갈 때 더 완벽한 추가 매입 기회가 찾아올 겁니다.

차트는 아예 몰라도 되나요?

최근 한 구독자의 안타까운 사연을 접했습니다. 주식투자의 스승으로 생각하던 유명 유튜버가 부정한 일을 저질러 법의 심판을 받게 됐다는 겁니다. 그런데 여기서 끝이 아닙니다. 더 안타깝게도 이 구독자는 물고기를 입에 떠먹여주는 게 아니라 낚시하는 법을 알려주는 '참스승'을 만났다면서 기술적 분석을 공부하고 있지 뭡니까.

기술적 분석은 주식 가격과 거래량을 바탕으로 그려진 그래프, 다른 말로 차트를 통해 주식 가격을 전망하는 작업을 말합니다. '차트가 쌍바닥을 그렸으니 반등할 일만 남았다'거나 '데드크로스가 나왔으니 주식을 팔아야 한다'는 등의 얘기를 들어본 적 있다면 바로 그거예요.

주식의 적정 가격을 산정하려면 기업 본질가치를 알아야 하고 그 본질가치는 재무제표에 나와 있습니다. 그런데 이 재무제표라는 놈이 여간 까다로운 게 아니라 투자를 처음 접하는 사람은 지레 겁을 먹기 마련입니다. 많은 사람이 아파트 투자에는 성공하면서 주식투자에는 실패하는 이유가 뭘까요? 첫째, 아파트는 오랫동안 큰돈이 묶이는 결정이라 짧아도 수주, 길면 수개월을 고민합니다. 반면 주식은 '아니면 팔지 뭐' 하는 안일한 생각으로 다른 사람 말만 듣고 결정하죠. 또 하나, 아파트는 그 재화가 주는 가치를 어렴풋이 알고 있습니다. 보통 직접 거주할 목적으로 구매하니 역세권인지, 학군은 좋은지, 신축인지 구축인지에 따라 본능적으로 싸고 비쌈을 판단할 수 있죠. 그러나 주식은 향후 벌어들이는 이익을 지분율대로 나누기로 약속하고 소유권을 구매하는 건데, 기업이 하는 사업과 비슷한 일을 해보지 않은 일반투자자의 경우 그 전망이 장님 코끼리 다리 만지는 격으로 어렵게 느껴질 수밖에 없습니다.

그래도 하루에도 수십 퍼센트씩 오르내리고 클릭 몇 번이면 쉽게 사고팔 수 있는 주식투자로 돈은 벌고 싶은 게 모두의 마음이죠. 이때 투자자의 마음을 건드는 게 차트입니다. 기업이 무슨 일을 하든 알아볼 필요도, 골치 아픈 재무제표를 공부할 필요도 없이 인터넷에 나오는 그래프 모양만 보고 주가를 예측할 수 있다니 얼마나 편리합니까!

그러나 계속해서 마음에 새기십시오. 공짜 점심은 없습니다. 쉽게 돈을 벌 수 있다고 하면 의심부터 하십시오. 아니, 아예 그런 일은 일어나지 않는다고 생각하세요. 이제부터 논리적으로 설명하겠습니다. 차트는 과거 일을 기록한 것뿐입니다. 저는 사건·사고를 취재하는 다큐멘터리 방송을 좋아하는데요, 이를테면 SBS의 〈그것이 알고 싶다〉 같은 거요. 교통사고를 다룬 에피소드가 있다고 칩시다. 아마 도로에 남은 스키드 마크(자동차가 급브레이크를 밟았을 때 노면에 생기는 타이어가 미끄러진 흔적)를 확인하는 장면이 나오겠죠? 스키드 마크를 통해 자동차가 달리던 속력이나 방향, 사고 당시 운전자가 핸들을 어떻게 움직였는지도 알 수 있을 겁니다. 여기에 가정을 하나 더 해보죠. 이 사건은 뺑소니 사고였습니다. 범인이 사고 이후 차량 정비소에 들렀는지, 사고 장소에서 먼 곳으로 도망쳤는지 스키드 마크를 보고 알 수 있나요? 아니죠. 주변 요금소 CCTV를 확인하고 차량 정비소에 탐문 수사를 해야만 알 수 있습니다. 주가가 오를 기업을 찾기 위해 과거 차트를 본다는 건 스키드 마크를 보고 범인이 어디로 갔는지 예측하는 일과 같습니다. 이치에 맞지 않는다는 거예요.

주가와 거래량이 낮은 상태가 오래됐다면 '투자자들의 관심이 상당히 적겠구나', 갑자기 거래량이 폭발하면서 주가도 급등했다면 '뭔가 호재가 발생해 주식시장에서 주목받고 있구나' 정도는 짐작할 수 있지만 그 자체로 향후 주가가 더 오를지 내릴지 판단하는 근거가 되진 않습니다.

또 다른 이유를 들어볼까요? 백번 양보해서 만일 당신이 '참스승'을 만나 그림카드 짝 맞추기 기술을 몇 가지 배웠다고 가정해보겠습니다. 그 기술이 너무 잘 들어맞아 주가가 생각한 대로 움직이는 겁니다. 그럼 어떻게 될까요? 생각만 해도 기분이 좋은가요? 돈은 수익률이 높은 곳으로 흐른다고 했습니다. 누구나 돈을 빨리 그리고 많이 벌고 싶은 욕망이 있기 때문에 가장 수익률이 높은 투자처일수록 그리고 그 방법이 쉬울수록 사람과 돈이 북적인다는 뜻입니다. 아마 당신이 하는 그 비밀스러운 방법도 금세 알아채는 사람이 생기고 소문이 일파만파 퍼지겠죠. 돈이 많든 적든 공부를 했든 안 했든 누구나 쉽게 할 수 있으니까요. 그러면 주가나 거래량이 특정 모양새가 되는 순간, 아니 되기도 전에 주식을 사거나 파는 사람이 많아지면서 주가가 오르거나 떨어지겠죠? 기술을 알고 있어도 수익을 못 내는 상태가 되는 거예요.

그럼 주식시장에는 왜 이렇게 차트 전문가가 많을까요? 돈이 되기 때문입니다. 투자해서 수익을 낸다는 뜻이 아니라 당신 같은 투자자가 회비 등의 명목으로 그들에게 돈을 주거나 직접 돈을 내지 않더라도 방송 시청률을 높임으로써 광고 이익을 얻게 하거든요. 짧은 시간 내에 시청자의 눈과 귀를 집중시키려면 강렬한 자극이 필요합니다. 기업 본질가치나 재무제표 같은 고리타분한 얘기는 도움이 안 되죠. 어렵고 두꺼운 철학책을 읽으려 하면 벌써 머리가 지끈대기 시작하지만 만화책을 손에 쥐면 페이지가 술술 넘어가는 것과 같은 원리입니다. 종목명을 듣자마자 몇 초 안에 매수가와 손절가를 탁탁 제시하는 차트가 만화책인 격이고요.

저는 그래서 기술적 분석을 전혀 하지 않습니다. 사실 할 줄 모른다는 게 더 적절한 답일 수도 있겠네요. HTS를 잘 켜지도 않거니와 그 안에 어떤 메뉴나 기능이 있는지조차 잘 모르거든요. 제게 기술적 분석의 필요성을 묻는다면 이렇게 답할게요. "나중에는 필요할지 모르겠어요. 기본적 분석을 모두 통달한 후에 말이죠. 그럼 매매 타이밍 같은 걸 좀 더 익혀서 수익률을 더 개선할 수 있지 않을까요? 그런데 제가 기본적 분석만 20년째인데 아직 공부할 게 많거든요. 당신은 어떤가요?"

거시경제지표는
전혀 참고하지 않나요?

톱다운Top-down이라고 하는 하향식 투자자는 거시경제를 매우 중시합니다. 투자에서 가장 중요한 게 거시경제, 그다음이 산업, 마지막이 종목 선택이라고 하죠. 여러 연구 결과도 이를 뒷받침합니다. 개리 P. 브린슨Gary P. Brinson, L. 랜돌프 후드 L. Randolph Hood와 길버트 L. 비보워Gilbert L. Beebower는 1986년《포트폴리오 성과의 결정 요소Determinants of Portfolio Performance》라는 논문에서 자산 배분, 즉 주식을 살 것이냐, 채권을 살 것이냐, 그 외 다른 자산을 살 것이냐가 수익률의 91%를 좌우한다고 했습니다. 또 로저 G. 이봇슨Roger G. Ibbotson과 폴 캐플런Paul Kaplan도 2000년《자산 배분 정책은 수익률의 40, 90, 100%를 설명하는가?Does Asset Allocation Policy Explain 40, 90, 100 Percent of Performance?》에서 종목 선택은 수익률의 11.5%밖에 설명하지 못한다고 얘기했어요. 참고로 이봇슨과 캐플런은 자산 배분을 고객 성향에

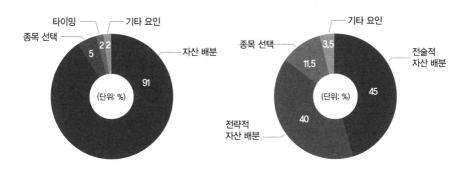

브린슨·후드·비보워(1986년)

타이밍
종목 선택
기타 요인
5 2 2
91
(단위: %)
자산 배분

이봇슨·캐플런(2000년)

기타 요인
종목 선택
3.5
11.5
45
(단위: %)
전술적 자산 배분
40
전략적 자산 배분

출처: 《한국경제》

따르는 전략적 자산 배분Strategic Asset Allocation과 주식, 채권 등의 자산군이나 투자 지역 등을 선정하는 전술적 자산 배분Tactical Asset Allocation으로 나눠 설명합니다. 자산 배분의 전통적 의미를 살리기 위해 전술적 자산 배분, 종목 선택, 비용으로만 나눈다면 자산 배분은 75%{45÷(45+11.5+3.5)}의 수익률을 설명한다고 볼 수 있습니다.

개별 기업을 고르는 일을 주로 하는 저도 거시경제나 자산 배분의 중요성을 절감합니다. 주식시장이 벌겋게 달아오르면 웬만한 사람 모두 돈을 벌고 차갑게 식으면 심혈을 기울여 고른 종목도 속절없이 떨어집니다. 농담 반 진담 반으로 "몇 년에 1번 오는 위기 때만 투자해도 부자 되는 데는 전혀 지장이 없다"라고 말하기도 합니다. 근래 약 10년의 종합주가지수만 보더라도 계속해서 투자했다면 수익률 95%에 불과한데 위기가 있을 때만 딱 4차례, 기간으로는 절반에도 못 미치는 4년만 투자했다면 오히려 누적 수익률이 313%에 달합니다. 이럴 때 예금, 채권, 금 등의 안전자산으로 돈을 옮겼다면 수익률은 더 높아졌겠죠. 제가 항상

10년간 종합주가지수에 투자했을 때(A)와 10년 중 4차례 위기에만
투자했을 때(B)의 누적 수익률과 투자 기간 비교(음영: 투자 시기)

연번	이벤트	날짜	종합 주가지수	A안 누적 수익률	A안 누적 투자 기간(연)	B안 누적 수익률	B안 누적 투자 기간(연)
1	남유럽 재정위기	2011. 09. 23.	1697.44	0%			
		2012. 03. 02.	2034.63	20%	0.4	20%	0.4
2	사드 배치	2016. 02. 12.	1835.28	8%	4.4	20%	0.4
		2018. 01. 26.	2574.76	52%	6.4	68%	2.4
3	미·중 무역분쟁	2019. 08. 16.	1927.17	14%	7.9	68%	2.4
		2020. 01. 23.	2246.13	32%	8.3	96%	2.8
4	코로나19	2020. 03. 20.	1566.15	−8%	8.5	96%	2.8
		2021. 06. 25.	3302.84	95%	9.8	313%	4.1

확실한 주식이나 확실한 때가 아니라면 어느 정도 현금을 갖고 있어야 한다고 하는 것도 이 때문입니다.

문제는 이런 위기를 미리 알 수 없다는 점입니다. 코로나19로 몇 년간 마스크를 쓰며 살아가리라고 예상한 사람이 있던가요? 개표 당일까지도 낙선이 점쳐졌던 미국의 도널드 J. 트럼프 대통령이 당선되고 중국의 시진핑 주석과 맞붙을 줄 알았던 사람은요? 저는 사드 미사일 배치를 런던에 살고 있는 동생을 만나기 위해 떠나는 날 공항 TV를 통해 알게 됐습니다.

전 직장 키움증권에서는 회삿돈을 관리했습니다. 고객 돈이나 회삿돈이나 저로서는 다 같은 남의 돈이라 신중하게 다룰 수밖에 없지만 차이점이 하나 있습니다. 고객 돈을 관리할 때는 수수료만 재무제표에 기록하지만 회삿돈은 자산 그대로를 재무제표에 반영하기 때문에 수익이나 손실 모두 분기마다 공시합니다. 분기마다 손익을 결산하는 게 수익률에 도움되는 건 결코 아님에도 상장법인이라 경영진과 주주의 눈치를 보며 단기 매매를 할 수밖에 없었습니다. 그러다 보니 별도 달력까지 만들어두고 우리나라뿐 아니라 전 세계 주요 국가들의 거시경제지표를 확인해 투자하려고 노력했죠. 결과는요? 잘 안됐습니다. 지표가 좀 많습니까? 같은 지표라도 잠정치와 확정치가 있고 같은 수치를 두고도 '선반영이 됐네' '기대치보다 더 나왔네' 하면서 해석하기 나름이었습니다. 경기보다 한발 먼저 움직이기 위해 경기 선행지표를 찾다 보면 그보다 더 선행인 지표가 있고 그걸 찾다 보면 이게 현 경기 사이클의 선행지표인지 아니면 이전 사이클의 수축 국면이 끝나지 않았는지 알 수 없어 혼란스러웠습니다.

저는 더 확실한 데 집중하라고 권합니다. 바로 기업입니다. 그리고 소비자의 지갑입니다. 설령 거시경제가 현재 어떤 국면인지 아는 게, 향후 주식시장을 주도할 산업이 뭔지 가려내는 게 수익률을 좌우하더라도 이는 결과론에 불과합니다. 통계청에서 우리나라 경기의 정점과 저점을 발표하는 것 또한 실제 정점과 저점이 한참 지난 뒤에 '지나고 보니 그때가 저점이었습니다' '알고 보니 그때가 정점이었더라고요' 하는 격입니다. 그러므로 우리는 경기와 상관없이 소비자를 사로잡아 꾸준히 이익을 낼 기업, 어쩔 수 없이 경기를 타기는 하지만 다음 확장기까지 반드시 살아남을 수 있고 다음 정점 때는 이전 정점 때보다 돈을 더 많이 벌어 기다린 우리에게 기회비용을 벌충해줄 기업을 찾아야 합니다.

만약 기업 공부가 모두 끝났다면 그래서 추가 이득을 위해 거시경제를 공부한다면 말리지 않겠습니다. 하지만 그런 날은 좀처럼 오지 않을 겁니다. 그러기엔 너무나도 매력적인 기업이 많고 시장 환경에 따라 변화무쌍하기 때문입니다.

그래서 정말 아무것도 안 본다고요?

그래도 회사에서 주기적으로 확인하는 몇 가지 지표는 있어요. 이걸 이제야 말하는 이유는 당신이 혹시 오해할 수도 있기 때문입니다. 이 요소들은 제가 펀드를 꾸리고 종목을 매매하는 데 큰 영향을 주지 않거든요. 인원과 시간을 기준으로 한다면 개별 기업의 분석이 대부분이고 일부 인력이 적은 시간을 들여 포트폴리오의 현금 비중을 관리하는 데 필요한 정보를 모으고 공유합니다. 제가 고른 종목이 탁월하더라도 투자 경험이 적은 고객이 운 나쁘게 주식시장 고점에 가입하면 견디기 어려워하니까요. 그래서 주식시장이 과열됐을 때는 주식을 좀 덜 사고 확실하진 않겠지만 위기 국면이라고 판단될 때는 주식을 좀 더 과감하게 담기 위한 정량적 지표로 사용해요.

대표적으로 주식시장의 PER과 금리를 비교합니다. 전체 기업 이익을 전체 기업 시가총액으로 나누면 시장 전체 기대수익률이 되는데요, 이게 금리보다 훨씬 높으면 주식시장이 저평가됐다, 반대로 금리가 훨씬 높다면 주식시장이 고평가돼 있으니 주식 대신 채권에 투자하는 편이 훨씬 낫다고 볼 수 있습니다. 채권은 주식보다 변동성도 적고 기업이 망하더라도 원금을 회수할 가능성도 있으니 안전자산이라고 볼 수 있는데 수익률까지 높으면 금상첨화일 테니까요.

환율도 주요 지표 중 하나입니다. 기축통화라고 할 수 있는 달러화나 엔화가 우리나라 원화 같은 신흥국 통화보다 강세를 보이면 전 세계 투자자들이 경기 침체나 자산 가격의 변동성에 겁을 먹고 안전자산을 선호하고 있다고 볼 수 있습니다. 역설적으로 이럴 때가 주식 같은 위험자산, 그중에서도 우리나라나 중국 등의 신흥국 주식시장에 용기를 내 투자해야 할 때입니다. 기관이든 개인이든 우리나라 투자자는 계속 증시 주변에 머물러 있다고 가정할 때 우리나라 주식시장을 움직이는 건 외국인입니다. 외국인 투자자가 여러 나라를 검토하다 대한민국을 선택하면 한국 주식시장이 오르는 것이요, 그들이 우리나라 주식시장에서 자금을 회수해 다른 나라를 찾아 떠나면 한국 주식시장은 떨어지는 수밖에 없습니다. 그러므로 원화가 저렴할 때, 다시 말해 달러 환율이 높을 때 발 빠르게 움직여 우리나라 주식시장에 투자해야 합니다. 아마 그때는 신문 머리기사에 '외환보유액 급감' '환율 사상 최고치' '안전자산 선호 현상 강화' '신흥국 증시 출렁' 등의 문구가 눈에 띄어 겁이 나겠지만 그래도 그렇게 해야 합니다.

　전 세계 경기가 어느 국면에 있는지도 대략적으로는 파악해둡니다. 고점에서 정확히 자금을 빼내 도망 나올 수 없고 저점을 확실하게 짚어내 V(브이)자 반등을 기대할 순 없지만 어렴풋하게나마 경기가 확장 국면인지 수축 국면인지, 그렇다면 초기인지 중기인지 말기인지 진단해봅니다. 경기 침체 상황이라면 큰 적자를 보고 있어 금방이라도 부도가 날 것 같은 경기순환주에 베팅해보기도 하고 경기 확장 국면이 오래돼 어떤 기업이든 이익을 많이 내고 주변 친구 모두가 자산이 불어났다고 자랑하면 슬슬 주식 편입 비율을 낮추기 위해서기도 합니다. 이런 사이클에 대한 감이 없으면 자칫 경기 정점에서 실적이 꾸준하다는 이유로 고가의 명품 소비재를 판매하는 기업이나 고용 경기에 노출된 기업에 투자하는 어리석은 짓을 범할 수 있거든요. 참고로 명품 소비나 고용(실업률)은 경기에 후행하기 때문에 깜박 속아 넘어갈 수 있으니 주의해야 해요.

개별 주식을 살까요, 지수를 살까요?

주식을 다루는 유튜브 섬네일에는 유난히 '모은다' '모아간다'는 문구를 많이 써요. 많이들 봤죠? '지금부터 모아가면 좋은 주식' '이 주식은 팔지 말고 모으세요' 뭐 이런 거요. 이번에도 당신이 모르는 이면을 파헤쳐봅시다. 도대체 유튜버들은 이런 표현을 왜 좋아할까요?

첫째는 당신 같은 구독자가 좋아하기 때문이겠죠? 그럼 왜 당신은 주식을 모으고 싶을까요? 그게 쉬우니까요. 돈이 작든 크든, 주가가 비싸든 싸든, 기업 실적이 좋든 나쁘든 그냥 하나만 계속 사면 되니 얼마나 속이 편합니까? 다시 말하지만 공짜 점심은 없습니다. 속이 편하면 수익은 거북할 수밖에 없어요.

둘째는 말한 사람이 시점이나 가격을 정하지 않았으니 혹여 주가가 내려가더라도 핑계를 댈 수 있어서입니다. 만일 그 주식의 주가가 오르면 내가 잘한 거고 떨어지면 "내가 언제 얼마만큼 오른다고는 안 했잖아"라며 강제 장기투자를 유도합니다. 금방 팔아버리기라도 하는 날에는 인내심 없는 자로 낙인이 찍히고요. 심지어는 변절자 딱지가 붙기도 하죠. 그리고 시간이 갈수록 그 주식의 기억은 흐려져요. 어느새 다른 주식을 모아가라고 말해도 무방할 만큼.

적립식 투자는 적금 붓듯 일정 기간 적당한 금액을 같은 자산에 넣는 투자를 말하는데요, 저는 이 적립식 투자를 해야 할 대상을 딱 하나로 봅니다. 바로 성장 잠재력이 있는 국가의 주식시장 전체입니다. 시장 전체를 사는 개념이라 말 그대로 시장 평균 수익률만 기대해야 하지만 자산 그래프가 꾸준히 우상향하길 바란다면 적절한 투자 대안이 됩니다. 여기서 성장 잠재력이 있는 국가란 크게 둘로 나눌 수 있습니다. 미국, 유럽, 일본, 한국처럼 선진국 반열에 올라서서 경제가 안정적이고 산업 기반이 탄탄한 국가와 동남아, 중남미 등 인구가 폭발적으로 늘어나고 1인당 GDP도 빠르게 성장하는 신흥국입니다. 성향이 조금 공격적인 투자자는 이 중 신흥국에 더 끌릴 수 있는데 여기에 많은 돈을 집중적으로 투자하는 건 금물입니다. 빠르게 성장한다는 건 큰 변동성이 있다는 말과 같거든요.

특히 환율 문제는 심각하게 고려해야 합니다. 경제 위기를 겪고 있는 국가는 항상 인플레이션 때문에 곤란에 빠집니다. 자국 화폐가치가 떨어져 다른 나라와 교역할 때 손해를 입는 상황이죠. 지금은 무역 없이 살아가는 게 불가능한 시대입니다. 수출하는 국가가 달러화로 표시하는 가격은 그대로인데 달러화와 비교해 산정하는 통화가치가 떨어져(이를 환율이 올랐다고 합니다) 수입품을 구매하는 물가가 오르면 국민 살림살이가 팍팍해지겠죠. 기껏 신흥국 주식시장 지수가 올랐는데 원화로 바꿔보니 별 볼일 없다거나 오히려 손실이라면 기분이 어떻겠습니까? 그 나라에 가서 생활할 수도 없고 참 답답할 노릇이겠죠.

망하지 않을 국가를 고르면 된다고요? 그게 어디 쉽나요. 경제 위기와 부패의 상징처럼 돼버린 아르헨티나도 우리나라가 따라잡아야 할 중진국의 대표 주자였다고 해요. 20년간 세계 경제를 이끌어온 중국도 요즘 상황이 녹록지 않고 중국 화폐인 위안화 가치도 역사상 가장 낮은 상태죠. 4차 산업혁명까지 주도하면서 계속 부강해지는 미국 탓인진 모르지만 사실 대부분 국가의 화폐가치는 미국 달러화보다 하락해왔어요. 제가 어릴 때만 해도 우리나라 환율은 1달러당 800원 정도였다니까요. 우리나라의 눈부신 경제성장에도 불구하고 지금 환율이 1,200원이 넘으니 얼마나 달러가 강해졌는지 알겠죠?

그럼 개별 주식은 왜 평생 모아가면 안 될까요? 아마존이나 테슬라, 삼성전자 같이 훌륭한 기업은 계속 주가가 오르는 것 같은데 말입니다. 주가가 지금까지 올랐다는 건 그 기업이 지금까지 잘했다는 증거입니다. 그러나 미래에도 그렇다는 법은 없죠. 또 기업 본질가치가 계속해서 성장한다 하더라도 주식시장의 광기 때문에 수년 치 미래를 앞당겨와 굉장히 높은 가격이 형성됐다면 그 이후로는 주가가 지지부진하거나 혹은 하락할 수도 있습니다. 좋은 기업이라고 해도 말이죠. 지금의 2차전지 회사들처럼요.

그러므로 기업가치를 계산해 그보다 쌀 때 사고 비쌀 때 파는 법을 배우는 투자 공부가 필요합니다. 공부가 체질적으로 몸에 맞지 않는 사람도 있을 수 있고 학업과 생업에 바빠 시간 여유가 없는 사람도 있을 수 있습니다. 전체 주식시장을 사면 1~2개 기업이 성장하지 못할 일을 걱정할 필요가 없습니다. 분명 또 다른 주식이 등장해 주식시장을 주도할 거예요. 지수도 경기나 경제 이슈에 따라 등락하기는 하지만 개별 주식보다는 그 폭이 훨씬 작다는 것도 초보 투자자인 당신의 마음을 불안에서 지켜줄 거고요. 조급하면 높은 가격대에 사고 불안하면 낮은 가격대에 팔아 손실만 키우게 되거든요. 초보 투자자나 높은 수익을 바라지 않는 간접투자자는 마음 편하게 모으는 게 제일이니까요.

주식에 투자할까요, 부동산에 투자할까요?

제가 2022년부터 고정 출연하고 있는 〈월급쟁이부자들TV〉는 부동산 투자 위주 커뮤니티입니다. 주식과 부동산을 비교하는 질문은 그때부터 많이 받았어요. 부동산은 작은 아파트에 갭Gap 투자(매매가와 전세가 차이만큼의 돈만으로 집을 매수한 후 직접 살지는 않고 임대주택으로 공급하다가 집값이 오르면 매도해 차익을 실현하는 투자법)를 한다고 해도 최소 수천만 원이라는 돈이 들고 투자 후 차익을 실현할 때까지 걸리는 기간, 즉 자본 회임 기간이 길다 보니 주요 투자처로 부동산을 선호하는 사람도 자투리 돈을 굴리는 데는 주식만 한 게 없다고 생각하는 것 같더라고요. 주식투자가 업인 사람 관점에서 참 감사하고 다행스러운 일입니다.

주식투자와 부동산 투자는 비슷한 점이 많습니다. 가치를 잘 파악했다가 그보다 낮은 가격이 되면 사고 높은 가격이 되면 파는 거죠. 매매 차익이 아니라 꾸준한 수익을 노리는 분도 마찬가지입니다. 부동산 임대료나 기업 배당금을 계산해보고 수익성이 좋다고 판단되면 돈을 넣고 오랫동안 갖고 있는 거예요.

하지만 깊이 파고들면 다른 점이 나타납니다. 제가 아파트 구매는 전적으로 아내에게 맡기고 주식만 하게 된 이유를 알려드릴게요. 집중해서 들어보세요.

먼저 투자 대상을 살펴볼까요? 주식은 기업에 투자합니다. 그런데 우리나라만 해도 얼마나 다양한 산업이 존재합니까? 반도체, 자동차, 화학, 건설, 철강, 인터넷…. 뭔가를 뚝딱뚝딱 만드는 기업이 있고 만들어진 물건을 유통하는 기업이 있는가 하면 소프트웨어 기업처럼 눈에 보이지 않는 재화를 파는 회사도 있습니다. 개중에는 반도체나 철강처럼 완제품의 부속으로 쓰이는 제품을 만드는 회사도 있고 자동차처럼 소비자에게 각인되는 브랜드의 회사도 있죠. 경기를 타는 업종과 그렇지 않은 업종으로 나눌 수도 있습니다. 이 때문에 기업마다 눈여겨봐야 할 요소가 다르고 분석 방법도 다릅니다.

이 설명을 듣고 복잡하다는 생각이 드나요, 아니면 변화무쌍하다는 생각이 드나요? 둘 다 정답입니다. 기질 차이거든요. 다양한 산업과 비즈니스 모델을 알아보는 작업은 호기심이 많은 사람에게 제격입니다. 경제 상황이 어떻든 이런 사람은 주식으로 돈을 벌 수 있습니다. 어느 한쪽이 어렵다는 건 분명 다른 한쪽에는 혜택을 받는 기업이 있다는 뜻이 되거든요. 그만큼 투자 기법과 상품도 다양하게 존재하니까요.

기업마다 다른 분석 방법이 필요하다는 사실에 머리가 지끈거린 사람도 괜찮습니다. 상대적으로 부동산 투자는 단순해요. 아파트를 예로 들어보겠습니다. 아파트는 결국 거주 가치가 높은 곳의 가격이 높기 마련인데 사람들이 거주하고 싶은 곳이라는 게 뻔합니다. 학군, 교통, 녹지, 편의 시설…. 주식으로 말하자면 적당한 기준을 통과한 상품은 비슷한 평가를 받는 원자재 같은 느낌이죠. 포스코가 만든 철근이나 현대제철이 만든 철근이나 사양이 같다면 거의 같은 가격으로 거래되잖아요. 그래서 부동산 가격은 경기에 따라 다 같이 비슷하게 움직입니다. 아마 공부 방법도 몇 가지 핵심 요소를 깊이 공부하는 걸 테죠.

그렇다고 부동산 투자가 마냥 쉬운 일인 건 아닙니다. 핵심 요소를 '깊이' 공부하는 데는 이른바 '노가다'성 작업이 동반돼야 합니다. 훌륭한 주식투자자가 되려면 기업 탐방, 공장 견학, 경쟁자 및 거래처 탐문 등 직접적인 사실 수집 과정도 필요하긴 하지만 기본적으로 주식투자자는 인터넷, 전화, 엑셀을 주로 쓰는 '사무직'이거든요. 반면 부동산 투자는 초기 단계부터 임장을 거치더라고요. 참고로 임장은 임할 임臨에 마당 장場을 써서 부동산 물건과 주변 정보를 확인하기 위해 직접 현장을 방문해 조사하는 활동을 뜻합니다. 아무리 실제 거리 모습을 3차원으로 보여주는 로드뷰 기능이 발전했다고 해도 지도 앱으로는 파악할 수 없는 현장감이 있기 때문이죠. 앞에서도 말했듯이 주식보다 상대적으로 변수가 적기 때문에 그 변수를 더 샅샅이 분석해야 합니다.

아파트 갭 투자로만 100억 원이 넘는 자산을 일궜다고 알려진 〈월급쟁이부자들TV〉의 너나위 님은 옆에서 보면 걸어 다니는 아파트 백과사전 같아요. 지역별로 어떤 아파트가 있는지, 그 주변은 어떤 환경인지 전부 다 외우고 있더라고요. 지도 앱으로 찾아볼 수 있을 법한 것도 직접 가서 세부 사항을 파악하고요. 예를 들어 이 아파트는 지하철역까지 도보로 몇 분 거리지만 한강 수심 때문에 땅을 깊게 판 5호선이고 에스컬레이터가 없어서 실제로 플랫폼까지는 몇 분 더 걸린다는 식이죠. 수년간 평일, 주말, 밤낮을 가리지 않고 임장을 다니고 이를 자신만의 임장 보고서 형태로 데이터베이스화한 결과겠죠?

투자하거나 이사할 곳만 잘 알아보면 될 텐데 왜 굳이 전국에 있는 아파트를 이 잡듯이 분석하느냐고요? 이 의문에는 너나위 님이 확실한 답을 줬습니다. 저는 사실 과거 시세 차익을 위한 아파트 투자를 부정적으로 생각했던 사람입니다. 주식으로 투자 세계에 입문했기 때문에 현금흐름이 생기지 않거나 본질가치를 숫자로 계산할 수 없는 자산에 투자하는 일은 투기적이라고 봤거든요. 우리나라 부동산의 왕은 누구입니까? 뭐니 뭐니 해도 강남 아파트죠? 그런데 강남 아파트는 월세 수익률이 1% 정도에 불과합니다. 참고로 제가 사는 서초구 L 아파트로 계산해본 것이니 아파트마다 차이가 클 수 있다는 점 이해해주세요. 요새 예금 상품만 해도 이자가 3~4%고 주식시장 평균 PER이 10배라고 하면 1÷10, 주식시장 기대수익률은 10%나 되는데 1%가 웬 말입니까? 그런데도 많은 사람이 아파트를 갖고 싶어 하는 건 그들이 멍청해서가 아니라 좀 더 좋은 환경에서 살고 싶은 무형의 욕망이 작용하고 있거나 이를 꿰뚫어 보고 시세 차익을 바라는 투자자들이 있기 때문이겠죠.

그래도 여전히 이해되지 않았던 부분은 아파트 투자자들의 상대 비교론이었습니다. 가까운 동네에 비슷한 평형의 아파트가 둘 있는데 A는 10억 원, B는 7억 원에 거래된다면 아파트 투자자는 B 또한 10억 원까지 오르리라 기대하며 B를 매수합니다. 그런데 이상하지 않나요? A가 7억 원이 될 수도 있잖아요. 아니면 둘 다 15억 원이 될 수도, 반대로 둘 다 5억 원까지 떨어질 수도 있는 거 아닙니까? 그래서 아파트를 갖고 싶다는 욕망과 거주환경의 우열을 화폐단위로 환산할 수 없다면 아파트에 투자할 수 없다고 생각한 겁니다.

너나위 님은 다르더군요. A와 B만 놓고 보면 제 생각이 맞지만 우리나라 전체 아파트를 다 공부해보면 순위를 매길 수가 있대요. 사람이 거주하는 데는 충분하지만 투자가치가 거의 없어 수천만 원대로 매매 가능한 아파트나 산업 단지 근처라 공장 근로자의 월세 수요가 풍부해 월세 수익률만으로도 주식 뺨치는 곳부터 시작하는 거예요. 그리고 누구나 살고 싶은 대도시 신축 아파트를 거쳐 '여기 누가 살아?' 싶을 정도로 노후화돼 투자가치만 남은 재건축 예정 단지까지 전부 다 순위를 매기면 사람들의 욕망이나 아파트의 내재 가치를 금액으로 산정할 수 있답니다. 10억 원과 7억 원 아파트 둘을 비교하는 게 아니라 수천만 원부터 100억 원까지 수백, 수천 개의 '단지'를 비교하면요. 아, 우리 투자자의 기질 얘기를 하고 있었죠? 이렇게 몸으로 때우는 일에 자신 있고 다른 취미 없이 주말마다 전국을 돌아다니며 그 지역 맛집 방문을 즐기는 사람은 부동산 투자에 적합한 것 같습니다.

하나 더 있습니다. 이게 제가 결정적으로 부동산 투자를 포기한 계기기도 한데요, 부동산은 가치를 알아보는 과정 그리고 모든 분석이 끝나 거래를 하는 과정에서도 협상과 유연성이 필수적이더라고요. 반죽 좋게 복덕방 사장님들과 차를 마실 줄도 알아야 하고 거래 가격과 수수료를 놓고도 항상 줄다리기해야 해요. 가끔은 세입자 같은 거래 상대방의 변덕에 얼굴을 붉히는 경우도 생깁니다. 제게는 이런 일이 편하지 않아요. '대체 왜 저러지?' '나를 속여서 돈을 더 벌려고 하는 건가?' 하는 생각이 머릿속을 떠나지 않거든요. 저는 딱딱 떨어지는 일이 좋답니다.

주식투자가 그래요. 일단 가격과 수수료가 정해져 있습니다. 한국거래소 입찰 시스템을 이용하기 때문에 거래 상대방의 얼굴을, 아니 아예 그 사람이 누군지조차 알 수 없습니다. 사실 장외거래가 아닌 한 주식시장에서 거래 상대방을 정해놓고 매매하는 일은 통정매매라고 해서 불법이기도 합니다. 분석 과정도 숫자라는 매개체를 통해 미래를 사색하는 작업이라 혼자 조용히 하기 적합하고 (실제 미래가 그렇지는 않지만) 정확한 답이 나오죠. MBTI로 얘기하자면 내향형(I), 사고형(T), 판단형(J)에 어울리는 것 같습니다.

부동산과 주식투자 모두 당신의 건강한 자산 증식에 도움을 줄 수 있는 수단입니다. 본질은 비슷하니까요. 하지만 과정 하나하나를 따져보면 너무도 다르고 사람은 보통 2가지를 다 잘하진 못해요. 더 놀라운 건 훌륭한 투자자일수록 한 분야에 집중했다는 거죠. 이제 내 스타일에 맞는 하나를 골라볼까요?

전문투자자도
손실을 보나요?

당연하죠. 투자는 미래를 전망하는 일이니 틀릴 수밖에 없습니다. 틀렸을 때 크게 잃어서 시장에서 퇴출당하지 않고 조금씩 맞힐 확률을 높이는 게 제가 할 일이고요. 결국 51%의 확률을 꾸준히 반복하는 게 좋은 투자자와 큰 자산을 만든다고 믿습니다.

같은 전문투자자라 하더라도 경력과 경험이 적은 신입 펀드매니저는 실수를 더 많이 하는 편이고 경험이 쌓일수록 실수를 적게 하거나 실수를 하더라도 손실률이 낮죠. 한편 젊은 투자자일수록 신선한 아이디어가 많고 좀 더 과감하게 베팅해 돈을 벌 때는 화끈하게 버는 장점도 있습니다. 그래서 강세장에는 용감할 용勇 자를 써서 '용 대리' '용 과장'이 득세한다고들 하죠.

저도 펀드매니저라는 타이틀을 달고 여러 번 손실을 봤습니다. 그중 몇 가지 사례를 소개해보겠습니다. 먼저 사회 초년생 시절 얘기입니다. 세계 금융위기 이후 저평가됐다 싶은 주식을 사면 금세 수익이 나더라고요. 그래서 그게 제 실력인 줄 알았죠. 그러던 어느 날 눈에 띈 저평가 주식이 있었습니다. '썬연료' 브랜드로 유명한 부탄가스를 만드는 태양산업(현 태양)이라는 기업이었어요. 삼겹살 먹으러 가면 휴대용 가스레인지에 넣는 그거, 알죠? 부탄가스 제품 가격을 인상하면서 이익이 늘어나 PER(주가÷이익)이 낮아진 겁니다. 회사에 물어보니 시장점유율이 높아 가격을 인상해도 판매량이 떨어지지 않는다고 했습니다. '웬 떡이냐?' 싶어 덜컥 주식을 샀죠. 하지만 몇 개월 지나지 않아 '일방적 청취'의 덫에 걸리고 맙니다. 사실 부탄가스 가격은 원재료인 천연가스와 석도강판(철강판에 주석을 도금한 것으로 미려한 광택, 편리한 가공성, 우수한 내식성 등으로 각종 용기에 널리 사용되고 있다) 가격이 올라 수익성이 악화하자 어쩔 수 없이 따라 오른 것뿐이었습니다. 이익이 좋아진 게 아니라 얼마 전까지가 나빴던 거고 제가 발견했을 때가 우연히 정상화되는 시점이었던 거죠. 천연가스와 석도강판 가격이 다시 하락하자 부탄가스 가격과 태양산업 이익도 제자리로 돌아오며 다시 안 좋아졌고요. 이익이 줄어들었으니 PER은 다시 높아지고 주가는 더 하락했지만 이제는 저평가라는 생각이 들지 않더군요. 그때부터 행여 회사의 말이라고 하더라도 제가 직접 확인할 수 있는 '사실'이 아니면 잘 믿지 않게 됐습니다. 회사의 공식 발표는 기업 분석의 시작이자 실마리에 불과함을 깨달은 거죠.

다음은 창업 초기 얘기입니다. 주식을 시작한 지 거의 10년, 프로 펀드매니저가 된 지는 5년도 넘은 시점이었죠. 개별 기업 상황이나 밸류에이션보다 경제나 산업 전반에 걸친 큰 흐름이 더 중요하다는 걸 알고 장기간 성장할 수 있는 메가 트렌드에 심취해 있을 때였습니다. 지구온난화를 늦추는 친환경 에너지는 언제까지나 인류에게 중요한 화두인 만큼 투자자에게도 영원한 테마입니다. 당시 투자했던 OCI는 세계에서 태양광용 폴리실리콘을 잘 만드는 회사 중 하나로 손꼽혔습니다. 태양광은 태양 빛을 전기로 바꾸는 발전 방법인데요, 아마도 인류에게 영원할 태양을 이용하기 때문에 탄소 배출량을 극적으로 줄일 수 있고 기한 걱정도 없습니다. 경쟁 친환경 발전원과 비교하면 풍력보다는 필요한 곳에 소규모로 설치할 수 있고 원자력보다는 안전하다는 장점이 있고요.

태양 빛을 전기로 바꾸려면 태양광 패널이 필요합니다. 아파트 베란다나 농촌 주택 지붕에서 반짝이는 유리 같은 걸 본 적이 있을 겁니다. 그게 태양광 패널이고 그 원재료가 폴리실리콘입니다. 대규모 설비투자가 필요한 장치산업인 데다 고순도 폴리실리콘을 만드는 작업은 여간 어려운 게 아니라 아무나 할 수 없습니다. 같은 태양 빛을 쪼이더라도 이물질이 덜 섞일수록 전기를 생산하는, 이른바 발전 효율이 높아지므로 적은 생산비용으로 높은 순도의 제품을 생산해내는 기술력이 매우 중요하거든요. 그래선지 전 세계적으로 OCI를 비롯해 몇 안 되는 기업끼리 경쟁하고 있었습니다.

여기까지는 좋죠. 장기간 성장할 수 있는 산업인데 경쟁자는 적다니! 문제는 미래를 예측하는 단계에서 일어났습니다. 폴리실리콘은 원자재라 가격 등락이 심합니다. 생산원가는 제품 가격과 무관해서 폴리실리콘 가격이 오르면 OCI 이익이 늘어나고 반대로 폴리실리콘 가격이 내리면 크게 손실을 볼 수도 있는 거죠. 구매자는 생산 방식과 순도가 같다면 누가 만든 제품이든 크게 상관없거든요. 결국 가격은 수요와 공급으로 결정되는데 반도체처럼 수요는 꾸준히 성장하리라고 예상했기에 공급자 분석이 중요했습니다. 전 세계 폴리실리콘 기업을 모두 샅샅이 분석했어요. 공장이 어디에 있고 생산 과정은 어떻고 폴리실리콘 1kg을 생산하는 데 비용이 어느 정도 드는지까지요. 그리고 폴리실리콘 가격은 1kg당 20달러 아래로 내려갈 수 없다는 결론을 냈습니다. 당시 폴리실리콘 가격이

20달러보다 조금 높은 수준이었기 때문에 폴리실리콘 가격과 OCI 이익은 앞으로 오를 일만 남았다고 여겼습니다.

그러나 원자재와 거시경제는 함부로 예측하는 게 아니더군요. 태양광 발전소 설치가 계획보다 늦어지거나 설치할 발전 용량이 줄어들면서 폴리실리콘 수요 감소 사이클이 예상보다 길어졌습니다. 폴리실리콘은 1kg당 10달러 아래로도 거래됐고요. 태양광 발전소 기업은 폴리실리콘 구매 계약을 취소하고 폴리실리콘 업체는 대출 만기 같은 당장 발등에 떨어진 불을 끄고자 이미 생산해둔 폴리실리콘을 생산원가보다 낮은 가격에 팔아치우기 바빴습니다. OCI가 고객과 맺어둔 많은 공급계약도, 제가 분석한 폴리실리콘 생산원가도 냉엄한 경제 상황 앞에서는 무의미했습니다. 태양광 산업과 폴리실리콘 가치사슬을 누구보다 더 열심히 공부했다고 자부했지만 덜컥 겁이 났습니다. 손실을 확정하고 주식을 팔 수밖에 없었죠. 몇 년의 세월이 흘러 폴리실리콘 가격은 제가 예상한 대로 1kg당 20달러보다 훨씬 높이 올랐습니다. 다시 OCI에 볕이 든 거죠. 하지만 그 힘든 기간을 버틴 투자자는 많지 않을 것 같습니다.

마지막으로는 비교적 최근에 실패한 투자 사례입니다. 코로나19 전 영화관을 경영하는 CJ CGV에 투자한 적이 있습니다. 우리나라에서 쌓은 노하우를 바탕으로 중국, 베트남 등 신흥국에서 굳건한 입지를 지키며 잘 성장하고 있었고 스크린X나 4DX 같은 특별 상영관 포맷을 개발했기 때문입니다. 스크린X는 정면뿐 아니라 좌우 양옆 벽면까지 스크린으로 활용해 넓은 시야각을 제공하고 4DX는 움직이는 좌석과 함께 물, 바람, 향기 등 특수 효과를 더해 굉장한 몰입감을 선사합니다. 이런 특별 상영관은 영화표 가격이 더 비쌉니다. 초기 연구개발이나 설비투자 비용이 있지만 상영관 문을 연 후에는 면적당 더 높은 수익을 창출할 수 있죠.

이 외에도 특별 상영관 포맷의 장점은 더 있습니다. 영화관은 자리싸움이라고 하잖아요? 사람들이 많이 방문할 만한 좋은 입지를 선점해 개관하는 게 중요하다는 뜻입니다. 그런데 명동, 강남, 홍대 등 좋은 입지에 영화관이 어디 하나만 있나요? 입지가 좋다 싶은 곳에는 사거리에서 횡단보도만 건너도 다른 브랜드의 영화관이 있습니다. 비싼 돈을 들여 땅을 사거나 임차를 하고 번듯하게 시설을 갖춰도 서로 손님을 뺏고 빼앗길 수밖에 없죠. 특수 상영관 포맷은 꼭 자사 브랜드 영화관에만 입점할 수 있는 건 아닙니다. 기술력이 뛰어나 더 많은 손님과 더 많은 입장료를 받을 수 있다면 어느 영화관에서나 환영하니까요. 폭넓은 해상도와 생동감 있는 음향으로 유명한 아이맥스를 알고 있나요? 미국에서 개발된 기술인데요, 〈다크 나이트〉〈인셉션〉〈인터스텔라〉 등을 만든 할리우드 거장 크리스토퍼 놀란 감독의 칭송을 받을 정도라 전 세계 어디서나, 어떤 브랜드 영화관에서나 쉽게 해당 포맷의 상영관을 찾아볼 수 있거든요. 스크린X나 4DX도 같은 길을 걸을 수 있으리라 전망했죠.

그러나 복병은 의외의 곳에 있었습니다. CGV가 글로벌 진출을 위해 의욕적으로 인수한 튀르키예 사업이 출렁거린 겁니다. 레젭 타입 에르도안$^{Recep\ Tayyip}$ ^{Erdogan} 대통령 집권 이후 경제가 내리막길을 걷고 리라화 가치가 폭락하는 등 외부 환경이 악화됐어요. 특히 CGV는 터키 경제 상황과 연동된 거액의 부채를 짊어지고 있었던 터라 타격이 더 컸죠. 투자 아이디어가 좋더라도 예기치 못한 변수 때문에 투자 손실을 볼 수 있음을 알게 된 계기였습니다.

튀르키예 문제로 주식을 팔아버리기로 한 결정은 결과적으로는 천만다행인 일이었습니다. 코로나19가 전 세계를 덮치면서 영화관 사업은 개장 휴업 상태가 됐고 신규 영화관 출점을 위한 부채나 기존 영화관 존치를 위한 임차료 등에 허덕이면서 CGV 재무구조도 매우 열악해졌습니다. 리오프닝 이후에도 시청자가 넷플릭스나 유튜브 같은 동영상 플랫폼에 익숙해진 나머지 웬만한 대작이 아니고서는 영화관에서 관람하지 않는 상황이라 영화관 사업자들은 여전히 큰 어려움을 겪고 있습니다.

저는 투자 아이디어를 주변에 말했을 때 바로 "아닌데?" "시대 흐름에 역행하는데?"라는 말이 나오는 주식에는 웬만하면 투자하지 않습니다. 설령 그들의 생각이 선입견이고 제 주장이 사실이더라도 이 세상에 주식이 그거 하나만 있는 것도 아닌데 누군가가 싫어하는 주식을 붙잡고 늘어질 필요가 없기 때문이에요. 그런데 CJ CGV에 투자할 때는 뭔가에 씌었나 봐요. 여기에 투자하는 동안 고객과 지인에게 계속 지적받던 부분이 OTT의 득세였거든요. 저는 "영화를 집에서 보는 것과 영화관에서 보는 것은 다르다" "대작 수요, 남녀 간 데이트 수요, 명절에 가족의 외출 수요 등은 영원하다" "집에서 영화를 볼 수 있어서 영화관이 망한다면 비디오나 DVD, IPTV가 보급됐을 때 이미 망했어야 한다. 그러나 지금껏 1인당 영화 관람 횟수는 줄지 않았다"라고 반박해왔고요. 아직은 미래를 알 수 없지만 현재까지는 제가 틀린 것 같아요. 결국 시대 흐름에 역행하는 주식에는 투자하지 않는다는 제 투자 원칙을 더 강화하는 계기가 됐죠.

제가 실패담을 이처럼 생생하게 기억하는 이유는 그 횟수가 적어서가 아닙니다. 기억력이 좋아서는 더더욱 아니에요. 저는 투자하면서 같은 실수를 절대 반복하지 않으려고 노력합니다. 취미로 하는 활동이면 모를까 전문가라면 계속 이전보다 나아져야 하거든요. 그래서 실수나 실패를 할 때마다 철저하게 곱씹습니다. 분석을 시작할 때부터 주식을 모두 팔 때까지 모든 과정에서 '왜 틀렸지?' '뭘 잘못했지?' '어떻게 개선해야 하지?'를 되짚어봅니다. 꼭 투자해서 손실을 봤을 때만 하는 행동은 아닙니다. 뒤늦게 보니 많이 오른 주식인데 안 샀던 이유도, 꽤 많은 수익을 올렸지만 팔고 나서 더 오른 주식도, 손실은 보지 않았지만 투자 아이디어나 미래 전망이 빗나갔을 때도 모두 마찬가지입니다. 그리고 항상 새로운 투자를 할 때 과거에 비슷한 기업이나 투자 아이디어가 있었는지, 같은 욕심이나 불안에 떠밀리고 있진 않은지 생각해봅니다. 조금씩 나이가 들어가면서 보수적으로 변하고 행동도 굼떠질 텐데 원숙미라도 발휘해야 하지 않겠어요?

꼭 읽어야 하는
투자서 좀
알려주세요

저와 비슷한 길을 걷는 사람이 투자를 공부하는 방법은 크게 3가지입니다. 첫째, 실전 위주 투자자입니다. 초보일 때부터 스스로 생각하고 계산하며 종목을 여러 차례 매매해보는 사람이죠. 많은 실수를 하지만 시간이 지나 경험이 쌓이면 수익 도 많이 내고 자신만의 투자관을 빨리 정립합니다. 둘째, 테마주나 기술적 분석 등 투기적 방법에 빠져 큰 위기를 겪은 후 좀 더 건강하고 올바른 방법을 찾는 투 자자입니다. 의외로 이런 사람이 꽤 있습니다. 주로 목표의식이 높고 근성이 뛰 어나 크게 성공하더라고요. 물론 위기 후 재기하지 못하거나 계속해서 단기 수익 의 맛을 잊지 못하는 사람이 대부분이긴 하지만요. 마지막이 저와 같은 투자자인 데요, 실전에 들어가기 전 책과 이론을 많이 섭렵하는 사람입니다. 약간 모범생 같은 느낌이죠. 브이아이피자산운용의 최준철, 김민국 대표가 쓴《한국형 가치투자 전략》으로 시작해 학생 시절 제가 읽은 가치투자 관련 서적만 줄잡아 100권이 넘으니까요. 그레이엄과 피셔가 만들고 버핏이 완성한, 검증된 투자법을 연구하는 것 외에 다른 투자 방법은 시도할 필요도 없고 엄두도 나지 않았습니다. 아니, 그렇잖아요. 세상에서 가장 성공한 투자자가 그렇다는데 저 같은 평범한 사람이 딴죽을 칠 필요가 있을까요? 제가 조금 늦되고 자산도 적지만 큰 실패를 하지 않은 건 아마 이 때문이라고 생각해요. 그래서 저도 주식투자를 처음 시작하는 사람에게는 제가 해온 것처럼 책을 많이 읽으라고 권합니다. 인간에게 자기 과거를 부정당하는 일만큼 큰 아픔은 없거든요. 마치 다른 좋은 길은 없다고 스스로 세뇌하듯이….

주식투자가 처음이라면 크리스토퍼 브라운이 쓴 《가치투자의 비밀》과 팻 도시가 쓴 《경제적 해자》를 권합니다. 앞서 말했듯 가치투자는 기업 본질가치보다 낮은 가격에 거래되는 주식을 사서 제 가격에 도달할 때까지 기다리는 투자법입니다. 당연히 본질가치보다 낮은 가격에 사지, 어느 누가 멍청하게 본질가치보다 높은 가격에 사겠냐고 하는 사람도 있을 텐데 음… 의외로 그런 사람 많습니다. 본질가치를 계산하지 못하거나 아예 계산하지 않는 사람도 많죠. 《가치투자의 비밀》은 그런 사람을 위한 책 중에 가장 쉽게 쓰인 책이라고 생각해요. 투자계에는 이런 말이 있어요. 주식시장 참여자는 가치투자 개념을 듣자마자 '팍' 하고 이해하는 사람과 평생 이해할 수 없는 사람으로 나눌 수 있다고요. 만약 당신이 다행히도 전자라면 《가치투자의 비밀》이 그 시작을 도와줄 거예요.

해자는 중세 유럽에서 외적의 침입을 막기 위해 성 주위에 판 연못을 말합니다. 성 꼭대기 망루에서 내려다보다가 아군이면 다리를 내려주죠. 버핏은 이 개념을 투자로 끌고 와 경제적 해자라는 단어를 만들었습니다. 마라탕이나 탕후루처럼 한 음식이 인기를 끌면 여기저기 우후죽순처럼 같은 메뉴를 파는 가게가 생기잖아요? 이처럼 기업이 높은 수익을 올리면 반드시 경쟁자가 생기기 마련인데요, 이 경쟁자를 막고 기업 수익성을 지키는 여러 방법을 경제적 해자라고 합니다. 도시는 이를 무형자산, 네트워크 효과, 전환비용, 원가 우위라는 4가지 요소로 정리했고요. 뛰어난 제품, 높은 시장점유율, 운영 효율성, 우수한 경영자처럼 초보 투자자가 경제적 해자라고 생각하지만 실은 실체가 없는 가짜 해자도 알려줍니다. 주로 미국 기업이긴 하지만 비슷한 업종의 우리나라 기업이 금방 떠오를 정도로 생생한 사례를 곁들인 것도 이 책의 장점입니다.

제가 가장 좋아하는 책은 《위대한 기업에 투자하라》와 《슈퍼 스톡스》입니다. 이 책은 각각 제가 가장 존경하는 투자자 필립 피셔와 그의 아들 켄 피셔가 썼어요. 사실 두 책이 하나라고 봐도 무방합니다. 필립은 모토로라에 1955년부터 투자해 2004년 그가 사망할 때까지 보유하면서 25만%, 즉 2,500배 수익을 올린 것으로 유명한 사람입니다. 그는 넓은 시장, 뛰어난 제품, 훌륭한 경영자를 가진 기업을 위대한 기업이라고 했고 위대한 기업은 어떤 외부 환경 변화나 악화에도 잘 적응해 계속 성장할 수 있다고 봤습니다. 그가 처음 모토로라에 투자할 때 모토로라는 진공관 라디오를 만들던 회사였습니다. 그런데 TV 시대를 거쳐 휴대전화를 만드는 시대에 이를 때까지 투자한 겁니다. 이런 장기투자를 위해서는 꾸준히 경영진을 인터뷰하고 기업 문화를 살펴 목표가 뭔지, 이를 달성하기 위해 어떤 노력을 하는지 사실 수집을 하라고 강조합니다. 사실 수집은 원어로 'Scuttlebutt'라고 표현했는데요, 오래전 선원들이 마시는 식수를 보관하던 통을 의미하는 단어라고 해요. 선원들은 항해 중에는 각자 위치에서 일하다가 휴식 시간이면 식수통 근처에 모여 잡담을 나눴대요. 바로 이 잡담이 뜬소문의 근원지가 되기도 했고요. 필립은 회사가 직접 발표하는 공식 자료뿐 아니라 직원이나 거래처, 경쟁자에게까지 다양한 정보를 수집하고 조합해 의사결정을 내리기 때문에

이 단어를 썼답니다.

저는《위대한 기업에 투자하라》를 아이패드에 넣어 항상 갖고 다니면서 인터넷이 연결되지 않아 다른 전자책을 읽지 못하는 경우가 생길 때마다 다시 읽어요. 이미 읽은 책을 왜 또 읽느냐고요? 볼 때마다 감흥이 다르거든요. 제가 고민하는 내용이 눈에 다시 들어와요. 욕심 부리다 고점에 못 팔았을 때, 새로운 종목이 잘 보이지 않을 때, 주가가 내려가 기존 분석에 의구심이 생길 때… 필립이 모든 고민에 정답을 말해주죠.

아버지 필립에게 직접 배운 켄도 지금은 투자계 거물입니다. 그는 위대한 기업에 일시적 결함이 발생했을 때 투자하면 환상적인 주식이 된다고 했습니다. 위대한 기업은 보통 많은 투자자에게 알려져 저평가된 가격에서 매수할 기회가 흔치 않고 그래서 대단한 수익을 올리기 어렵다고 본 거죠. 기업이 매출액을 성장시킬 만한 일을 발표하면 많은 투자자가 불나방처럼 달려듭니다. 회사가 생각하는 것보다 더 장밋빛으로 미래를 전망하며 주가를 끌어올려요. 제가 불나방이라는 표현을 쓴 데는 이유가 있습니다. 많은 날벌레가 가로등 빛을 찾아오지만 정작 가로등에 오래 붙어 있지는 못하거든요. 너무 뜨거워서요. 높은 주가에 아랑곳하지 않고 기업의 좋은 면만 보려고 하는 투자자도 마찬가지입니다. 운 좋게 1~2번 수익을 낼 수는 있겠지만 그 운이 오래가진 못하죠. 다행히도 켄에 따르면 모든 기업은 성장통을 겪는다고 합니다. 대부분의 기업이 목표 수치에 이르지 못해요. 공장을 새로 짓고 직원을 많이 뽑았는데 매출액은 기대보다 못하니 오히려 이전보다 이익이 줄어들거나 간혹 손실을 보기도 하죠. 이 기간은 짧으면 수개월, 길면 수년까지도 걸리기 때문에 초기 높은 주가에 투자한 주주는 실망감에 주식을 팝니다. 반면 끈기가 있는 투자자는 기업에 관해 진득하니 공부할 시간을 벌게 됩니다. 주가는 많이 내려가 있을 테니 저렴한 가격에 상당량의 주식을 매입할 수도 있죠. 제가 종종 언급하는 파브라이의 《투자를 어떻게 할 것인가》에서도 비슷한 개념을 설명합니다. 이 시기에는 주식시장 참여자의 기대감이 없어혹 실패하더라도 큰 손실을 보지 않고 반대로 투자 아이디어가 좋고 시장 상황과 잘 맞으면 기업 본질가치(이익) 상승뿐 아니라 주식투자자의 관심까지 더해져 (PER 상승) 주가가 많이 상승한다고요.

혹시 아직 주식투자를 직접 해야 할지 말지 결정을 못했나요? 괜찮습니다. 《사요 마요》는 그런 분을 위한 책이니까요. 일단 엠제이 드마코MJ DeMarco의 《부의 추월차선》부터 읽어보세요. 꽉 막힌 고속도로 위에서 쌩쌩 달리는 버스 전용차선을 보며 부러워한 적 있죠? 드마코는 부자가 되는 길은 정해져 있다고 말합니다. 꽉 막힌 도로에서 이리저리 차선을 옮겨봐도 결국 요금소에서 만나는 것처럼 일반적인 근로소득자 마인드로는 절대 부자가 될 수 없다고요. 그는 젊은 시절 리무진 기사로 일하며 열심히 살았지만 돈은 모이지 않았습니다. 이후 리무진 예약 사이트를 만들어 일을 적게 하면서도 더 빨리 부자가 되는 방법을 깨우쳤죠. 당신이 앞으로 직접투자를 하든 하지 않든 같은 시간과 돈을 들였을 때 더 큰 결과물을 얻는, 내 몸만 일하는 게 아니라 내가 투자한 자산이나 임직원이 같이 일하게 하는 방식을 깨닫는 건 매우 중요합니다.

마지막으로 제 책을 소개해볼까 합니다. 저는 지금까지 《워렌 버핏처럼 사업보고서 읽는 법》《어닝스, 최고의 주식투자 아이디어》《부자들은 이런 주식을 삽니다》《에이블》까지 4권의 책을 썼고 그리고 지금 다섯 번째 책을 쓰고 있습니다. 그런데 이 책들을 출간 순서와 반대로 읽으면 좋겠습니다. 예전에는 뭔가 공부하고 정리한 내용을 알리기 위해 책을 썼지만 투자 전반에 대한 통찰력은 부족했어요. 그래서 실용적인 내용을 많이 담을 수밖에 없었고 그러다 보니 어렵게 느껴질 수밖에 없는 글이 되더라고요. 다시 말하자면 그 시기 김현준이 하고 싶은 말을 했달까요? 정작 읽는 사람이 궁금한 내용은 없거나 친절하지 않은 문체로 쓰였습니다. 물론 지금도 한참 부족합니다. 하지만 조금씩 출간 횟수가 늘어날수록 대중이 알고 싶은 내용이 뭔지도 느끼고 그걸 이해하기 쉽게 쓰게 됐어요. 책을 쓰는 작업은 매우 고통스럽지만 머릿속 군데군데 얼기설기 있던 제 투자관을 정리하는 데 큰 도움이 되거든요. 마지막으로 추천 도서를 정리해봤는데요, 각자 수준에 맞게 읽고 투자관을 정립하는 데 도움이 됐으면 합니다.

Lv. 0 – 재테크 좀 해보자
《부의 추월차선》, 엠제이 드마코

Lv. 1 – 주식투자를 해야겠어!
《가치투자의 비밀》, 크리스토퍼 브라운
《경제적 해자》, 팻 도시

Lv. 2 – 가치투자, 너무 합리적인 방법인데?
《투자를 어떻게 할 것인가》, 모니시 파브라이
《보수적인 투자자는 마음이 편하다》, 필립 피셔
《부자들은 이런 주식을 삽니다》, 김현준
《위대한 기업에 투자하라》, 필립 피셔
《작지만 강한 기업에 투자하라》, 랄프 웬저
《전설로 떠나는 월가의 영웅》, 피터 린치, 존 로스차일드 공저

Lv. 3 – 직접 기업 분석을 해보자

《슈퍼 스톡스》, 켄 피셔

《어닝스, 최고의 주식투자 아이디어》, 김현준, 정호성 공저

《워렌 버핏처럼 사업보고서 읽는 법》, 김현준

《주식 가치평가를 위한 작은 책》, 애스워드 다모다란

Lv. 4 – 이제 나도 수준급 투자자

《경제를 읽는 기술》, 조지프 엘리스

《노마드 투자자 서한》, 닉 슬립, 콰이스 자카리아 공저

《워런 버핏 바이블》, 워런 버핏, 리처드 코너스

《워렌 버핏이 선택한 CEO들》, 로버트 P. 마일스

《집중투자》, 앨런 베넬로, 마이클 밴 비머, 토비아스 칼라일 공저

금리 인상이
두려워요

코로나19는 자본시장에 엄청난 영향을 줬습니다. 코로나19 이전 세상은 다시 오지 않을 것처럼 큰 공포 심리가 형성되면서 주가가 급락하더니 금세 '언택트'라는 이름으로 인터넷, 소프트웨어 기업의 주가가 천정부지로 치솟았죠. 그리고 나서는 제가 비정상의 정상화라고 이름 붙인 경제 재개, 즉 '리오프닝'이 발생했습니다. 코로나19로 힘을 전혀 쓰지 못했던 오프라인 기반 기업의 실적과 주가가 뛰어올랐습니다. 그러나 돈을 빌리면 언젠가 반드시 갚아야 할 날이 온다는 말처럼 인플레이션이 찾아왔습니다.

인플레이션은 물가 상승을 의미합니다. 물가가 상승하면 같은 금액으로 과거에는 살 수 있었던 재화를 더는 살 수 없게 됩니다. "어머님은 짜장면이 싫다고 하셨어"라고 노래하던 때는 짜장면이 3,000원이었는데 지금은 그 가격에 짜장면을 파는 곳이 있다면 〈순간포착 세상에 이런 일이〉에 나올 법하죠. 그래서 인플레이션은 화폐가치의 하락이라고도 합니다. 경제가 정상적으로 확장하는 국가에서는 항상 경제성장률과 비슷하게 인플레이션이 발생합니다.

그럼 코로나19 이후 인플레이션이 찾아온 이유는 뭘까요? 감염병이 활개 치는 동안 경제가 성장할 리는 만무해 보이는데 말입니다. 여기에는 2가지 이유가 있습니다. 첫째는 돈이 너무 많이 풀렸습니다. 무서운 감염병이 퍼지고 사람들이 집에서 나오지 못하자 각국 정부는 금리를 내리고 각종 지원금과 보조금을 뿌렸어요. 경제활동을 하기 어려워졌으니 당분간 정부가 먹고사는 문제를 도와주기로 한 거죠. 그런데 인간은 적응의 동물이라 빠르게 '언택트' 생활에 적응했습니다. 그리고 남는 돈으로는 주식, 부동산, 암호화폐, 그림 등에 투자했죠. 많은 사람이 투자에 전문가는 아니었지만 괜찮았습니다. 다 비슷한 '주린이' '부린이'였고 돈이 빠르게 재테크 시장으로 몰리면서 자산 가치는 오르기만 하는 것처럼 보였거든요. 이렇게 시중에 뿌려진 돈이 다시 복사, 어려운 말로 확대, 재생산되기 시작하면서 모두가 1년, 2년 전보다 부자가 됐습니다. 모두가 부자가 됐다는 말은 실생활에 도움 되는 건 없고 화폐가치만 하락했다는 얘기가 됩니다.

둘째, 공급망이 붕괴했습니다. 인간은 뭔가를 생산해 사용하기까지 거미줄처럼 촘촘하게 짜인 망의 도움을 받습니다. 원재료, 인력, 생산 설비, 운송 등 생산자에게서 소비자에게로 재화를 공급하는 구조가 필요합니다. 그런데 이 모든 게 코로나19로 인해 막힌 거죠. 현대인에게 국제무역은 공기와도 같은 존재였습니다. 우리나라 대표 산업인 반도체를 예로 들어볼까요? 일본에서 특수 소재를 사 네덜란드제 생산 설비를 이용해 우리나라 엔지니어가 생산합니다. 그리고 스마트폰이나 PC 같은 최종 소비재를 만드는 미국과 중국으로 보내죠. 그런데 무역하는 쪽에서 코로나19 방역과 검사를 해야 하니 인력도 더 필요하고 시간도 지체됩니다. 운송해야 하는 쪽에서는 일할 사람을 구하지 못해 안달입니다. 항공사는 해외여행자가 급감하는 바람에 인력 구조조정을 할 수밖에 없었고 해상운송은 밀폐된 배 안에서 짧게는 며칠, 길게는 몇 달을 갇혀 지내야 하다 보니 구직자가 기피하는 업종이 됐습니다. 또 보조금을 받으며 집에서 쉬어보니 이 생활에 나름 적응됐거든요? 전보다 높은 임금을 주지 않으면 일하고 싶은 마음이 생기지 않을 만하죠. 컨테이너를 가득 실은 배가 항구에서 이러지도 저러지도 못하고 정박해 있는 사진을 본 기억이 있을 겁니다. 중국 상하이 항구에서 세계 각국 15개 항로로 떠나는 선박의 운임을 나타내는 상하이컨테이너운임지수가 6배 이상 오른 게 상징적입니다. 생각해보세요. 당신이 출퇴근길에 이용하는 지하철 요금이나 휘발유 가격이 하룻밤 사이에 6배 올랐다면 가계 물가에 얼마나 큰 부담이 될지!

상하이컨테이너운임지수SCFI 추이

이렇게 화폐 공급은 늘어 가치가 하락하고 재화 공급은 줄어 가격이 오르면서 급격한 인플레이션이 발생했습니다. 위아래 양쪽으로 간격이 더 벌어진 셈입니다.

그래서 중앙은행의 중요한 역할 중 하나가 물가 관리입니다. 경기 침체가 두렵다 하지만 심각한 경제 위기를 겪은 나라를 풍자하는 그림에는 항상 손수레에 지폐를 한가득 싣고 가서 식료품 같은 생활필수품으로 교환하는 장면이 나오잖아요. 제롬 파월Jerome Powell 의장이 이끄는 연방준비제도Federal Reserve System나 한국은행은 이런 사태를 미리 막기 위해 금리를 올려 달아오르는 경제를 식히죠.

유럽의 지성이라고 불리는 앙드레 코스톨라니Andre Kostolany는 일찍이 달걀 모형으로 금리와 주식시장의 관계를 설명했습니다. 채권과 주식을 주요 투자자산으로 볼 때 채권 가격은 금리와 반대로 움직입니다. 금리가 올라가면 기존에 낮은 금리로 발행했던 채권의 인기가 떨어져 가격이 하락하죠. 반대로 금리가 내려가면 새로 발행되는 채권이나 신규 예금에 예치하는 것보다 과거 금리가 높을 때 발행한 채권에 투자하는 게 유리하므로 채권 가격이 상승합니다. 투자자산에 채권과 주식밖에 없다고 보면 채권 가격이 내려가리라고 생각되는 금리 상승기에는 주식에 투자하는 게 유리하고 금리 하락기에는 채권에 투자하는 게 유리합니다. 다른 관점에서 보더라도 금리 상승은 경기가 호황이라는 뜻이고 경기가 좋을 때는 기업 이익이 증가하므로 주가가 상승할 가능성이 큽니다. 일반적으로는 금리와 주가가 같이 움직인다는 얘기죠.

이게 제가 2022년까지 주식투자자로서 금리 인상을 두려워하지 않았던 이유입니다. 그럼 투자의 신 버핏은 어떻게 말했을까요? 그는 금리가 자산 가격의 중력이라고 표현했습니다. 모든 투자자는 안전자산에서 낼 수 있는 수익률과 비교해 투자자산 가격을 매기기 때문에 금리가 올라갈수록 투자자산 가격이 아래

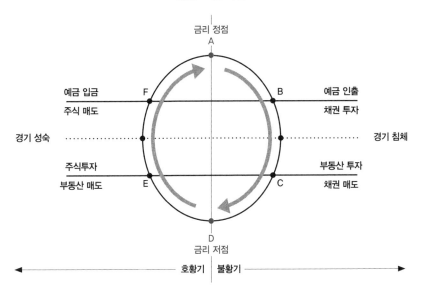

달걀 모형 이론

금리 정점
A

예금 입금   F   B   예금 인출
주식 매도   채권 투자

경기 성숙 ·········· ·········· 경기 침체

주식투자   부동산 투자
부동산 매도   E   C   채권 매도

D
금리 저점

◄────── 호황기 │ 불황기 ──────►

로 내려갈 수 있다는 겁니다. 나라에서 원금을 보장하는 예금 금리가 1%일 때와 15%일 때 주식 가격이 달라야 한다는 거죠. 예금 금리가 낮을 때는 어쩔 수 없이 주식이나 부동산 같은 위험자산에 투자하는 수요가 늘어나 과거보다 가격이 오르지만 예금 금리가 높으면 굳이 위험자산에 투자할 필요가 없어지므로 가격이 하락한다는 뜻입니다. 이를 단적으로 표현한 게 전 세계적으로 가장 안전하다고 볼 수 있는 미국 국채와 주식시장 PER, 다시 말해 주가지수가 역의 상관관계를 가진다는 Fed 모델입니다.

코스톨라니와 버핏의 얘기는 모두 타당합니다. 다만 평소에는 코스톨라니 쪽이 더 맞는 것 같습니다. 경기가 서서히 데워질 때는 기업 주가를 아래로 끌어당기는 중력(금리)보다 기업 이익 성장이 더 빠르기 때문이에요. 버핏은 1970년대

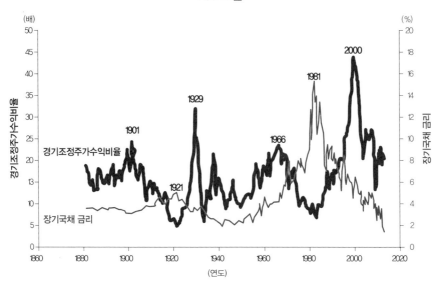

Fed 모델

미국에서 매우 높은 인플레이션을 겪으면서 극단적 상황을 가정할 수 있는 경험을 했습니다. 저는 주식투자를 2004년부터 시작해 자본시장의 역사를 1997년 IMF 외환 위기 때부터 공부했습니다. 그래서 2022~23년까지의 사례처럼 높은 인플레이션과 이를 잡기 위한 빠른 금리 인상을 목격한 적이 없어요. 이게 금리 인상에 따른 자산 가격 하락을 간과한 이유고요.

거시경제 예측은 맞기가 참 어렵습니다. 설사 적중하더라도 제 입장에서는 얻을 게 많지 않을뿐더러 예상과 다를 경우 욕먹기도 좋습니다. 그런데도 평판을 걸고 전망해본다면 저는 파월 의장이 과도하게 겁을 먹었다고 생각합니다. 앞서 얘기한 대로 화폐 공급만 많고 재화 공급은 적어 화폐가치가 급격히 하락한 것으로 보이는 이유는 일반적인 경제 상황 때문이 아닙니다. 코로나19가 가져온 기이하고 일시적인 현상이죠. 물가는 곧 과거 페이스를 되찾을 테고 늘 그랬듯이 중앙은행은 뒤늦게 경기 침체에 발을 동동 구르며 금리를 내릴 겁니다. 그럼 급격한 금리 인상으로 공포에 질린 투자자들이 앞다퉈 팔아치웠던 주식과 부동산 등 위험자산에도 볕 들 날이 있겠죠.

PART

3

남들이
좋다고 해도
무작정
사지 마세요

남들이 좋다고 하면 그제야 사고 싶어져요

요즘 젊은 친구들은 빨리 부자가 되고 싶은 것 같아요. 그리고 다른 사람보다 뒤처지는 걸 두려워하는 것 같기도 하고요. FOMO라고 하죠? Fear Of Missing Out. 나만 못 버는 것 같은 두려움. 누구나 갖고 싶은 서울 아파트값이 천정부지로 치솟은 게 그 배경이었을까요? 어쨌든 그런 불안 심리가 "못 먹어도 고"를 외치며 베팅하게 만드는 거 아닐까요? 비트코인에 투자하는 이유를 물었을 때 "변동성이 가장 크잖아요"라는 답변이 돌아오는 것도 그들이 얼마나 조급한지 짐작할 수 있는 대목입니다.

제가 투자를 20년쯤 해보니 말이죠, 투자자로서 다른 사람과 비교하는 것만큼 나쁜 습관이 없더라고요. 어느 국면이든 오르는 자산은 꼭 있고 돈을 버는 사람도 항상 있기 마련이거든요. 그리고 우리 눈에는 화려한 스포트라이트를 받는 이들의 모습만 보이죠. 훌륭한 사람을 롤 모델로 삼는 게 나쁜 일은 아닙니다. 그러나 우리가 열광하고 선망하는 눈빛으로 바라봤던 그들이 모두 같은 사람이던가요? 주식시장이 오를 때와 내릴 때, 암호화폐 시장이 뜨거울 때, 서울 아파트가 오를 때와 지방 아파트가 오를 때 돈을 벌었다던 이들은 모두 다른 사람이었을 겁니다. '찐' 투자자는 자신만의 장기가 있거든요. 주식을 잘하는 사람, 부동산을 잘하는 사람. 주식을 잘하는 사람 중에서도 장기 가치투자 전문가가 있는가 하면 단기 트레이딩을 주 무기로 삼는 사람도 있죠.

저도 꽤 오랫동안 전문투자자 생활을 해왔지만 몇 년 전까지만 해도 다른 투자자를 부러워했어요. 어떤 사람을 만나고 오면 그 사람 스타일대로 기업 하나를 속속들이 파고들고자 노력했다가 또 다른 고수를 만난 다음에는 우리나라 모든 상장기업 실적을 정리해야겠다고 마음먹기도 했습니다. 미래 먹거리를 만든다는 고성장 기업에 주목했다가 성장세가 주춤해지면서 주가가 하락하기라도 하는 날엔 '역시 저평가된 기업이 최고구나' 하면서 가치주를 뒤적거리기도 했죠. 그런데 어느 순간 깨달았습니다. 송충이는 솔잎을 먹어야 한다는 사실을요. 이후 저만의 투자 스타일을 고집하며 그 안에서 실수를 줄이려고 노력했습니다.

에코프로, 지금이라도 살까요?

에코프로, 한참 뜨거웠던 주식이죠? 주변에서 에코프로로 돈을 많이 번 사람 얘기를 들었다면 갑자기 조급한 마음이 생겼을 수도 있습니다. 주식투자는 나 자신과 싸워야 하는 작업입니다. 주변에서 주식투자로 큰돈을 벌었다는 얘기를 들으면 부러워지고 초조해져요. 그가 어디에 왜 투자했는지 궁금해지죠. 그러면 여기도 기웃, 저기도 기웃거리면서 진짜 투자 공부는 하지 않고 남들이 좋다는 주식에 무작정 돈을 넣고 싶어집니다.

그럼 에코프로 3형제를 사고 싶은 이유는 뭔가요? 미래 자동차는 모두 전기차로 바뀌니까? 전기차를 만들 때 꼭 필요한 소재를 만드니까? 양극재를 만드는 기술력이 세계에서 가장 뛰어나니까? 아니죠. 많이 올랐으니까요. 다른 테마와는 달리 시가총액이 커서 많은 투자자가 돈을 벌었는데 나만 그 주식이 없으니까요. 혹시 더 오르면 나만 상대적으로 가난해지니까요.

제가 그런 사람에게 많이 하는 말이 있습니다. 주식은 안 사면 안 잃어요. 확실한 기업에 확실할 때만 투자해도 부자가 되는 데 지장 없어요. 그런데 증권 계좌에 예수금이 쌓이면 불안해지죠? 뭐라도 안 사면 기회비용이 생기는 것 같고 뭐라도 사면 현금보다 낫겠지 싶죠? 하지만 꼭 그런 주식은 슬금슬금 빠진단 말이죠. 그리고 팔지도 못하는 상태가 돼요. 그사이 좋은 기회는 또 지나가고요.

에코프로는 에코프로 그룹의 지주회사입니다. 지주회사는 흔히 그룹이라고 말하는 기업집단을 소유하고 이끄는 일종의 투자회사라고 생각하면 됩니다. 그 아래 있는 에코프로비엠이나 에코프로에이치엔, 에코프로머티리얼즈 같은 자회사가 영업을 잘하면 모회사인 에코프로의 기업가치도 덩달아 향상되고 아들이 애먼 짓을 하고 손실을 내면 같이 하락하는 거죠. 에코프로 그룹에서는 리튬이온 2차전지의 핵심 소재 중 하나인 양극재를 생산하는 에코프로비엠의 움직임이 가장 중요하고 공기 중 오염물을 걸러주는 필터를 생산하는 에코프로에이치엔은 사실 다른 형제사와 관계가 멀다고 하는 이유도 여기에 있습니다.

에코프로 주가가 10만 원부터 100만 원까지 10배 오른 이유는 에코프로가 사업으로 벌어들이는 이익, 즉 영업이익이 10배 증가했기 때문입니다. 2020년 600억 원 정도 벌어들이던 회사였는데 2022년에는 6,000억 원 정도 벌었죠. 따라서 지금 에코프로를 사려는 사람은 주가가 많이 올랐느냐, 조금 조정받았느냐가 중요한 게 아니라 미래에 에코프로가 내가 원하는 수익률만큼 이익을 늘릴 수 있는지를 점검해야 합니다.

에코프로 그룹 핵심 계열사인 에코프로비엠이 만드는 제품은 양극재입니다. 음극재, 전해질, 분리막과 함께 리튬이온 2차전지를 구성하는 4가지 핵심 물질 중 하나예요. 배터리 안에 들어 있는 리튬이온이 양극과 음극을 자유롭게 오가면서 충전과 방전이 이뤄지는 게 2차전지 원리고요. 벌써 머리가 지끈거리죠? 그런데 어쩝니까? 성장주로 수익을 내려면 공부를 많이 해야 합니다. 투자자의 관심이 많이 쏠려 있어 회사가 사업적으로 조금만 삐끗해도 주가가 급락할 수 있거든요. 이때 확실히 공부를 해두면 추가 매입 기회로 삼을 수 있지만 그러지 않으면 분위기에 휩쓸려 벌었던 수익을 모두 반납하고 손실을 볼 수도 있습니다.

에코프로 요약 손익계산서

Financial Summary 주재무제표 ∨ 검색 IFRS ⑦ 산식 ⑦ • 단위: 억 원, %, 배, 주 • 분기: 순액기준

주요재무정보	연간							
	2018/12 (IFRS연결)	2019/12 (IFRS연결)	2020/12 (IFRS연결)	2021/12 (IFRS연결)	2022/12 (IFRS연결)	2023/12(E) (IFRS연결)	2024/12(E) (IFRS연결)	2025/12(E) (IFRS연결)
매출액	6,694	7,023	8,508	15,042	56,397	77,446	82,884	134,981
영업이익	623	478	636	860	6,132	4,789	5,005	9,919
영업이익(발표기준)	623	478	636	860	6,132			
세전계속사업이익	547	248	420	-1,715	3,066	3,553	3,972	8,712
당기순이익	462	374	551	2,786	2,206	2,606	2,830	6,174
당기순이익(지배)	393	213	246	2,403	361	1,575	3,562	7,770
당기순이익(비지배)	69	161	305	382	1,845			

출처: 네이버페이 증권

이렇듯 어려운 기술 기업에 투자할 때 좋은 방법이 하나 있습니다. 그 기업이 원재료 공급 회사나 고객사와 거래할 때 교섭력이 있는지 살펴보는 거예요. 전기차 회사가 그리는 장밋빛 미래가 뭔가요? 지금의 내연기관 자동차 회사처럼 모든 차가 전기차로 바뀌어 자동차 산업을 쥐락펴락하는 거겠죠? 그때 양극재 회사가 많은 돈을 벌고 있다면 에코프로 주가는 또다시 10배 이상 오를 수 있을 겁니다. 보통 자동차를 구매할 때는 어떤 요소를 고려하나요? 먼저 예산이 있어야겠죠? 그러고 나면 용도에 따른 차량 크기와 형태를 골라야 할 테고 그다음은 제조사 브랜드나 디자인 정도를 결정할 겁니다. 웬만한 자동차 덕후가 아니고서야 엔진이나 트랜스미션은 잘 알아보지도 않습니다. '대기업인 자동차 제조사가 어련히 잘 만들었겠거니…' 하는 거겠죠. 하물며 엔진이나 트랜스미션을 누가 만들었는지, 그 부품은 뭘 사용했는지는 전혀 고려 대상이 되지 않을 겁니다. 이게 성숙한 자동차 시장의 미래예요.

그런데 왜 전기차는 양극재, 음극재 같은 소재가 중요할까요? 새로운 기술이기 때문입니다. 아직은 전기차가 보편화하지 않아서 서로 앞다퉈 기술 개발을 하는 상황이에요. 빨리 충전되고 한번 충전하면 멀리까지 달릴 수 있으며 폭발이나 화재 위험은 적은 배터리를 개발 중이죠. 실제로 전기차를 구매하지 않는 사람에게 이유를 물어보면 아직 충전할 곳이 마땅치 않고 충전 시간도 오래 걸리다 보니 혹시 장거리 주행이라도 해야 하면 불안하기 때문이라고 답할 겁니다.

이런 상황에서 에코프로를 비롯한 우리나라 배터리 기업과 소재 업체가 전 세계를 무대로 앞서가고 있다니 매우 자랑스러워할 일이죠. 그러나 앞으로도 그럴까요? 예를 들어 중국계 회사가 주력으로 생산하는 LFP^{LiFePO4} 배터리가 가격을 무기로 시장지배력을 확대하면 어떻게 될까요? 니켈이나 코발트를 사용하는 대신 철을 이용하는 LFP 배터리의 경우 기술 진입 장벽이 낮아 상대적으로 경쟁사가 많고 기존 생산 라인을 변경해야 하는 설비투자도 필요해 우리나라 소재 업체에 불리하다는 평가가 있습니다. 지금은 많은 완성차 업체가 전기차를 프리미엄 모델로 출시해 가격보다는 성능을 위주로 부품과 소재를 선택하고 있는데요, 거기에 맞는 배터리를 만드는 기업이 주로 우리나라에 있으니 교섭력이 낮은 자동차 부품 기업도 '상황적 독점'을 누려온 거죠. 상황적 독점이란 일시적으로 경쟁자가 적은 상황에서 구매자가 늘어나 정상적인 거래 환경보다 높은 시장점유율과 수익성을 누리는 경우를 뜻하는 단어입니다.

그런데 어떤 산업이든 성숙할수록 본래 비즈니스 모델 특성으로 돌아갑니다. 그리고 전기차가 보급되려면 가격이 저렴해야 하죠. 가뜩이나 전기차 구매 보조금도 줄고 전기 가격도 오르는 상황이니까요. 가격이 내려가면 자동차 산업 가치사슬(기업이 제품 또는 서비스를 생산하기 위해 원재료, 노동력, 자본 등의 자원을 결합하는 과정. 1985년 미국 하버드대학교 마이클 포터가 정립한 이론)에서 가장 힘이 센 완성차 업체는 어떻게 대응할까요? 수익성을 지키기 위해 원재료나 부품을 공급하는 협력 업체에 압력을 행사하고 경쟁을 붙일 겁니다. 이때 에코프로 같은 2차 전지 기업이 지금의 엔진이나 트랜스미션처럼 소비자 선택에서 중요한 요소가 되지 못한다면 전 세계 도로 위에 전기차가 빼곡하게 들어서도 2차전지 기업의 이익과 주가는 별 볼 일 없을 수도 있겠죠. 그러면 2009년까지 전 세계를 호령하던 현대중공업(현 HD현대중공업)이 2023년인 지금까지도 그때의 시가총액과 영광을 되찾지 못하는 일이 되풀이될 수도 있습니다.

버핏은 2020년 버크셔 해서웨이 연차 보고서에서 2가지 교훈을 줬습니다. 첫째, 대형 우량주를 맹목적으로 믿지 말라는 겁니다. 그는 2021년 3월 31일 기준 전 세계 시가총액 상위 20개 기업을 제시하면서 30년 후 여전히 20위 내에 존재할 기업이 몇 개일지 물었습니다. 그리고 그 답으로 1989년 전 세계 시가총액 상위 20개 기업 목록을 제시하죠. 30년 동안 20위 내에 살아남은 기업은 단 하나도 없었답니다. 에코프로는 전 세계 시가총액 몇 위쯤 될까요?

둘째, 어떤 기업이 과실을 따 먹을지 알 수 없다는 겁니다. 버핏은 이 교훈을 전달하기 위해 1903년 헨리 포드가 자동차 회사를 설립했던 때로 시곗바늘을 돌립니다. 내연기관 자동차가 전기차로 바뀌는 게 큰 변화일까요, 마차가 자동차로 바뀌는 게 큰 변화일까요? 당연히 후자겠죠. 이미 자동차가 아주 보편화됐다는 사실을 잘 아는 당신이 1900년대로 돌아간다면 어떻겠습니까? 드라마 〈재벌집 막내아들〉처럼 당연하게 부자가 됐을까요?

그 당시 자동차 산업에 뛰어들었던 기업을 모두 적으려면 쪽수가 모자랄 것 같아 알파벳 M으로 시작하는 기업만 간추렸는데 그것조차 너무 많아 Ma로 시작하는 기업만 보여줬다고 합니다. 이마저도 한 페이지 가득이죠. 아무튼 1903년 이후 자동차 산업에 뛰어든 미국 기업은 모두 2,000개가 넘었는데요, 2009년에는 GM, 포드, 크라이슬러 3개 기업만 살아남았고 그중 GM과 크라이슬러는 파산한 이력도 있답니다. 버핏은 미래에 어떤 산업이 잘나갈지 예상하더라도 그 안에서 주식을 고른다는 건 쉽지 않은 일이라고 지적했습니다. 이제 에코프로를 어떻게 대해야 할지 알겠죠?

현금비율은 어느 정도가 적당한가요?

버핏이 경영하는 버크셔 해서웨이는 2023년 6월 말 기준, 현금을 1,474억 달러 정도 보유하고 있다고 해요. 이는 2014년 이후 최대 규모로 한화로는 무려 193조 원입니다. 사실 버크셔 해서웨이 자산 규모는 계속해서 커져왔기 때문에 현재에 가까울수록 현금 규모도 계속 커지는 게 당연해요. 실제 버핏의 전체 포트폴리오에서 현금이 몇 퍼센트 정도인지 알려면 전체 자산 규모와 비교해야 합니다. 2023년 반기보고서를 보면 버크셔 해서웨이 총자산은 7,872억 달러입니다. 현금비율은 19% 정도 되네요.

현금비율 19%는 많은 걸까요, 적은 걸까요? 투자의 신 버핏이 현금을 많이 쌓아두고 있다니 겁부터 덜컥 나나요? 기업 주가가 비싸고 주식시장은 곧 하락할 것 같으니 덩달아 주식을 팔아야 할까요?

적정한 현금비율이라는 건 존재하지 않습니다. 원하는 건 뭐든 꺼내주는 도라에몽이 현실에 없는 것처럼요. 적정한 현금비율을 결정할 수 있다는 건 다시 말하면 주식시장의 단기적 움직임을 예측할 수 있다는 것과 같기 때문입니다. 이 때문에 현금비율은 후행적으로 결정돼야 한다고 믿습니다. 무슨 뜻이냐고요? 내가 확신할 수 있는 좋고 싼 주식을 마음 편한 만큼 담고 남는 게 현금비율이 되는 거죠. 누가 뭐래도 이 주식에 '몰빵'하고 아주 오랜 기간이라도 기다릴 수 있다고 한다면 그 사람의 적정 현금비율은 0%가 되는 겁니다. 투자 아이디어가 다르고 주가의 단기적 움직임이 서로 반대인 훌륭한 종목 몇 가지를 갖고 있지만 성격상 과도한 집중투자를 하지 못한다면 계좌에 일부 현금을 남길 수밖에 없는 경우도 생길 겁니다. 이때는 종목을 열심히 발굴할수록 계좌에 알찬 주식이 쌓이고 현금비율은 자연스레 낮아지면서 포트폴리오 기대수익률이 오를 거고요. 포트폴리오 기대수익률은 편입 종목의 기대수익률을 편입 비율로 가중평균해 계산하는데 보유 주식의 기대수익률이 같다고 가정한다면 주식 보유 비율이 높고 현금비율이 낮은 투자자의 기대수익률이 더 높을 테니까요. '직접' 제대로 된 주식을 발굴하고 분석하지 못한 투자자의 적당한 현금비율은 100%겠죠.

$$\begin{aligned} \text{포트폴리오 기대수익률} &= \text{편입 주식 기대수익률} \times \text{주식 편입 비율} \\ &= \text{편입 주식 기대수익률} \times (1 - \text{현금비율}) \\ &= (\text{A 주식 기대수익률} \times \text{A 주식 편입 비율} + \text{B 주식 기} \\ &\quad \text{대수익률} \times \text{B 주식 편입 비율} + \text{C 주식 기대수익률} \\ &\quad \times \text{C 주식 편입 비율} \cdots) \times (1 - \text{현금비율}) \end{aligned}$$

여기서 기회비용의 맹점이 발생합니다. 현금이 있으면 꼭 뭔가를 사고 싶어지잖아요? 기대수익률이 낮은 자산이라도 '현금보단 낫겠지' 하는 안일한 마음으로 돈을 집어넣죠(이럴 땐 제가 투자라는 단어를 철저히 배제하는 거 알고 있었나요?). 그리고 꼭 그런 주식이나 자산이 사고를 칩니다. 그럼 물타기를 하다가 손실 규모가 눈덩이처럼 커집니다. 팔아서 손실을 확정하기엔 마음의 부담이 너무 커지죠. 좋은 주식은 그때 '쓱' 당신 곁을 지나가고 있습니다. 목적지에 가는 직행버스가 잘 도착하지 않자 이 버스, 저 버스, 심지어는 택시 정류장에도 기웃거리던 그 순간 기다리던 버스가 나를 태우지 않은 채 문 닫고 출발했던 경험이 당신에게도 있는지 모르겠네요.

주식의 적정 가격과 상승·하락 시기를 정확히 예측할 수 있다면 현금 보유로 발생하는 기회비용 대신 적당한 투자자산을 찾는 게 맞습니다. 하지만 안타깝게도 주식시장의 신은 누구에게도 그런 능력을 허락하지 않았습니다. 따라서 원금이 보장되는, 그러면서도 확실하게 현금보다 나은 수익률을 주는, 말하자면 CMA**Cash Management Account**(고객이 맡긴 예금을 어음이나 채권에 투자해 그 수익을 고객에게 돌려주는 실적배당 금융상품)나 RP**Repurchase Agreement**(금융기관이 일정 기간 후 확정 금리를 보태 다시 사는 조건으로 발행하는 채권) 같은 투자자산이 아니라면 현금보다는 낫겠지 하는 생각으로 함부로 투자해선 안 됩니다. 좋은 주식을 발견했을 때처럼 필요한 시기에 원하는 만큼 빼서 쓸 수 있는 상품이면 더 좋겠네요.

공모펀드를 운용하는 펀드매니저는 상황이 조금 다릅니다. 금융회사에서 투자 상품에 가입할 때 투자자 성향 확인서나 상품 설명서 같은 자료를 본 적 있나요? 투자자 성향 확인이란 주식투자 경험이 있는지, 자산이나 소득은 어느 정도인지, 자산의 안전성과 성장성 중 어느 쪽을 더 중시하는지 등을 확인하는 설문조사 같은 거예요. 상품 설명서는 투자 상품에 넣은 돈이 어떤 자산으로 어떻게 굴려지며 발생 가능한 위험은 어떤 게 있다는 등을 알려주는 설명서 같은 거고요. 금융투자회사는 투자자 성향에 맞는 상품을 추천하고 상품에 들어온 돈은 기존에 설정된 구조대로 운용할 의무가 있어요. 그중 주식형 공모펀드의 경우 일반적으로 90% 이상 상장주식에 투자해야 합니다. 바꿔 말하면 주식 가격에 영향을 받지 않는 현금을 10% 이상 가지고 있을 수 없다는 거죠. 여기엔 2가지 의미가 있습니다. 첫째, 주식형 펀드 투자자는 전체 자산을 예금, 채권, 부동산 등에 충분히 분산해두고 있고 둘째, 90% 이상 주식시장의 변동성에 노출돼도 괜찮은 자금만 펀드에 가입한다는 거죠. 알고 있었나요? 그러므로 펀드매니저는 주식시장이 좋든 나쁘든 현금비율에 크게 신경 쓰지 않고 훌륭한 주식을 찾는 데만 관심을 둡니다.

한편 더퍼블릭자산운용은 절대수익을 추구하는 사모펀드를 운용하기 때문에 일반적인 공모펀드보다는 현금비율을 적극적으로 관리하는 편입니다. 절대수익형이란 코스피나 코스닥 지수 등 비교 지표와 관계없이 꾸준히 실적을 내야 하는 금융투자상품을 말하는데요, 상대수익형 펀드가 수익을 내더라도 비교 지수를 밑돌면 못했다고, 손실을 봤더라도 비교 지수보다 적은 손실이라면 잘했다고 평가받는 것과 상반됩니다. 참고로 절대수익형과 상대수익형은 어느 한쪽이 우수하다기보다 자금 성격에 따라 각기 용처가 다를 뿐입니다. 제 고객은 주식시장이 오르든 내리든 작더라도 꾸준한 수익을 바라기 때문에 주식시장이 전반적으로 과열돼 있고 경기가 침체될 기미를 보이면 현금비율을 40%까지 끌어올리기도 하고요, 반대로 주식시장에 싼 종목이 많이 보이고 경기 확장기가 눈앞에 있다고 하면 현금을 탈탈 털어 주식을 사기도 합니다.

자본시장의 버블은 보통 그 자산에 관심조차 없던 이들이 뛰어들면서 생깁니다. 새로운 자금이 들어오면 시장 자체가 커지니까요. "주식에 투자하면 패가망신한다"라며 목청을 높였던 사람이 공모주 청약을 위해 증권사 영업점에 가고 삼성전자 1주도 사보지 않았던 사람이 2차전지 투자 설명회 자리를 빼곡히 메우면 그때가 버블입니다. 그냥 지금까지 올랐으니 앞으로도 오르리라는 막연한 기대와 환상만으로 주식시장에 돈을 가져옵니다. 그 돈은 예금일 수도 있고 대출일 수도 있고 부동산일 수도 있죠. 결혼 자금일 수도 있고 학자금일 수도 있고요. 문제는 이들이 기업 본질가치를 계산하지 않거나 할 줄 모른다는 거예요. 그래서 버블의 끝은 그 자금이 마를 때고 그 시기는 예측하기가 어렵습니다. '기업 본질가치보다 비싸다' '향후 수익성이 악화할 것이다' 하는 이유로는 이들을 설득할 수 없으니까요. 주가가 내려가기 시작해 떨어졌기 때문에 더 떨어지리라는 공포가 생기기 전까진 말입니다. 따라서 강세장 끝물에 현금비율이 높으면 고통스럽습니다. 아무거나 사서 들고 있어도 오르는데 왜 바보같이 현금을 보유하느냐는 핀잔을 듣거든요. 하지만 저는 잘 압니다. 탐욕을 이기지 못하고 버블에 올라탄 투자자가 어떻게 실패하는지.

지금이라도 비트코인에 투자해야 할까요?

그레이엄은 투자를 다음과 같이 정의했습니다. '철저한 분석 아래 원금 안전성과 적절한 수익을 기대하는 행위'. 철저한 분석과 원금 안전성만을 고려했을 때 자신이 하는 행위가 투자인지 투기인지 스스로 가슴에 손을 얹고 생각해보면 충분히 답이 나옵니다. 그럼 적절한 수익이란 어느 정도일까요?

사람들에게 주식투자로 어느 정도 수익률을 기대하느냐고 물었을 때 흔히 들을 수 있는 답 중 하나는 "따블 정도요?"입니다. 이 대답에는 큰 오류가 2가지 있습니다. 첫째, 투자에서 매우 중요한 한 축인 '기간'을 빼먹고 있다는 점입니다. 당신에게 제가 확실히 2배를 벌어줄 투자 건이 있다고 하면 귀가 쫑긋해지나요? 실제로 그런 금융상품이 곧 출시될 예정입니다. 개인 투자용 국채인데요, 매월 50만 원씩 내면 20년 후 100만 원씩 돌려준다고 합니다. 국가에서 보장하고요.

방금 "에이"라고 하셨나요? 20년 후 2배가 되는 투자수익률은 연 3.5%밖에 되지 않습니다. 이처럼 투자수익률을 얘기할 때는 기간이 중요합니다. 그런데 왜 기간을 빼고 말할까요? 아마 기간이라고 하기도 민망할 만큼 짧은 투자를 예정하고 있기 때문이겠죠. 그럼 이번에는 '따블'이라는 숫자를 점검해봅시다.

주식이 경제의 거울이라는 점을 고려해 GDP와 비교해볼 수 있습니다. 2022년 우리나라 GDP 성장률은 3.8%입니다. 만일 당신의 주식투자 실력이 딱 우리나라 평균만큼이라면 매년 4% 정도를 기대할 수 있다는 거죠. 요새는 ETF를 통해 특정 지수를 따라 투자하기가 쉬워졌으니 전체 주식시장 수익률을 비교군으로 삼을 수도 있습니다. 미국 대기업 500개 주가를 가중평균해 계산하는 S&P500 지수는 2022년 말 3839.5포인트로 마감했는데 이때를 기준으로 과거 10년간 연평균 수익률은 10.2%입니다. 4차 산업혁명 대표주자로 불리는 미국에 주로 투자하면 10%가 기준점이 되겠네요. 버핏은 연평균 22% 수익률을 달성했습니다. 따라서 건전한 주식투자로 기대할 수 있는 장기 수익률은 연평균 4~22% 범위에 있다고 할 수 있어요. 이제 '따블'이 얼마나 어려운 일인지 이해되죠?

투자와 투기를 구분하는 게 뭐 이렇게 어렵냐고 할 사람을 위해 좀 더 쉽게 설명해보겠습니다. 투기는 어떤 자산이든 다른 누군가가 더 비싼 값에 되사주길 기대하고 사는 행위를 뜻합니다. 한편 투자는 그 자산 가치가 증대되길 기대하고 사는 행위입니다. 투자자는 이미 그 자산 가치가 커졌기 때문에 당장 팔든 안 팔든 부의 크기가 바뀌지 않습니다. 그러나 투기를 한 사람은 가치가 변하지 않은 자산이 일시적으로 비싸질 때 팔아야 하므로 가격과 타이밍에 전전긍긍하게 됩니다. 이런 행동을 '더 바보 게임Greater Fool Theory'이라고도 합니다. '나는 이 자산 가치를 모르고 투자하는 바보지만 나보다 멍청한 '더 바보'에게 비싸게 팔면 되겠지' 하고 생각하는 걸 풍자한 말입니다. 그러나 폭탄은 언젠가 터집니다. 내가 맨 마지막이고 나보다 '더 바보'인 사람을 찾지 못하는 날엔 아무 가치도 없는 자산을 잔뜩 안고 있다가 거품이 꺼지듯 많은 돈을 잃고 말죠.

그럼 여기서 자산 가치란 뭘까요? 바로 현금흐름입니다. 예금은 이자, 부동산에서는 월세, 주식에서는 배당금 같은 걸 뜻합니다. 월세가 오르면 부동산 가격이 어떻게 되죠? 당연히 오릅니다. 더 많은 월세를 받을 수 있다면 좀 더 비싼 값을 치르더라도 투자수익률은 비슷해지니까요. 예를 들어 월세 50만 원짜리 상가에 투자한다고 칩시다. 연간으로는 600만 원이 되죠. 상가 가격이 1억 원이라면 투자수익률은 연 6%가 됩니다. 그런데 만약 주변 상권이 좋아져 월세를 100만 원까지 올릴 수 있다면 2억 원까지 내도 투자수익률은 똑같아요. 이렇듯 자산 가치는 그 자산이 미래의 내게 만들어줄 현금흐름과 같다고 할 수 있습니다. 단, 주식투자 대상인 기업은 장사하고 남은 돈, 즉 순이익을 투자자의 지분율대로 나누기로 약속한 것이니 당장에 배당금으로 돌려주지 않더라도 무방합니다. 친구들끼리 하는 계모임을 연상해보면 쉽겠네요. 이번은 아니지만 꾸준히 곗돈을 넣다 보면 언젠가 내 차례가 돌아왔을 때 목돈을 쥘 수 있는 것과 같습니다.

그래서 비트코인은요?

많이 돌아왔네요. 그래서 비트코인은 어떨까요? 비트코인은 암호화폐 대장 격이죠? 우리나라 한국은행이나 미국 연방준비제도 같은 각국 중앙은행이 독점하고 있는 발권력發券力(화폐를 발행할 수 있는 힘)에 문제가 있다고 생각해 개인과 개인이 직접 거래할 수 있고 모든 거래는 공개 장부에 기록하게 한 화폐예요. 쉽게 말해 비트코인의 최대 목표는 가치의 저장수단이자 교환수단인 '돈'이 되는 거죠.

저는 각국 정부가 가장 큰 권력 중 하나인 발권력을 포기하리라 생각하지 않습니다. 불편한 얘기지만 그러면 대중을 다스릴 수가 없거든요. 2023년 8월 미국 증권거래위원회 SEC에서 비트코인 외 가상화폐의 거래 중단을 권고하는 등 규제를 강화한 것도 같은 맥락이라고 봅니다.

하지만 미래는 예상할 수 없으니 비트코인 등 암호화폐가 많은 이에게 돈으로 인정받는다고 가정해보죠. 우리가 돈을 저금통에 보관하지 않고 투자하는 이유는 뭔가요? 돈은 그 자체로는 부가가치를 창출할 수 없기 때문입니다. 간혹 암호화폐를 지지하는 쪽에서는 특정 암호화폐의 기술적 장점을 얘기합니다. 이를테면 리플은 절차가 간편하고 오류가 적어 국제 송금에 적합하다는 거죠. 그런데 잘 생각해보세요. 저금통에 넣어둘 때 아무 부가가치를 창출하지 못했던 돈을 친구들과 맞바꾸면 부가가치가 생기나요? 전혀 그렇지 않죠? 많이 쓰인다고 해서 그 화폐의 가치가 올라가진 않는다는 뜻입니다.

이쯤 되면 미국 달러화나 일본 엔화 같은 각국 환율과 비교하는 분도 있을 것 같아요. 다른 나라 화폐도 '돈'일 뿐인데 그 가격이 오르내리지 않느냐고요. 맞아요. 하지만 암호화폐와는 사정이 조금 다릅니다. 어떤 나라의 화폐는 높은 가격을 유지하고 어떤 나라의 화폐는 손수레로 끌고 가야 할 정도의 뭉칫돈을 내도 커피 1잔 사 먹지 못할 정도로 헐값에 거래되죠. 정확히 말하면 이는 그 화폐 때문이 아니라 그 나라 경제력 때문입니다. 예를 들어 미국 달러화가 높은 평가를 받는 건 미국 부동산과 주식, 채권에 투자하려는 사람이 많기 때문입니다. 미국은 오랜 기간 세계 최강국 자리를 지키고 있고 당연하게도 미국 내 자산은 주로 달러화로 거래됩니다. 다시 말하면 달러화를 많이 사용해서 미국이 부강한 게 아니라 미국이 부강해서 달러화 수요가 높은 거예요. 같은 논리로 비트코인을 많이 사용한다고 해서 비트코인 가격이 오르는 게 아니라 비트코인을 법정 화폐로 쓰

는 국가가 생기고 그 국가가 힘이 세지면 그때는 비트코인 가격이 오를 수도 있
겠네요.

화폐는 사용하는 사람끼리의 약속이에요. 아주 오래전에는 조개껍데기가 그
역할을 한 적도 있죠. 조선 시대에 쓰던 엽전은 유물 이상의 가치가 없고요, 앞으
로 비트코인이 많이 사용될 테니 비트코인을 미리 사두자는 의견은 미래 사람들
은 금보다 은을 더 값지게 생각할 테니 은을 많이 모아두자고 말하는 것과 비슷
합니다. 기억하나요? 앞서 우리는 다른 누군가가 더 비싼 값에 되사주길 기대하
고 사는 행위를 투기라고 배웠다는 걸요.

국내 주식과 해외 주식 중 어디에 투자할까요?

요새는 미국 주식시장을 줄여서 '미장'이라고 하죠? 한국 주식시장은 '국장'이라고 하고요. 그만큼 해외 주식투자가 보편화됐는데요, 안타깝게도 보통 미장보다 국장을 무시합니다. 인터넷 커뮤니티에서도 '주식은 미장이 국룰' '국장은 단타 외엔 건드리는 거 아님' 같은 농반진반의 글을 심심치 않게 볼 수 있고요.

저희 회사는 고객을 대신해 주식투자를 하고 수수료를 받습니다. 법적으로는 여러 구분이 있지만 쉽게 생각해 펀드 회사라고 보면 됩니다. 국내 펀드, 해외 펀드, 국내와 해외를 섞은 글로벌 펀드 이렇게 3가지 상품을 판매하는데요, 그래서 고객과 상담할 때면 십중팔구 국내 주식, 해외 주식 중 어디에 투자할지 골라달라는 주문을 받습니다. 열 손가락 깨물어 안 아픈 손가락 없다고 참 난감하기 이를 데 없는 주문이죠. 보통 대답은 비슷합니다. "같은 인력이 같은 원칙과 방법으로 주식을 찾습니다. 기업 국적은 의미 없어진 지 오래입니다. 지금껏 그래왔듯 앞으로도 국내 상품과 해외 상품, 글로벌 상품의 장기 수익률은 비슷합니다. 그러니 현재 단기 수익률이 조금 부진한 ○○을 선택하시는 게 어떨까요?" 이렇게요. 그런데 대부분은 '답정너'예요. 이 설명과는 반대로 단기 수익률이 높은 상품을 선택하죠.

한국 주식과 미국 주식을 포함한 해외 주식은 기본적으로 다르지 않습니다. 기업이 돈을 버는 만큼 시가총액이 형성되기 때문에 그보다 낮게 거래되는 주식은 오르고 높게 거래되는 주식은 떨어져 언젠가 제 가치를 찾아가요. 국내 주식의 가장 큰 장점은 세금이 없다는 겁니다. 주식을 매도할 때 내는 0.3% 증권거래세와 배당금에 과세하는 15.4% 배당소득세, 지방소득세만 내면 끝이죠. 반면 해외 주식은 연간 250만 원 이상의 매매차익에 22% 양도소득세와 지방소득세를 내야 하니 국내 주식과 같은 수익률을 기록하더라도 실제로 손에 쥐는 세후 수익이 줄어듭니다. 주가가 아무리 많이 올라도 양도소득세를 피하고자 웬만해서는 주식을 매도하지 않는다는 버핏이라면 한국 시장에 매력을 느낄 법합니다.

그렇다고 해외 주식에 단점만 있진 않습니다. 전 세계로 눈을 돌리면 당연하게도 훌륭한 기업 수가 훨씬 많아집니다. 미국에는 달러화와 영어를 무기로 성장하는 기업이 있고 유럽에는 오랜 기간 한 지역을 주름잡는 맹주가 많습니다. 재밌는 점은 나라별로 산업이 성장하고 자본시장에서 그 산업에 주목하는 시기가 달라 투자 아이디어 하나만으로도 수익을 여러 번 거둘 수 있다는 겁니다. 예를 들어 우리나라에서는 삼성페이를 비롯해 너무도 당연한 모바일 결제 시장이 일본에서는 아직 걸음마 수준입니다. 여전히 현금만 고집하는 상점이 있을 정도니까요. 하지만 그들이라고 언제까지나 손에 지갑을 들고 다닐 수는 없는 노릇입니다. 실제로 최근 일본은 디지털 전환에 사활을 걸고 있고 거리에서는 종종 페이

페이(소프트뱅크가 개발한 일본의 간편결제 서비스)라고 하는 모바일 결제 안내문도 볼 수 있습니다. 일본인에게는 스마트한 미래가 안개 속처럼 불투명하게 보이겠지만 우리에게는 장차 일본에 어떤 일이 어떤 순서로 벌어지고 그때 어떤 기업이 혜택을 받을지 마치 정해진 미래와도 같이 선명하게 보입니다. 더퍼블릭자산운용에서는 이를 타임머신형 투자라고 부릅니다.

그리고 해외 주식시장은 역사가 오래돼 기업 대주주가 펀드인 경우가 많습니다. 네, 맞습니다. 당신이 가입하는 그 펀드요. 처음에는 미국이나 유럽 기업도 창업주나 그 일가의 지분율이 높았을 겁니다. 하지만 대를 거쳐 내려오는 동안 상속세도 내야 했을 테고 후손 중 가업을 물려받지 않고 다른 일을 찾아 떠난 사람도 많았겠죠. 그리고 지금 우리가 내는 국민연금 같은 간접투자자산 규모가 불어나면서 야금야금 기업 지분을 사들였기 때문이기도 할 겁니다. 이렇게 대주주가 펀드인 경우 경영진이나 회사의 부정, 비효율적인 경영을 잘 견제합니다. 우리나라에서 갓 태동하고 있는 주주 자본주의, 주주 행동주의가 이미 깊게 뿌리내린 상태인 거죠. 그래서 우리 같은 소액 주주가 특별히 신경을 쓰지 않아도 기업가치가 갑자기 훼손돼 이른바 뒤통수 맞는 일이 적다는 것도 해외 투자의 장점입니다.

얘기하다 보니 해외 투자를 펀드는 것처럼 돼버렸네요. 다시 정리하겠습니다. 단기적 시각을 가진 사람은 국내 주식과 해외 주식 모두에서 손실을 볼 수 있으니 조심하세요. 굳이 조언하자면 상대적으로 일반투자자에게 덜 주목받는 쪽을 선택하는 게 낫습니다. 간접투자를 할 사람은 미국이나 글로벌 ETF, 인덱스펀드에 장기투자하라고 권하겠습니다. 장기투자 성과는 해당 시장의 성장 잠재력과 유사한데요, 국민으로서 아쉽긴 하지만 우리나라 경제는 성숙 국면에 접어들었다고 판단하는 게 타당해 보이기 때문입니다.

직접투자를 하고자 한다면 실력에 따라 초심자일 때는 국내 주식을, 실력이 쌓였을 때는 국내외를 막론하고 각자 스타일에 따르는 게 좋습니다. 하지만 저는 고수일수록 해외 주식을 공부해보라고 말하는 편입니다. 해외에 더 좋은 기업이 많은데 왜 초심자에게 국내 주식에 투자하라고 권하느냐고요? 주식투자는 종목 선정이 전부입니다. 우리는 한국 사람이니 한국 브랜드, 한국 제품, 한국 서비스가 익숙해 투자 아이디어를 찾기가 훨씬 수월합니다. 직접투자를 할 때는 '가재가 있나 없나 돌을 많이 뒤집어보는 것'이 가장 좋습니다. '난 이 제품 좋아' '저번에 써봤는데 이 서비스 괜찮더라'가 투자 아이디어의 출발이에요. 그러고 나면 '기업 이름은 뭐지?' '주식시장에 상장돼 있나?' 찾아보고요. 운 좋게 상장회사라면 그다음 본격적으로 기업 분석에 들어갑니다. 투자 실력은 이 과정을 무수히 반복해야 빨리 늘어요. 당연하게도 외국에 사는 사람이라면 국적과 관계없이 그 나라에서 투자 기회를 찾기 쉽겠죠?

생활에서 투자 아이디어를 찾는 법이 있나요?

혹시 인류의 5대 발명품이 뭔지 아나요? 여러 설을 종합해보면 문자, 바퀴, 달력과 시계, 페니실린을 꼽는 것 같습니다. 문자는 서로 의견을 교환하고 지식을 전달함으로써 문명을 일으키게 했죠. 바퀴가 없었다면 사람이 이동할 수도 없고 물자를 옮길 수도 없었을 테니 거대 도시를 짓는 일은 꿈도 꾸지 못했을 겁니다. 달력과 시계는 인간을 규칙적으로 일하게 했고요. 페니실린은 최초의 항생제로 여러 병원균으로부터 인류를 지켜 인간 수명을 비약적으로 늘렸습니다. 대단한 역사적 가치를 지니는 발명은 당장 우리 생활을 편리하게 했다기보다는 뭔가를 창조할 수 있는 기반을 닦아준 것 같아요.

여기에 하나를 더해볼까요? 저는 단연코 주식이라고 생각합니다. 주식이 무슨 인류의 위대한 발명품이냐고요? 앞에 언급한 여러 발명품만큼 주식 또한 우리가 어제보다 좀 더 나은 환경에서 살 수 있게 해줍니다. 주식투자란 말했듯이 공동 생산, 공동 소유의 약속입니다. 아주 먼 옛날로 시계를 돌려봅시다. 농경 사회에서 가장 큰 자산은 뭐였을까요? 노동력입니다. 밭을 갈고 씨를 뿌리고 수확하는 데 많은 일손이 필요하니까요. 그래서 자녀도 많이 가졌고요. 그런데 어느 날 김 씨라는 사람이 물레방아라는 걸 생각해냈습니다. 수확한 곡식을 빻는 기계를 만들면 일손도 덜 들고 편해지겠다 한 거죠. 그런데 김 씨는 아이디어만 있지 손재주도 없고 다른 자원도 부족했어요. 그래서 동네 사람을 모두 불러 모읍니다. 이 씨는 땅 부자니 땅을 대고 박 씨는 힘이 장사라 물레방아를 만드는 데 필요한 나무를 하기로 했어요. 최 씨는 손재주가 뛰어난 사람이라 직접 물레방아를 만들고요. 물레방아가 완성되자 김, 이, 박, 최 씨는 각각의 공로를 인정해 하루에 여섯 시간씩 물레방아를 나눠 쓰기로 약속했습니다. 이게 바로 공동 생산, 공동 소유입니다. 각자 가진 자원을 교환하고 협력하니 모두가 곡식을 더 쉽게 빻을 수 있었습니다.

국제무역도 같은 원리입니다. 영국을 대표하는 두 경제학자 애덤 스미스와 데이비드 리카도David Ricardo는 국제무역 발생 원인을 이같이 설명했습니다. A국은 다이아몬드 산지를, B국은 명품 의류 브랜드를 갖고 있다고 할 때 두 국가가 각자 우위를 가진 쪽을 집중 생산하고 나머지는 교역을 통해 주고받으면 양국 모두에 이익이 발생한다는 겁니다. 노하우가 없는 A국이 명품 의류를 생산하려고 노력하거나 B국이 어디 있을지 모를 다이아몬드 산지를 찾기 위해 허송세월하는 것보다 훨씬 낫다는 거죠.

물레방아를 만드는 데 들어간 자원은 주식회사에 납입한 자본금이 되고 물레방아를 나눠 쓸 수 있는 시간은 주식회사 지분이 됩니다. 물레방아를 통해 곡식을 쉽게 빻을 수 있게 된 효용은 주식회사가 돈을 벌어 주주에게 주는 배당금이라고 할 수 있겠네요. 주식회사에 납입하는 자본금은 금전일 수도 있지만 회사에 필요한 물자나 기술력 등으로 대신 내는 물납物納일 수도 있어요. 각자 능력껏 일하는 직원이 제공하는 무형의 노동력도 스톡옵션이나 우리사주 같은 형태로 주식이 될 수 있습니다. 참고로 스톡옵션은 일정 조건에 부합할 때 회사 주식을 싸게 매입할 수 있는 권리를 의미하고 우리사주는 임직원끼리 조합을 결성해 회사 주식을 유·무상으로 취득하고 그에 따른 권리나 수익을 나눠 갖는 금전적 복지의 한 형태입니다.

실제로 얼마나 많은 것이 주식회사라는 이름 아래 당신의 생활을 윤택하게 하는지 살펴볼까요? 지금 제가 이 글을 쓰고 있는 노트북, 당신이 읽고 있는 책, 당신과 제가 앉아 있는 의자 모두가 전자 회사, 출판사, 가구 회사가 만든 제품이고 그 대부분이 주식회사입니다. 2014년 국세청 국세통계연보에 따르면 우리나라에 설립된 회사의 94%가 주식회사라고 해요. 우리가 사용하는 뭔가를 온전히 개인이 만들었거나 주식회사가 아닌 다른 형태의 회사가 만든 경우는 거의 없다고 봐도 무방합니다. 그리고 이게 제가 생활 속에서 투자 아이디어를 찾자고 힘줘 말하는 이유입니다.

생활 속에서 투자 아이디어를 찾으려면 세상을 호기심을 갖고 바라봐야 합니다. 내가 가장 좋아하는 브랜드는 뭔지, 최근 발견한 잇템, 꿀템은 뭔지 떠올려봅니다. 최근 사람들이 줄을 서서라도 찾는 가게는 어딘지 돌아보고요. 지금 같으면 탕후루가 있겠죠? 이런 장면을 숫자로 바꿔보는 습관도 필요합니다. 주식 가격은 기업 본질가치를 따라가고 기업 본질가치란 결국 기업이 벌어들이는 이익을 뜻합니다. 이익이란 그 기업이 얼마짜리(판매 단가) 상품 몇 개(판매량)를 팔아서 얼마를 벌고(매출액 또는 영업수익), 그 영업 활동을 위해 얼마를 썼느냐(영업비용)로 이어지니 계산해보는 수밖에 없습니다.

주식 적정 가격 ≒ 기업 본질가치 ≒ 기업 이익

$$≒ \text{기업 매출액(또는 영업수익)} - \text{영업비용}$$

$$≒ \text{판매 단가} \times \text{판매량} - \text{영업비용}$$

타고난 장사꾼이나 투자자는 이런 쪽으로는 머리가 '핑핑' 돌아갑니다. 요새 탕후루가 유행이라면 '먹어봐야지'보다는 '얼마를 벌까?' 하는 생각이 먼저 튀어나옵니다. 보통 몇 명이 줄 서 있고 1명이 탕후루를 들고 가게를 나서는 데까지 몇 분이 걸리는지 지켜봅니다. 그럼 하루에 탕후루가 몇 개 팔리는지 예상해볼 수 있겠죠? 거기에 평균적으로 얼마짜리 메뉴를 주문하는지 살펴보면 하루 매상(판매량×가격)을 알 수 있습니다. 거기에 한 달 영업일 수 30일을 곱하면 월 매출이 될 거고요. 네이버 부동산을 켜서 주변 월세 시세를 알아보고 아르바이트생이나 직원이 몇 명인지도 세어봅니다. 인터넷 검색 사이트에 '탕후루 원가' '탕후루 창업'이라고 쳐서 탕후루 하나당 원재료는 얼마나 들어가는지도 알아보고요. 나름대로 한 달에 얼마 남을지 파악했다면 프랜차이즈 창업비용이나 이미 영업 중인 가게의 권리금을 알아보고 수익률을 계산해봅니다. 여기서 벌써 머리가 지끈거리면 직접투자하기는 어렵다고 생각해야 합니다. 저는 정말 이 작업이 재밌다니까요.

$$\text{투자수익률} = \text{연 이익} \div \text{투자비용(창업비용 또는 권리금 등)}$$

$$= \text{(월 이익} \times 12\text{개월)} \div \text{투자비용(창업비용 또는 권리금 등)}$$

실생활이라고 해서 꼭 먹고 입고 매월 구독하는 등 내가 직접 구매하는 제품이나 서비스에만 한정할 필요는 없습니다. 모든 사람이 쉽게 접할 수 있는 아이템은 달리 말하면 모든 사람이 찾을 수 있는 투자 아이디어거든요. 뭔가 아이디어가 떠올라 주가를 찾아보면 이미 많이 오른 경우가 많습니다. 분명 저마다 특별한 장기를 가진 영역이 있을 겁니다. 전자제품에 관심이 많은 얼리 어댑터일 수도 있고요, 아이돌 가수의 앨범 판매량을 줄줄 꿰고 있는 사람일 수도 있습니다. 공과대학을 졸업해 일반인이 잘 알지 못하는 철강제품, 화학제품 등의 전문가라면 일반투자자가 잘 모르는 중공업 분야의 변화를 미리 감지할 수도 있습니다. 스마트폰 애플리케이션 개발자는 최근 업계에 없으면 안 될 SaaS**Software as a Service**(소프트웨어를 사용한 만큼 비용을 내는 방식의 클라우드 서비스 모델) 프로그램 공급사에 관해 누구보다 먼저 공부할 수도 있겠죠.

한발 더 나아가 생각해보는 것도 좋은 방법입니다. 러시아와 우크라이나가 전쟁을 하니 그들의 주요 생산품인 석유, 천연가스나 곡물 가격이 오를 거란 생각은 1차원적입니다. 수익을 낼 수도 있지만 전 세계적 프로 트레이더들이 꽉 쥐고 있는 시장이라 정보가 가격에 반영되는 시차가 너무 짧습니다. 일반투자자가 섣불리 접근했다간 큰코다칠 수도 있죠. 같은 사실을 한 단계 더 나아가 생각해봅시다. 유럽은 러시아에서 석유와 천연가스를 공급받았습니다. 그런데 전쟁으로 갈등의 골이 깊어지자 러시아는 수도꼭지를 틀어막고 에너지를 무기로 삼았어요. "우리 편 안 들어주면 너희 겨울에 보일러 못 돌릴 줄 알아"라는 격이었죠. 러시아에서 석유와 천연가스를 가져오는 일이 더는 당연하지 않다는 경각심을 갖게 된 순간 유럽 국가들은 조금 거추장스럽고 비용이 더 들더라도 안정적으로 에너지를 수급할 수 있는 경로를 찾기 시작합니다. 석유나 가스를 운송할 수 있는 선박을 찾고 자국에 저장 시설을 신축하는 거죠. 이때 선박을 건조하거나 해상 운송을 하는 회사 또는 에너지 탱크로리를 건설할 수 있는 기업은 장기적인 성장 잠재력을 확보하게 됩니다. 이렇듯 그다음 단계를 생각해보면 찬찬히 공부해보고 나서도 투자할 기회가 남아 있을 가능성이 큽니다. 개인투자자는 기관투자자와 다르게 기간에 구애받지 않고 투자할 수 있기 때문이에요.

그렇지만 이러니저러니 해도 사람 몸은 하나라 투자 아이디어를 많이 발굴하기 위해서는 간접 경험도 필요합니다. 저는 정말 많은 뉴스와 인터넷 커뮤니티 글을 읽습니다. 지금 이 세상에 어떤 일이 일어나는지 파악하는 게 즐거워요. 틈틈이 《배런스》나 《월스트리트저널》 같은 외국 투자 잡지도 챙겨봅니다. 누구에게는 귀찮을 법한 소셜미디어 광고도 눈여겨보고요. 다양한 프로필의 사람들과 온·오프라인을 가리지 않고 얘기를 나눕니다. 일반투자자는 여의도 사람끼리 모여 은밀한 정보를 주고받는다고 생각할지 모르지만 적어도 저는 그렇지 않습니다. 저한테는 여의도 사람 얘기가 너무 뻔하게 느껴지거든요. 제가 잘 모르는 산업에 종사하는 사람 그리고 제가 젬병인, 말하자면 예술이나 수학을 공부한 사람이 재밌어요. 다행인 건 돈에 무관심한 사람은 없어서 알고 보면 한낱 제너럴리스트에 불과한 저 같은 사람을 보통 환영해줍니다.

모든 일이 투자 아이디어를 찾는 방편입니다. 소비자의 관심과 지갑이 어디로 쏠리는지, 기업가나 부자의 돈이 어떤 재화로 교환되는지 지켜보세요. 저는 이걸 접점 넓히기라고 표현합니다. 어릴 때 방학 숙제로 실험 같은 걸 해봤나요? 큰 생수병 안에 자갈을 가득 채우려고 해도 들어가는 양은 한정적입니다. 그런데 자갈이 더는 들어가지 않는 병 안에 모래를 넣으면 얼마간은 또 들어가요. 모래마저 들어가지 않을 때 다시 물을 넣으면 또 졸졸 들어갑니다. 자갈보다 모래가, 모래보다 물이 서로 닿는 표면적이 넓기 때문이에요. 투자도 같습니다. 돈을 벌 수 있는 눈을 기른 다음에는 접점을 넓혀야 해요. 특히 자신에게 없는 쪽을 의식적으로 넓혀야 해요. 그럼 기자나 커뮤니티에 글을 올린 작성자, 당신과 다른 일을 하는 친구에게는 아무 의미 없는 정보가 투자자 눈을 가진 당신에게는 돈이 됩니다. 김춘수 시인의 〈꽃〉에도 이런 내용이 나오잖아요. 내가 그의 이름을 불러줬을 때 그가 내게로 와서 꽃이 됐다고요. 당신이 그 정보를 알아봐줄 때 정보가 당신에게로 와서 돈이 될 겁니다.

만약
주식투자를 하기가
겁난다면요?

누누이 말하지만 주식투자 실력이 있고 없고는 기질 문제입니다. 매사에 호기심이 많고 적당히 승부욕도 있으며 숫자로 계산하는 일에 거리낌이 없어야 하죠. 하지만 꼭 주식투자를 해야만 돈을 버는 건 아닙니다. 주식투자 외에도 다양한 투자 방법이 존재하고 투자는 전혀 하지 않고 근로소득이나 사업소득만으로 부자가 되는 사람도 많습니다.

그런데 자산을 일구기 위해 주식투자를 꼭 하고 싶은데 기질과 맞지 않는다면요? 겁이 너무 많거나 성실하지만 호기심이 없거나 상상력은 풍부하지만 숫자에는 젬병일 수도 있잖아요. 이런 사람은 주식으로 돈을 벌 수 없을까요? 전혀 그렇지 않습니다. 간접투자를 하면 됩니다. 저는 자신에게 전문성이 없는 부분은 전문가에게 맡기는 게 속 편하다고 생각합니다. 몸이 아플 때는 의사를 찾아가고

자가용을 수리할 때는 정비소를 찾아갑니다. 인테리어는 인테리어 전문 업체에 맡기죠. 적당한 비용을 내면 그들은 우리가 직접 하는 것보다 훨씬 나은 결과물을 보여줍니다. 직접 뭔가 할 때 들어가는 시간이나 스트레스까지 생각하면 돈이 아깝지 않죠.

그럼 좋은 투자 전문가는 어떻게 찾을까요? 앞에서도 말했듯이 고객과 이해관계가 일치하는지 살펴보면 좋습니다. 상대가 금융투자상품을 판매하는 데 혈안이 돼 있다면 그는 상품 판매 이후 생기는 문제는 나 몰라라 할 수 있습니다. 반면 고객 수익률이나 장기 가입 유지 등이 평가지표거나 성과급 재원이라면 어떨까요? 단기적으로는 쓴소리로 들려 고객 유치에 도움이 안 되더라도 장기적으로 고객이 돈을 벌 수 있도록 도움이 되는 조언을 할 겁니다.

전문가의 자산이 그가 권유하는 상품에 많이 투자돼 있는지 확인하는 것도 하나의 방법입니다. 반드시 고수익을 줄 상품, 잃을 가능성이 낮은 상품이라면 당연히 자기 돈도 들어 있을 테니까요. 그걸 물어보면 가르쳐주느냐고요? 혹 안 알려주더라도 괜찮죠. 밑져야 본전 아니겠습니까? 그리고 이 세상에는 정말 많은 투자 전문가와 간접투자 기관이 있습니다. 여러 차례 발품을 팔고 물어보다 보면 우물쭈물하지 않고 당당하게 답변하는 전문가를 찾을 날이 올 거예요.

또 하나 중요한 점은 전문가를 만나기 전에 나를 잘 파악하는 겁니다. 가짜 전문가에게 그냥 "제 돈 불려주세요"라고 하는 거야말로 가장 좋은 먹잇감이 되는 길입니다. 금융투자상품 가입 전에 투자자 성향 조사를 하는데 이걸 어쩔 수 없이 해야만 하는 일이라고 생각하지 마세요. 가짜 전문가의 달콤한 말에 속아 장밋빛 미래만 상상하며 가입할 상품과 액수를 결정한 후에는 돌이키기 어렵습니다. 내 자산과 소득, 지출은 어느 정도인지에 따라 투자금액을 결정해야 하고 향후 자금 사정을 넉넉히 고려해 투자 기간을 설정해야 합니다. 그리고 무엇보다 투자 경험이나 위험 선호 성향에 따라 수익을 좇을지, 원금 안정성을 추구할지 결정하고 그에 맞는 상품을 선택해야 해요. 이처럼 투자 전문가를 만나기 전에 자신의 재정 상황이나 목표 등을 정리해서 가면 좀 더 전문적인 맞춤형 상담을 받을 수 있습니다. 아이러니하게도 그들은 어떤 상품에 얼마를 가입하겠다는 패를 까기 전까진 당신 얘기를 잘 들어줄 거예요.

좋은 펀드 고르는 법을 알려주세요

먼저 3년 이상 장기 수익률이 종합주가지수나 S&P500 같은 비교 지수, 내가 원하는 목표 수익률보다 높은 펀드를 찾습니다. 여기서 3년은 경기가 1번 순환하는 데 필요한 최소 기간으로 주식시장이 좋을 때와 나쁠 때를 모두 거쳤다는 의미입니다.

이때 가능하면 펀드 색깔, 이를테면 투자 철학이나 테마가 확실한 쪽이 좋습니다. 펀드에 가입하면 적어도 분기에 1번씩은 투자 실적과 관계된 자료를 받아볼 수 있습니다. 이때 펀드에 어떤 주식을 담았는지, 어떤 주식을 사고 어떤 주식을 팔았는지 확인할 수 있고요. 직접 주식투자를 할 때 기업이 경영을 잘하고 있는지, 혹시 다른 곳에 한눈팔고 있진 않은지 점검하면서 투자해야 하듯 펀드 투자를 할 때도 펀드매니저가 처음 얘기했던 대로 투자하고 있는지 눈여겨봐야 합니다. 주가가 내려가고 난 뒤 "기업 실적이 안 좋았네"라고 말하는 게 소 잃고 외양간 고치는 격인 것처럼 펀드 수익률이 떨어지고 난 뒤 "투자 실력이 떨어졌네"라고 말하면 안 되니까요. 그러려면 애초에 펀드 색깔이 명료한 쪽이 점검하기 쉽습니다. "우리는 모든 투자를 잘하니까 알아서 할게요"라는 펀드매니저가 있다면 투자 실적 자료를 받아봐도 원칙을 지키고 있는지 아닌지 알기가 어렵죠. 반면 "우리는 중국 주식에만 투자합니다"라거나 "우리 펀드는 B2C 소비재에만 투자해요"라고 했다면 상대적으로 점검이 쉬워질 겁니다.

다음은 가입 전 투자 설명서를 통해 이 펀드를 운용하는 펀드매니저가 바뀌지 않았는지 살펴야 합니다. 기껏 펀드 색깔이 뚜렷한지, 장기 수익률이 근사한지 확인했는데 알고 보니 기존 성과를 냈던 펀드매니저는 온데간데없고 전혀 다른 펀드매니저가 운용하고 있다면 미리 해둔 작업은 말짱 도루묵이 됩니다. 여의도 금융업계는 이직이 잦기 때문에 이런 일이 종종 일어날 수 있어요.

마지막으로 그 펀드매니저가 일시적으로 부진할 때를 기다립니다. 주식투자에서도 좋은 기업을 찾아두고 그 기업의 주가가 싸질 때까지 기다려야 한다고 했죠. 마찬가지입니다. 펀드매니저는 보통 대형주, 중소형주, 성장주, 가치주, 미국 주식, 한국 주식 등으로 자신만의 장기가 있는데요, 주식시장은 순환매라고 해서 업종이나 스타일에 따라 오르고 내리는 시점이 조금씩 다릅니다. 그렇다고 카멜레온처럼 자기 장기를 계속 바꿔가며 모든 스타일의 주식시장에서 초과 수익을 내기란 거시경제지표를 예측하는 것만큼 어려운 일이죠. 따라서 자기 스타일을 잘 고수하는 펀드매니저는 역설적으로 특정 구간에는 부진한 성적표를 받아 들기 마련입니다. 이때를 노려 투자한다면 펀드매니저가 과거 기록한 우수한 장기 수익률에 단기적 회복이나 반등까지 덤으로 얻을 수 있죠. 당연하지만 제아무리 훌륭한 펀드라 하더라도 6개월, 1년 단위로 끊은 수익률이 너무 좋은 때 투자한다면 단기적 하락은 감수해야 합니다. 그래서 신문에 대문짝만 하게 실리거나 언론사나 펀드 평가 회사에서 주는 상을 받은 펀드만이라도 피하라고 권하는 거예요. 그런 건 대부분 1년 이하의 단기 수익률로 뽑거든요.

13년간 2,700%의 눈부신 수익률을 기록한 월가의 전설 피터 린치가 운용한 펀드는 피델리티자산운용의 마젤란 펀드라고 해요. 피델리티자산운용은 펀드를 자랑하기 위해 가입한 수익자에게 설문 조사를 한 적이 있어요. 그런데 웬걸? 마젤란 펀드 가입자 절반이 손실을 본 채 해지했다고 합니다. 왜냐고요? 린치는 계속 자기 철학대로 펀드를 운용해 누적 수익률을 키워나갔지만 수익자들은 마젤란 펀드가 단기적으로 우수한 실적을 보였을 때 가입했다가 또 단기적으로 부진할 때 해지한 거예요. 이제 왜 가입할 펀드를 고를 때 장기 수익률과 단기 수익률을 반대로 검증해야 하는지 감이 오죠?

일론 머스크가 좋아서 테슬라에 투자하고 싶어요

2023년 기준, 투자자에게 가장 많은 사랑을 받는 경영자를 꼽는다면 일론 머스크가 빠질 수 없을 것 같아요. 어쩌면 숭배받는다는 표현이 더 적합할지도 모르겠네요. 머스크는 20대에 그의 첫 회사 Zip2를 매각해 한화로 수백억 원의 자산을 축적했고 이후 다시 글로벌 온라인 결제 기업 페이팔**PayPal**을 만들어 수천억 원의 자산가가 됩니다. 지금은 당신도 잘 알다시피 세계 최대 전기차 회사 테슬라, 민간 우주 항공 기업 스페이스X**SpaceX**, 소셜미디어 플랫폼 X(전 트위터) 등의 경영자로 일하고 있죠.

머스크만큼 돈이 많은 사람은 항상 있었습니다. 세계 1위 부자 자리는 계속 주인이 바뀌어왔으니까요. 또 머스크처럼 연속해서 여러 기업을 창업하고 성공시키는 훌륭한 연쇄 창업가도 역사 속에서 여럿 찾을 수 있죠. 그러나 그처럼 동시다발적으로 대형 프로젝트를 진행하고 사생활이나 정치적 발언 등 기업 경영 외적으로 주목받는 인물은 처음인 것 같습니다. 그가 소셜미디어에 수수께끼 같은 게시물을 올리면 대중매체는 숨은 뜻을 찾아내려 애를 쓰고 심지어는 그게 주식시장에까지 영향을 미치죠.

하지만 과학자나 경영자로서의 머스크를 존경하는 것과 투자자로서 조건 없이 머스크의 행보를 따르는 건 아주 큰 차이가 있습니다. 머스크가 크게 성공하면 그가 소유한 기업의 가치나 주가도 따라 오를 가능성이 큰 건 사실입니다. 하지만 그가 큰 성공을 거둔 이유는 그만큼 큰 리스크, 즉 불확실성을 짊어졌기 때문이기도 합니다. 다시 말해 실패하면 크게 실패할 수도 있다는 뜻이에요. 실제로 머스크가 인수한 태양광 발전 업체 솔라시티**Solarcity**는 파산 위기에 처하기도 했습니다. 테슬라도 마찬가지였고요. 개인적으로 그때 투자하지 못한 게 두고두고 아쉽습니다. 그 역시 2021년 5월 유명 TV쇼 〈새터데이 나이트 라이브**Saturday Night Live**〉에 출연해 말했죠. "혹시 저 때문에 감정이 상한 사람이 있다면 그저 이렇게 말하고 싶네요. 저는 전기차를 재창조했고 지금은 사람들을 로켓에 태워 화성으로 보내려고 합니다. 그런 제가 차분하고 정상적인 친구일 거라고 생각하셨나요?"

머스크의 팬덤도 상당히 광적입니다. 그의 일거수일투족을 다 꿰고 있더라고요. 그가 소셜미디어에서 어떤 얘기를 하는지 다 알고 있고 그 속마음을 파악하는 데 심혈을 기울이죠. 그가 관여하는 여러 기업의 행보는 공식 행사나 보도 자료뿐 아니라 뜬소문까지도 수집합니다. 기껏해야 테슬라의 자율주행 기술이나 가격 정책 정도에 관심 있는 저 같은 뜨내기 펀드매니저는 명함도 내밀지 못해요. 그런데 정보 수집과 기업 본질가치 계산은 아예 다른 작업일 수 있습니다. 머스크에 관해 알려진 모든 정보를 알고 있다고 해서 테슬라의 본질가치, 즉 미래 매출액과 이익이 오르진 않습니다.

머스크 팬들은 그가 트위터를 인수한 것도, 도지코인이라고 하는 반려견 모양의 암호화폐를 다루는 것도, 우주로 로켓을 쏘아 올리는 것도 모두 결국에는 테슬라 주가를 올리리라 판단합니다. 심지어는 테슬라가 경기 침체에도 경쟁사와 달리 판매 가격을 내리지 않은 걸 두고 브랜드 가치가 강력하다고 칭송하다가 갑작스레 판매 가격을 내리겠다는 발표를 하면 이제는 판매량이 증가할 거라고 열광해요.

열성적인 팬덤을 가진 또 하나의 기업, 애플과도 비교해보겠습니다. 애플 팬은 애플 제품에 열광합니다. 그 때문에 애플은 자신들의 제품을 가장 혁신적으로 개발하며 그 제품을 소유하고 사용하는 것 자체가 하나의 문화이자 멋이라는 인식을 만들어내죠. 따라서 경쟁 제품보다 높은 가격을 책정할 수 있고 이는 기업의 높은 수익성 그리고 다시 새로운 제품 개발에 투자할 수 있는 재원이 됩니다. 이른바 선순환입니다. 반면 테슬라 팬은 사실 테슬라를 사랑하는 게 아니라 머스크를 사랑합니다. 테슬라 주주는 테슬라를 운행하지만 주주가 아닌 테슬라 자동차 소유주는 꼭 테슬라가 아니어도 괜찮다는 반응이에요. 더 솔직하게는 가격보다 만듦새가 떨어진다는 평이 많고요. 이는 자서전 《일론 머스크》에서 그 또한 인정한 부분입니다.

머스크가 어떤 제품이나 서비스를 만들든 머스크 팬은 칭송하겠지만 그것만으로는 선순환을 만들기 어렵습니다. 대부분의 머스크 팬은 테슬라 주가가 10배, 100배 올랐기 때문에 그를 좋아합니다. 이는 우리가 최근 캐시 우드나 카카오 사례에서 봤듯이 매우 취약한 팬덤이고 한편으로는 정반대의 악의까지 가질 수도 있습니다. 그리고 제품 수는 적더라도 하나하나의 완성도에 집착한 스티브 잡스와 달리 머스크는 관심사가 상당히 많을뿐더러 완성도보다는 굵직한 목표를 달성하는 데 더 관심 있어 보입니다. 그가 어린 시절부터 꿈꿔온 우주 개척이 일반 소비자의 폭넓은 충성도를 끌어내긴 어렵지 않을까요?

애플 팬은 잡스 팬이 아니냐고요? 잡스가 자신이 만든 기업 애플에서 쫓겨나고 NeXT라는 개인용 컴퓨터 회사를 만들었을 때나 〈토이 스토리〉 시리즈 등으로 유명한 3D 애니메이션 기업 픽사를 키울 때 대중에게 철저히 외면당한 과거를 떠올려보면 아닌 것 같다고 볼 수 있죠. 결정적으로 그가 세상을 떠난 이후 새로운 CEO가 된 팀 쿡^{Tim Cook}의 애플이 잡스 생전의 애플과 비교되지 않을 만큼 어마어마한 규모로 커졌습니다. 쿡이 CEO를 맡은 2011년 7월 3,500억 달러였던 애플 시가총액은 2023년 7월 한때 이 세상 모든 기업을 통틀어 처음으로 3조 달러 선을 넘기도 했습니다.

제가 하고 싶은 얘기는 머스크의 경영 능력에 대한 의심이나 판단이 아닙니다. 테슬라의 기업가치나 주가도 아닙니다. 잃지 않는 투자와 예측 가능성을 말하고 싶습니다. 투자수익이 기업 본질가치 상승분이라고 가정할 때 그 기업을 진두지휘할 경영자만큼 중요한 게 어딨겠습니까? 전기차와 자율주행차라는 새로운 세상을 열어가기에 머스크만 한 적임자도 없을 겁니다. 하지만 과연 우리에게 경영자의 경영 능력을 꿰뚫어 볼 능력이 있을까요? 버핏 정도 되면 창업자와 직접 얘기할 수도 있고 그들을 통찰할 혜안도 있겠죠. 안타깝게도 저한테는 그런 능력이 없습니다. 시류에 따라 잘나가는 회사의 경영자는 한껏 훌륭해 보이다가도 산업에 지각 변동이 생기고 주식시장에서 인기 없는 업종으로 전락하면 어느새 한물간 경영자로 보입니다. 이전에 세운 빛나는 업적도 그의 능력과는 무관한 거였나 하는 뒤늦은 의구심도 들고요. 사실 정말 훌륭한 경영자라면 모두가 잘나갈 때가 아니라 경기가 안 좋고 해당 산업에 먹구름이 꼈을 때 낭중지추처럼 주주와 직원을 이끌어야 하는 거잖아요.

그래서 저는 투자 판단을 할 때 경영자를 주요 지표로 삼지 않습니다. 제가 보는 경영자는 언론이나 기업 홍보실에서 충분히 사전 검열을 한, 말하자면 꾸며진 모습일 것 같기 때문입니다. 한껏 '있어 보이는' 모습만 보면 오히려 적절한 투자 판단에 오류를 일으킬 수도 있고요. 그보다 제가 더 중요하게 생각하는 건 앞서 말했듯 비즈니스 모델과 소비자 독점력입니다. 최고 경영자가 윤리적이지 못해 회사 안위보다 자기 부에만 관심을 두더라도 비즈니스 모델이 끝장나게 좋으면 회사 계좌에 현금은 계속해서 쌓입니다. 개인적으로 그 소유주가 보기 싫더라도 그 제품을 안 쓰고는 못 배기면 기업가치는 쑥쑥 커집니다. 대표 사례로 쿠팡을 들 수 있습니다. 쿠팡의 김범석 의장은 자사의 열악한 노동환경과 거래처에 불리한 거래 조건 탓에 종종 소비자에게서나 언론에서 비난의 표적이 되기도 했습니다. 몇 차례 불매운동도 벌어졌죠. 그러나 아주 싼값에 다양한 물건을 구매할 수 있고 말 그대로 '로켓'같이 빠른 배송을 해줌으로써 우리나라 온라인 쇼핑업계에서 그 누구도 대적하기 어려운 거인이 됐습니다. 쿠팡을 만들고 키운 주역은 김범석 의장이지만 김범석이라는 이름 때문에 쿠팡을 이용하는 고객은 없다고 할 수 있겠죠? 아니, 쿠팡 이용자 약 3,000만 명 중 김범석이라는 이름을 아는 사람이 몇 명이나 될까요? 버핏은 "바보라도 경영할 수 있는 회사를 사라"라고 했습니다. "왜냐하면 언젠가는 반드시 바보가 경영할 날이 오기 때문이다"라고 덧붙이면서요. 평생 훌륭한 경영자를 찾아온 투자의 대가도 비즈니스 모델이 더 중요하다고 꼬집은 대목이죠.

그런데도 경영자의 경영 능력을 판단해야 한다면 그 사람이 과거에 했던 말, 세웠던 목표를 얼마나 잘 지켜왔는지 검토해보세요. 지금 당장 보이는 모습으로 판단하는 게 아니라 옛날 뉴스나 공시를 통해 과거로 가보는 거예요. 어떤 경영자는 자신이 입 밖으로 꺼낸 말들을 실현해왔을 거고요, 어떤 경영자는 항상 번

지르르한 계획을 내세우지만 성공한 경험은 거의 없는 채로 또다시 다른 얘기를 하고 있을 겁니다. 과거의 성공이 미래의 성공을 보장하는 건 아니지만 적어도 그가 하는 얘기에 근거가 있는지 판단해보는 일은 중요합니다. 성공이 쌓이고 쌓여서 자신만의 성공 방정식을 쓰는 노하우가 되니까요. 혹 훌륭한 경영자를 골라내지 못하더라도 다른 기업이 하는 일을 흉내만 내거나 실현할 의지나 능력이 없음에도 으스대거나 심하게는 주주나 고객을 등쳐 먹을 생각만 하는 쭉정이 같은 경영자를 거를 수만 있어도 절반의 성공은 거둔 것 아니겠어요?

다시 테슬라 얘기로 돌아오겠습니다. 테슬라 같은 주식에는 언제 투자해야 할까요? 바로 기대감이 없을 때입니다. 테슬라의 기업가치는 다음 몇 가지 키워드로 정리할 수 있을 것 같아요. 먼저 뾰족한 T자로 대변되는 테슬라 브랜드 그 자체. "이왕이면 다홍치마"라고 전기차를 고른다면 좀 더 비싼 값을 주고라도 테슬라를 구매 대상으로 검토하는 소비자가 많죠. 그다음은 자율주행 기술! 테슬라 자동차를 가장 특별하게 만들어주는 대목입니다. 전기차는 사실 '나는 환경을 보호하는 사람이야' '내가 우리 지구를 지켜주고 있어' 하는 뿌듯함을 제외하면 불편한 재화잖아요. 내연기관 자동차보다 충전 후 주행거리는 짧고 충전하는 데 드는 시간은 훨씬 깁니다. 쉽게 말해 '세컨드카'로는 괜찮은 선택일지 몰라도 차를 1대만 산다고 했을 때는 고르기 망설여지죠. 간혹 배터리에서 불이 난다는 뉴스도 무섭고요. 그러나 자율주행 기술은 운전자에게 직접적인 편리함을 선사합니다. 어쩌면 가까운 미래에는 내 자동차가 주차장에서 나를 기다리는 게 아니라 알아서 택시나 택배 운행을 하고 돌아와 쏠쏠한 용돈 벌이를 해줄지도 몰라요. 알려진 바로는 테슬라가 자율주행 기술에 관해 가장 많은 데이터를 갖고 있고 상용화에 가장 앞선 회사 중 하나라고 해요. 자율주행 기술이나 관련 소프트웨어를 다른 자동차 기업에 판매할 수 있다는 전망도 있고요. 이 외에도 많은 사람이 사랑하는 머스크라는 혁신적인 경영자, 미래 사업 아이템으로 점찍은 로봇 사업….

주가가 비싸고 모두가 테슬라 주식을 부러워할 때는 앞에 적은 많은 것, 특히 미래 전망이 현실로 이뤄지길 기도해야만 합니다. 아직 테슬라라는 기업의 본질은 자동차를 만들어서 파는 회사거든요. 현대자동차나 토요타, 폭스바겐과 같아요. 성능 좋고 예쁜 자동차를 만들어 합리적인 가격으로 팔아야만 하죠. 테슬라의 높은 주가와 PER에는 '자율주행 기술도 있고' '앞으로 로봇 사업도 성공할 거야' '그러니 다른 자동차 업체와 비교하는 건 말이 안 돼' '더 높은 주가로 평가받아야 해' 하는 바람이 담긴 거예요. 그렇지 않으면 주가가 내려갈 테니까요.

그런데 2023년 10월 기준으로 보면 테슬라 주식이 그렇게 인기 있는 편은 아닌 것 같습니다. 가격 인하 영향인지 최근 발표하는 실적도 비실비실하고요. 경기 침체에 여윳돈이 부족해지면 소비자는 당장 주머니 사정을 생각해 자동차를 고릅니다. 새 차보다는 중고차를, 값비싼 모델보다는 합리적 가격의 자동차를 고를 수도 있죠. 그러면 테슬라 판매량도 줄어들 수 있고요. 아니면 판매 가격을 내리고 광고선전비를 많이 지출해야 할 수도 있죠. 어찌 됐든 매출액이 같더라도 이익률이 쪼그라들 가능성이 있단 겁니다.

또 테슬라는 2022년 판매량이 131만 대였는데요, 세계 3위 현대차그룹이 685만 대였으니 전기차 대중화를 위해서는 갈 길이 아직 멉니다. 테슬라 자동차 중 가장 많이 팔린 모델이 '모델Y'인데요, 트림^Trim('장식하다'라는 어원에서 시트 재질이나 센서 등의 장착 여부 같은 자동차 옵션을 구분 짓는 의미로 사용된다)이나 옵션에 따라 다르겠지만 네이버 자동차 기준 가격이 5,699만 원이네요. 현대자동차의 그랜저 최상위 모델보다도 비싸요. 그래서 테슬라는 앞으로 좀 더 싼 가격의 자동차를 만들어 팔 수밖에 없습니다. 3,000만 원대 모델2를 출시한다는 소문도 있고요. 그러면 현재는 1대당 이윤이 슈퍼카 브랜드 수준인 테슬라도 결국 다른 완성차 업체와 마찬가지라는 생각이 팽배해질 수 있어요. 테슬라 주가에 묻은 프리미엄이 사라질 수도 있는 거죠.

바로 이때가 테슬라에 투자해야 할 때입니다. 주식시장에 비관론이 판쳐 미래 가치는 하나도 반영해주지 않을 때요. 다들 저보다 더 잘 알고 있잖아요. 테슬라가 전기차 브랜드 중에 제일간다는 사실을요. 가장 발달한 자율주행 기술이 있다는 사실을요. 그리고 머스크가 경영한다는 사실도요! 하지만 모든 사람이 그걸 무시한 채 테슬라를 그저 그런 자동차 회사라고 판단할 때가 고속 성장주에 투자할 때입니다. 일반적인 자동차 회사로 치부돼도 더 떨어질 일은 없고 만약 새로운 시장을 개척하거나 그런 가능성을 크게 평가해주는 강세장이 오면 주가가 몇 배로 뛸 때 말입니다.

AI 테마에서 좋은 주식을 고르고 싶어요

2023년 상반기 엔비디아^{Nvidia} 주가가 천정부지로 치솟았습니다. 특히 5~6월경 큰 화제가 됐는데요, 회사에서 자사 GPU^{Graphic Processing Unit}(그래픽 처리를 위한 고성능 처리장치로 그래픽 카드의 핵심)가 인공지능용 서버에 많이 사용된다고 발표하면서였죠. 주식시장에는 인공지능 바람이 세게 불었고 삼성전자, SK하이닉스 같은 우리나라 대표 반도체 기업 주가도 덩달아 뛰었습니다.

그런데 기억하세요? 사실 우리가 인공지능으로 깜짝 놀란 건 그보다 훨씬 전인 2022년 12월일 겁니다. 챗^{Chat}GPT가 공개된 날이거든요. 그때 엔비디아 주가는 어땠을까요? 속된 말로 사경을 헤매고 있었죠. 2021년 정점 대비 절반 수준에 불과했으니까요.

챗GPT가 공개된 이후 주식시장은 관련주, 수혜주 찾기에 혈안이었습니다.

회사 이름에 AI라는 단어가 들어가 있거나 인공지능 관련 신규 사업을 검토한다는 뉴스만 나와도 상한가를 쳤죠. 하지만 실제로 인공지능이나 챗GPT를 통해 의미 있는 매출액을 기록하는 기업이 없자 금세 인기는 시들해졌습니다. 2020년 메타버스나 2021년 P2E^{Play To Earn}('게임을 하면서 돈을 번다'는 개념으로 사용자가 게임을 하며 획득한 재화나 아이템이 블록체인 생태계에서 자산으로 활용되는 모델), 2022년 태조이방원(태양광, 조선, 2차전지, 방위산업, 원자력) 같은 한때의 테마로 치부됐습니다. 그리고 주식시장의 관심은 2차전지로 옮겨갔죠.

그리고 6개월이 지나 엔비디아가 인공지능계의 '찐'으로 떠오른 겁니다. 많은 기업이 너도나도 인공지능 투자에 뛰어들면 많은 서버가 필요할 텐데 인공지능은 그 서버를 병렬로 연결해 동시에 연산하는 능력이 중요하고 이 병렬 연산은 PC나 스마트폰에 쓰이는 CPU^{Central Processing Unit}(중앙처리장치), AP^{Application Processor}(스마트폰 중앙처리장치)보다 GPU가 더 강하다는 거였죠. 그런데 엔비디아가 2023년 1분기 기준 전 세계 GPU의 84%를 점유하고 있다니 열광할 만하지 않겠어요?

엔비디아 주가 차트

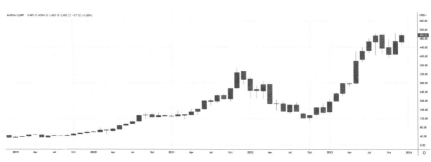

출처: 레피니티브 아이콘^{Refinitive Eikon}

(물론 2023년 초 2차전지로 큰 수익을 내고 다시 5~6월 엔비디아로 갈아탄 사람에게는 할 말 없지만) 그럼 주식시장 참여자는 왜 챗GPT 출시 이후 6개월 동안 엔비디아를 찾아내지 못했을까요? 아마 적은 시간을 투입해 즉각적인 이익을 얻고 싶어 했기 때문일 겁니다. 몇 차례 인공지능 수혜주를 매매한 후 다른 쪽을 찾아 떠난 거죠. 아마 그동안 인공지능을 찬찬히 공부해본 투자자라면 '아 그때 엔비디아 살걸' '엔비디아처럼 인공지능과 직접적 관계가 있진 않지만 곁다리로 삼성전자라도 살까?' 하는 고민을 하지 않았을 겁니다.

주식시장은 이처럼 변화무쌍해요. 따라서 변동과 변화를 구분해내는 일이 중요합니다. 단기적인 주가나 시장 참여자의 심리 변동은 무시할 줄 알아야 하고 장기적인 사회구조적 변화는 기민하게 눈치채고 뚝심 있게 공부하며 투자해야 하죠. 앞서 켄 피셔가 저서 《슈퍼 스톡스》에서 설명한 일시적 결함을 기억하나요? 어떤 경우든 새로운 산업이 생겨나거나 기업이 신사업을 시작할 때는 그 사실만으로도 주식시장이 열광한다고 했죠. 그러나 실제 기업이 크게 성장하기 전까진 반드시 일시적 결함이 생긴다고요. 기술적 문제일 수도 있고 일시적 자금난일 수도 있습니다. 또는 생산능력을 확충하는 데 계획보다 오랜 시간이 걸리기도 하고요. 그럼 그 산업이나 기업에 관한 관심이 빠르게 식는데 오히려 이런 순간이야말로 진정한 투자자가 얻는 기회라고 했습니다. 초기보다 훨씬 깊이 있게 해당 테마나 기업 변화를 공부할 수 있고 그렇게 확신을 얻었다면 더 많은 주식을 더 낮은 주가에 살 수 있으니까요.

더퍼블릭자산운용도 마찬가지였습니다. 챗GPT를 알게 되고 인공지능과 관련된 회사를 열심히 공부했어요. 기술적으로 별로 준비돼 있지 않은데 홍보에만 열을 올리거나 인공지능과 관련된 일을 하긴 하지만 전체 기업가치에서 차지하는 비중이 낮은 기업은 걸러냈습니다. 그리고 찾은 기업이 세계 최대 언어 학습

애플리케이션 듀오링고^{Duolingo}였습니다. 학부모거나 자기계발에 열중인 분이라면 사람들이 공부에는 돈을 아끼지 않는다는 사실을 잘 알고 있을 겁니다. OTT나 게임 애플리케이션에서 하는 결제와는 느낌이 다르죠. 이를 조금 어려운 말로 가격 전가력이 있다고 합니다. 실제로 저도 듀오링고 슈퍼 요금제 1년 치 8만 1,000원을 결제하는데 전혀 망설여지지 않더라고요.

듀오링고는 챗GPT를 도입하면서 맥스라는 신규 요금제를 만들었습니다. 당연히 기존 슈퍼 요금제보다 비싸죠. 맥스 요금제를 사용하면 인공지능과 좀 더 현실감 있는 대화를 할 수 있습니다. 저는 이게 고급 학습자를 듀오링고 고객으로 잡아두는 한편 평균 판매 단가를 높이는 일거양득 전략이라고 판단했습니다. 인공지능이 실제 기업 매출액과 이익 증가를 가져다주는 사례가 되는 거죠. 다른 교육 기업이 듀오링고처럼 챗GPT를 도입하거나 챗GPT가 직접 언어 교육 사업에 진출하면 어떡하느냐고요? 저희가 연구한 바로는 언어 교수법에는 상당한 체계가 필요해서 단순히 고도화된 챗봇을 도입하는 것만으로 누구나 외국어를 가르칠 수 있진 않더라고요. 어느 정도 수준의 학습자에게 어떤 단어과 구문을 어떻게 반복해서 연습시켜야 하는지는 선두 주자만이 가질 수 있는 거대한 노하우 같아요. 미리 준비하는 투자자, 일희일비하지 않는 투자자라 가능했던 경험입니다.

개인은 기관을
이길 수 없지 않나요?

인간은 누구나 자신이 갖지 못한 것을 동경하죠. 당신은 기관투자자가 부러운가요? 저는 개인투자자가 부럽습니다. 기관투자자는 말 그대로 어떤 조직에 소속돼 투자하는 사람을 뜻해요. 전주錢主 돈이건 고객 돈이건 결국 남의 돈을 투자한다는 거죠. 언뜻 화려해 보일지 몰라도 남을 위해 일하면 항상 불편할 수밖에 없습니다. 스스로 비하하자면 집사라고나 할까요?

기관투자자는 고객 목적에 따라 돈을 다룹니다. 돈을 더 벌어주는 걸 마다할 사람은 없지만 공짜 점심은 없다는 말처럼 수익 추구 과정에서 부담해야 하는 리스크도 달라지기 때문이죠. 종합주가지수나 미국 S&P500 같은 비교 지수를 따라가면서 약간의 초과 수익을 기대하는 자금도 있고요, "난 비교 지수는 모르겠고 무조건 플러스 수익을 내야 해"라고 하는 절대수익형 자금도 있습니다.

벤처 투자처럼 몇몇은 망할 수 있음을 알고 있는 상황에서 1~2건이 대박 나기를 기대하는 고위험, 고수익을 추구하는 기관도 있어요. "많은 수익은 필요 없고 금리 이상이면 만족해"라는 고객을 맞을 수도 있죠. 투자하는 기간도 전적으로 고객 사정과 성향에 따라 다릅니다.

개인투자자는 이 부분에서 강점이 있습니다. 자신의 투자 성향과 자금 사정을 가장 잘 아는 사람이 직접투자하는 만큼 적합한 투자 방법과 투자처를 찾을 수 있잖아요. 누군가를 설득할 필요도 없고 주기적으로 감독을 받거나 보고할 필요도 없습니다. 그저 묵묵히 자신을 돌아보고 스스로 이해할 수 있는 투자를 하면 됩니다.

기관투자자도 고객을 잘 가려서 받으면 되지 않냐고요? 그게 말처럼 쉽지가 않아요. 일단 고객은 자신을 잘 파악하지 못하는 경우가 많습니다. 간접투자 경험이 많지 않으면 더욱 그렇죠. 내가 위험을 얼마나 감수할 수 있는지, 인내심은 어느 정도인지 실전에 들어가서 내 자산이 불어나고 쪼그라드는 모습을 보면서 깨닫거든요. 마치 복권을 사면 실제 당첨자를 발표하는 날까지 내가 당첨될 것만 같은 행복감을 느끼면서 일주일을 보내듯 처음 돈을 맡길 때는 모두가 행복한 미래를 상상하면서 장기투자를 다짐하지만 현실은 다르거든요. 기관투자자 또한 문제인 게 일하면서 점점 욕심이 커집니다. 처음에는 누구나 '나와 맞는 자금, 내 투자를 이해해주는 고객만 받아서 소소하게 투자해야지' 하고 생각하지만 나중에는 당장 내게 돈을 맡기고 수수료를 낸다는 사람을 돌려보내기가 쉽지 않습니다. 설령 그로 인해 냉철한 투자를 하지 못하게 발목 잡히는 날이 오리라 예감하더라도 지금의 수익을 위해 안일한 마음으로 눈을 질끈 감아버리는 거죠.

저는 기관투자자가 투자를 더 잘한다는 말을 믿지 않습니다. 워낙 주변에서 그렇지 않은 사례를 많이 봤거든요. 사장 주머니에서 나오는 달콤한 월급을 받으면서 남의 돈이니까 대강 시류에 편승해 적당히 투자하는…. 그런 사람은 회사라는 타이틀을 떼는 순간 자신이 아무 기술도 없는 은퇴자가 된다는 사실을 자각하지 못해요. 한편 주식으로 큰돈을 번 개인투자자도 많이 봅니다. 각기 다른 방법으로 투자를 하지만 그게 오히려 성공 요인인 것 같기도 해요. 내가 잘 아는 분야에만 투자하고 내가 모르는 분야가 주목받는 시장일 때는 쉬기도 하면서요. 가장 단적으로 표현하자면 기관투자자의 목표는 항상 개인투자자랍니다.

기관투자자가 개인보다 더 많은 정보를 얻는 건 사실입니다. 어쨌든 운용 규모가 크다 보니 자금을 조달하거나 시장에서 좋은 평가를 받으려는 기업도 기관투자자의 환심을 사려고 하고 기관투자자가 자금을 집행할 때 중간에서 수수료를 얻을 수 있는 증권사 같은 곳도 더 먼저, 더 많은 정보를 전달하려고 하거든요. 그러나 저는 그 정보가 꼭 돈이 된다고 생각하진 않습니다. 각자 분석하고자 하는 기업의 미래 이익에 영향을 미치는 요소 외에는 필요가 없죠. 그런데 여의도에는 너무 많은 정보가 돌아다녀요. 떠다닌다는 표현이 더 알맞을 수도 있겠네요. 99%는 가치가 없는 것임에도 우리 뇌는 반응을 합니다. 내 주식에 영향을 미치진 않을까? 혹은 내가 투자하고 있는 기업보다 더 좋은 기회면 어쩌지? 쉬지 않고 우리를 탐욕과 공포로 밀어 넣죠. 대중목욕탕에서 온탕과 냉탕을 오가는 것처럼요. 제 회사 사무실이 여의도에 있지 않은 이유도 여기에 있습니다. 독립적으로 사고하는 훈련을 하기 위해서요. 평당 임차료가 3배 가까이 차이 나는 것도 이유기는 하지만요.

그리고 사실 이제 정보 유통시장은 많이 평평해진 것 같아요. 인터넷을 조금만 할 줄 알면 전 세계 모든 기업의 공시 정보를 볼 수 있고요, 실적 발표 같은 행사는 실시간으로 중계해줍니다. 외국어에 능숙하지 못한 사람을 위해 친절히 속기록도 공개하고 구글 번역기는 개인 통역사를 자처하죠. 유튜브에서는 평생 만

나지 못할 것 같던 버핏, 멍거, 린치, 파브라이 같은 사람들의 인터뷰를 찾아볼 수 있어요. 자본시장에서도 개인투자자의 중요성이 점점 드러나 기관투자자에게만 공개하는 정보 비율은 점점 낮아지고 있습니다. 증권사 애널리스트도 자기 자신을 브랜딩하기 위해 텔레그램 같은 소셜미디어를 통해 개인과 기관을 나누지 않고 의견을 제공하기도 해요. 실력 뛰어난 개인투자자의 블로그는 저 같은 전문투자자에게도 기업 공부를 하는 데 빼놓을 수 없는 보물창고로 부상했습니다.

기관투자자는 아주 오랜 시간을 투자 공부를 한 사람이며 직업으로 주식을 다루는 사람입니다. 아무런 준비나 공부를 하지 않은 채 그들에게 맞서는 건 달걀로 바위 치기죠. 그러나 당신이 충분한 공부와 경험을 쌓은 후 경쟁한다면 이길 수 있습니다. 아니, 아예 종목이 다르다고 해야 할까요? 100m 달리기와 마라톤은 똑같이 어려운 운동이지만 체력을 끌어올리는 것부터 달리는 방법까지 전혀 다릅니다. 개인투자자는 기존 직장이나 사업체에서 나오는 소득이 있으니 말 그대로 더블 인컴입니다. 매일 다른 누군가와 내 성적을 비교할 필요도 없습니다. 마라톤을 뛰는 선수가 초반부터 속력을 내면 지쳐 포기하게 되듯이 당신만의 호흡으로 자유롭게 투자하면서 또 다른 생활을 하면 됩니다. 투자가 하나의 취미가 되는 거죠. 그러다 주식투자가 너무 재밌어지면 전업 투자자가 되는 길도 열려 있어요. 좀 더 전문적이고 치열하게 해봐야겠다 싶으면 펀드매니저가 될 수도 있고요. 그러니 투자를 잘하는 게 목적이라면 개인은 기관을 이길 수 없다는 생각은 아무 도움도 안 되겠죠?

코리아 디스카운트, 해소될 수 있을까요?

우리나라 주식시장, 요샛말로 '국장'에 투자하는 사람 중에는 '코리아 디스카운트'에 대해 볼멘소리를 하는 경우가 많습니다. "한국은 이래서 안 돼"라는 거죠. 그럼 먼저 코리아 디스카운트가 뭔지 짚고 넘어가죠.

코리아 디스카운트는 말 그대로 한국 주식시장이 할인돼 거래된다는 뜻입니다. 자본시장연구원은 2012~21년까지 10년간 국내 상장기업 PBR, 즉 주가순자산비율을 측정한 결과 선진국의 52%, 신흥국의 58%에 불과하며 분석 대상 45개국 중 41위에 해당한다고 밝혔는데요, 2000년대 초부터 계속 비슷한 실정이었다고 해요. 가진 자산보다 훨씬 낮게 거래되고 있으니 코리아 디스카운트가 실존하는 겁니다.

이유는 여러 가지가 있습니다. 가장 먼저 언급되는 게 북한과의 갈등입니다.

일명 지정학적 리스크. 북한과 전쟁이라도 벌어지면 그날로 서울이 불바다가 될 텐데 한국 기업에 투자하다니 말이나 되느냔 거죠. 충분히 공감되는 우려입니다. 그런데 재밌는 얘기 하나 해드리면요, 여의도 증권가 사람들은 북한과의 무력 충돌은 거의 걱정하지 않는답니다. 러시아가 우크라이나를 침공하고 이스라엘과 팔레스타인이 가자지구를 두고 전쟁하는 건 걱정하면서 바로 코앞에서 벌어지는 일은 왜 걱정을 안 하느냐고요? 실제로 큰 규모로 확전擴戰된 적이 없기 때문이에요. 북한이 핵실험을 하든 연평도에서 전투가 벌어지든 천안함이 가라앉든 하루 사이에 문제가 봉합됐기에 보통 북한과의 무력 충돌로 주가가 하락하면 매수하는 게 일반적입니다. 학습효과라고도 할 수 있죠.

《스노볼2》를 보면 버핏도 2004년 우리나라 주식에 투자하면서 한국 주식이 싼 이유는 북한이라는 존재 때문이라고 말했습니다. 북한은 실질적으로 존재하는 위협이 맞고 만일 북한이 남침한다면 전 세계는 지옥으로 변할 거라고요. 중국과 일본 그리고 아시아 전체가 이 전쟁에 말려들 텐데 그러면 어떤 결과가 빚어질지 상상도 할 수 없다고 했죠. 하지만 버핏은 중국이나 일본을 포함한 다른 나라들이 북한이 남한을 핵무기로 공격하는 상황이 전개되도록 절대로 가만두고 보지만은 않을 거라는 데 베팅했습니다.

두 번째가 거버넌스Governance 이슈입니다. 거버넌스는 영어로 통치, 관리 등을 뜻하는데요, 더 구체적으로는 기업 소유주나 경영자가 전체 주주가 아닌 자신을 위해 불합리하고 비효율적인 의사결정을 내리는 지배 구조 문제와 그에 뒤따르는 불투명하거나 비윤리적인 회계 처리, 미흡한 주주 환원 등을 말합니다. 최근 반복해 드러나는 횡령 사건도 같은 맥락이죠.

하지만 저는 우리나라 기업을 경영하는 사람이 다른 나라 사람보다 천성적으로 악하다고 생각하진 않습니다. 다 비슷하겠죠. 그래서 우리나라 거버넌스 문제는 자본주의가 정착된 지 얼마 지나지 않았기 때문에 발생하는 성장통이라고 생각합니다. 1600년 영국 동인도 회사에서 시작한 서양 자본주의는 벌써 400년 역사를 자랑하고 있지만 우리나라는 일제강점기에서 해방된 지 아직 100년도 채 되지 않았습니다. 그러나 우리나라에서도 이제 잘못한 사람은 벌을 받아야 한다는 사실이 점점 당연해지고 있고 상속에 상속을 거듭하면서 창업주 일가의 지분이 부족해진 기업은 결국 펀드로 대주주가 교체되고 있습니다. 펀드가 대주주가 되면 성장에 써야 할 재원도 단기적 이득을 위해 배당금으로 쓰고 이익을 늘려 주가를 올리기 위해서라면 당연히 장기적이어야 할 임직원 성과 평가도 단기적으로 바뀌어 동기부여가 되지 않는다는 지적도 공감합니다. 하지만 그 또한 우리가 지나야 할 반환점일지 모르고 투자자가 두 눈을 시퍼렇게 뜨고 자본시장을 감시, 감독한다면 해결할 수 있는 문제일 겁니다. 반갑게도 우리나라에서도 주주가 기업의 주인으로서 적극적으로 목소리를 높여야 한다는 주주 행동주의 바람이 불고 있으니까요.

산업구조에서도 코리아 디스카운트의 이유를 찾아볼 수 있습니다. 우리나라는 내수 시장이 작고 3면은 바다, 북쪽으로는 휴전선에 가로막혀 있습니다. 이렇게 좁고 천연자원 하나 없는 땅덩어리에서 복작복작 살아내는 우리 국민의 의지는 대한민국을 산업재, 중간재 위주의 수출 주도형 국가로 키워냈습니다. 그러나 바로 이 점이 우리나라가 선진적 주식시장이 되는 데는 걸림돌이 됐습니다. 산업재, 중간재는 기본적으로 경기에 따라 등락이 심한 산업입니다. 투자자가 싫어하는 큰 변동성을 갖고 있다는 거죠. 또 최종 소비자를 직접 상대하지 않다 보니 브랜드 가치를 갖기 어렵고 항상 구매자에게 굽실대야 하며 가격을 깎아주는 출혈 경쟁이 빈번합니다. 견고한 수익성을 갖기 어렵다는 뜻이에요. 또 수출입이 많다 보니 환율에도 민감합니다. 같은 1달러에 제품을 팔아도 환율이 1,000원일 때와 1,300원일 때 수익성이 크게 달라집니다. 환율이 더 높은 1,300원일 때 나머지 300원은 공짜 수익이나 마찬가지입니다. 반대로 외국에서 원재료를 들여올 때는 환율이 오르면 곤욕을 치릅니다. 해외여행을 갈 때나 해외 직구 사이트에서 외국 물품을 구매할 때를 생각해보면 이해가 빠를 겁니다. 원화로 받는 월급은 같은데 환율이 비싸지면 여행 가기가 부담스러워지고 기왕이면 해외 직구보다 국산 제품에 눈길이 가기 마련이죠. 특히 1997년 외환 위기 당시 IMF 도움을 받으면서 외국인 투자자에게 유리한 조건으로 경제 정책을 개방한 후 우리나라는 환전과 국가 간 입출금이 쉽다는 이유로 ATM기라는 오명을 얻기도 했습니다.

이렇게 주가가 기업 또는 국가 경제의 내재적 경쟁력보다 외부 환경 변화에 많이 노출돼 있으면 같은 이익을 가져와도 평가가 박해집니다. 다시 말해 한국은 산업구조상 내수 경제 규모가 큰 일본이나 전 세계를 달러화나 자국 빅테크 기업이 호령하는 미국보다는 PER, PBR이 낮을 수밖에 없습니다.

이 밖에도 최근에는 비과세였던 국내 주식투자에도 세금을 물린다는 금융투자소득세 도입, 10억 원이니 20억 원이니 하는 금액으로 상장기업 대주주와 같은 세율을 적용한다는 양도소득세 개편, 불법 무차입 공매도를 막기 위한 공매도 금지 등 정부 정책에 일관성이 없다는 목소리도 나오고 있습니다. 실제 JP모건 등 외국계 투자 기관에서는 공매도를 금지하면 특정 주식에 거품이 생기는 등 가격 변동성을 부추기므로 선진국 시장 진입 여부의 척도로 쓰이는 MSCI^{Morgan Stanley Capital International} 선진국^{Developed Market} 지수 편입 가능성이 낮아졌다고 꼬집기도 했습니다.

이렇게 보면 우리나라 주식시장, 속된 말로 너무 거지 같죠? 별로죠? 그런데 저는 그렇게 생각하지 않아요. 오히려 좋게 생각하죠. 코리아 디스카운트는 다른 말로 한국이 바겐세일 중이라는 거예요. 백화점도 올리브영도 세일 기간에 가야 좋지 않나요? '외국에 있었으면 이 주가가 아니었겠지' 하는 건 지금 싸다는 뜻이잖아요. 주식은 저평가됐을 때 사는 거라고 누누이 얘기했죠? 물론 저평가됐을 때 사고 내가 사자마자 디스카운트가 해소돼 주가가 오르면 제일일 겁니다. 그런데 모든 주식이 고평가된 나라와 모든 주식이 저평가된 나라 중 한 나라만 골라서 투자해야 한다면 저는 단연코 저평가된 국가로 가겠습니다. 그리고 그 나라가 사촌이 땅을 사면 배가 아픈, 지고는 못 사는 열성적인 국민이 있는 우리나라라면 더할 나위 없겠죠.

세계 무역에서 주로 통용되는 몇몇 기축통화를 제외하면 원화만큼 안정적인 흐름을 보이는 통화도 없습니다. 나라에 대한 평가를 그 국가의 화폐가치로 본다면 코리아 디스카운트보다 훨씬 무섭도록 추락하는 화폐를 저는 많이 봤습니다.

코리아 디스카운트 중 거버넌스 문제와 정부 정책은 시간이 지나고 시장 참여자들이 성숙해질수록 개선될 겁니다. 북한과의 갈등이나 산업구조는 당장 해결되진 않겠지만 지금보다 더 나빠지진 않을 거고요. 코리아 디스카운트, 그러니까 시장 평가는 외부 요인으로 두고 기업의 내재적 면에만 집중해보세요. 원래도 저평가였던 시장, 기업이 성장한 만큼은 주가가 오를 테고 혹시 저평가가 해소되면 추가 수익은 우리가 가질 덤이니까요.

PART

4

주식으로
돈을 벌고 싶다면
이렇게
해야 합니다

주식 공부를 하는 순서가 있나요?

가진 주식을 파는 게 먼저일 것 같아요. 너무 놀랍죠? 다 파란불이 들어와 있는 주식을 팔고 손실을 확정하려니 마음이 쓰리죠? 하지만 수익이 좋을 때는 공부할 생각이 안 들고 손실이 나기 시작해야 공부해야겠다는 마음이 생기는데 막상 책이 손에 안 잡히죠. 짬이 날 때마다 계좌를 보게 되고 보유한 기업 뉴스를 검색하거나 네이버 종목토론실에 들어가 무슨 일 있나 기웃거리게만 되고요. 증권 계좌를 보여주면서 제게 상담을 요청하는 사람에게도 비슷하게 말합니다. "지금 제가 이 주식은 오를 것 같고 이 주식은 떨어질 것 같다고 하는 게 도움이 안 됩니다"라고요. 스스로 원칙이 없는 상태에서 들은 조언은 잠시 마음을 편하게 해줄진 몰라도 실질적인 도움은 되지 않으니까요. 제가 평생 따라다니면서 조언할 수도 없고요.

무거운 마음을 훌훌 털어버리고 아주 기초적인 가치투자 책 몇 권을 읽어봅니다. 어쩌면 조금 딱딱한 책보다는《월가의 영웅》같은 내용이 좋을지도 모르겠네요. 그러면 기업과 기업이 만드는 제품에 흥미가 생길 거예요. 이전까지는 제품과 브랜드에만 관심을 뒀다면 '이건 누가 만든 거지?' '이 브랜드는 어느 회사 거지?' 하는 호기심이 생겨 제품 뒷면에 있는 깨알 같은 글씨를 읽어보기도 하고 생산자나 판매자 홈페이지도 들어가게 될 겁니다. 소비자에서 투자자로 시각이 바뀌는 거죠. '이 세상에 이렇게 많은 기업이 있구나' 하고 느낄 테고 모든 기업이 상장기업이 아니라는 점도 알게 될 거예요.

　　이때쯤 되면 내가 좋아하는 제품, 없이는 못 사는 브랜드가 더욱 사랑스럽게 보일 겁니다. 그 기업에 돈을 지불하는 것만이 아니라 그 기업의 '주인'인 주주가 될 테니까요. 여기까지는 많은 사람이 쉽게 도달하는 단계입니다. 하지만 제품이나 서비스가 좋아서, 브랜드가 훌륭해서 투자한 주식이 모두 오른다면 얼마나 좋겠어요? 그럴 리가 없죠.

　　좀 더 구체적인 투자 아이디어를 생각해봅시다. 경영자가 믿음직스럽다거나 신제품이 흥행할 것 같다거나 영위하는 사업이 미래 유망 산업이라거나… 모두 좋습니다. 이걸 솔직하게 글로 적어보는 거예요. 이 단계에서 이미 옆 팀 김 대리가 추천했다거나 회사 이름이 그럴싸해 보였다거나 하는 비합리적인 투자 근거는 지워집니다. 당장 돈을 벌어야겠다는 탐욕에서 벗어나 제3자 입장에서 자신을 바라보는 자기객관화가 되는 거죠. 의외로 이런 터무니없는 이유로 투자하는 사례가 생각보다 많거든요. 린치는 미국 경제 전문 채널 CNBC와《월가의 영웅》출간 35주년을 기념한 인터뷰에서 기업 하나당 딱 3줄씩만 적어도 충분하다고 했어요. 그리고 분기 실적을 발표하는 주기인 3개월마다 1번씩 자신이 쓴 투자 아이디어 3줄을 다시 보라고도 했습니다. 미래가 그리고 기업이 자신이 생각한

대로 움직이고 있는지 아닌지 확인하는 겁니다. 시간이 흘러 다시 봤더니 애초에 써둔 투자 아이디어가 지금은 맞지 않는다고 느껴진다면 주식을 내다 팔 수도 있고 현 시점에 맞게 업데이트할 수도 있겠죠.

처음에는 술술 적힐 수도 있어요. 하지만 3개월이 지나 투자 아이디어가 맞는지 틀리는지 또는 더 명확해졌는지 조금은 희미해졌는지 확인하다 보면 느끼는 부분이 있을 겁니다. 투자 아이디어에는 숫자가 뒷받침돼야겠구나! 예를 들어볼까요? '브랜드 가치가 높다'는 투자 아이디어를 3개월마다 점검하려면 어떻게 해야 할까요? 마음속으로 브랜드 가치가 높은지 아닌지 생각해보는 건 합리적이지 않을 것 같잖아요. 주요 제품의 평균 가격을 찾아보고 그게 경쟁사보다 높은 가격에 팔리고 있는지 주기적으로 확인하는 건 어떨까요? 그러기 위해서 모든 상장기업이 주주나 잠재 투자자를 위해 알려야 할 정보가 올라와 있는 전자공시 시스템에 들어가볼 수도 있을 거예요. 회사가 공식적으로 제공하는 IR 자료를 읽어볼 수도 있고요.

이제는 당신에게도 투자 아이디어가 생겼습니다. 그걸 잘 추적하기만 하면 영업을 잘하는 회사에 장기투자해 동반자로서 과실을 함께 누릴 수도 있고, 운 나쁘게 미래가 생각대로 흘러가지 않는다 해도 손실을 최소화하고 다른 기회를 찾을 수도 있습니다. 그런데 이렇게 해도 투자는 실패할 수 있어요. 그럴 확률이 커요. 어떨 때 실패하느냐! 비쌀 때, 많은 사람이 당신과 같은 투자 아이디어나 혹은 생각을 다를지라도 같은 기업에 관심을 많이 두고 있을 때 투자하면 실패합니다.

이때 재무제표와 가치평가가 필요합니다. 대단한 경영학 서적까지는 필요 없어요. 이를테면 경영학과에서 가르치는 회계와 재무제표는 재무제표를 만드는 사람, 즉 기업 재무·회계 담당자나 나아가서는 공인회계사에게 필요한 내용입니다. 당신은 발표된 재무제표를 굵직굵직하게 읽어나갈 정도만 공부하면 됩니다. 시중에 투자자를 위해 쉽게 쓰인 재무제표 책이 많이 나와 있어요. PER이니 PBR 이니 하는 가치평가 방법은 《가치투자의 비밀》 같은 기초 가치투자 서적으로 공부하면 좋을 것 같고요, 제 책이라서가 아니라 《부자들은 이런 주식을 삽니다》도 읽으면 좋을 책입니다.

투자 아이디어를 숫자로 바꾸고 투자할 기업의 본질가치를 계산하고… 이제 본질가치보다 싼 가격에 주식을 매수하는 진정한 가치투자자로 거듭났습니다. 그런데 그래도 돈을 잃을 거예요. 생각만큼 벌 수 없을 거예요. 아무것도 모른 채로 휙휙 샀다 팔았다 하는 친구들이 부러워질 수도 있어. 나는 생각도 많이 하고 자료도 수없이 찾아보고 엑셀로 계산도 하고 심지어는 기회비용을 감수하고 오래 기다리기까지 하는데 말이죠. 원래 그래요. 투자는 원래 어려워요. 불행 중 다행인 건 이때부터는 스스로 깨달을 수 있는 실력이 생겼다는 거죠. PBR이 낮아 저평가된 줄 알고 투자했는데 적자가 지속되면서 자본총계가 깎여 PBR이 다시 올라간다거나 PER이 낮아서 투자했는데 경기순환주를 업황 정점에 투자한 셈이라 이익이 감소해 주가가 내려갈 수도 있어요. 다시 말하지만 PBR은 시가총액÷자본총계로 계산하고 PBR이 낮다는 건 기업이 가진 여러 자산보다 저평가돼 있다는 뜻이에요. PER은 시가총액÷순이익으로 계산하고 PER이 낮다는 건 기업이 창출하는 이익보다 저평가돼 있다는 뜻이고요. 자본총계나 순이익을 기업 본질가치라고 한다면 이게 유지된다고 가정하고 언젠가 주가(시가총액)가 오른다는 겁니다. 그런데 주가가 오르기 전 자본총계나 순이익이 분석 당시보다 감소한다면 결과적으로는 내 전망이 틀린 거겠죠. 또는 미래에 유망한 산업이라 생각했는데 의외로 경쟁이 치열해져 매출이 적거나 이익을 달성하지 못할 수도 있고요. 이런 경우 어떤 산업이 경제적 해자를 갖기 쉬운지 교훈을 얻을 거예요.

시쳇말로 '현타'가 올 수도 있습니다. 어쩌면 승부욕을 자극할 수도 있고요. 저는 그럴 때마다 투자 거장의 책을 꺼내 들어요. 그들은 너무 오랜 세월 많은 경험을 하다 보니 책 1권에 모든 내용을 담을 수 없었나 봐요. 그래서 구체적 지침보다는 현학적인 얘기가 많죠. 그런데 어느새 당신은 그런 현학적인 말 속에서 현재 고민의 답을 찾고 있을 겁니다. 고전은 그래서 고전인가 봐요. 내가 어떤 생각을 하고 읽느냐에 따라 예전에는 보이지 않았던 문장이 새롭게 와닿거든요. 마치 이별 후에는 모든 이별 노래가 내 얘기처럼 들리듯이요.

지금까지 적은 일련의 과정은 일정 주기로 반복되는 것 같아요. 투자 실력은 안 느는 듯해도 어느 순간 계단식으로 성장하더라고요. 지금도 새로 알게 되는 재무회계 지식이 있고 항상 이전 실수에서 배운 걸 새로운 투자 아이디어나 전략을 짤 때 적용합니다. 저는 제가 2018년쯤 많이 성장한 줄 알았거든요. 다른 잘난 사람을 흉내 내 가랑이 찢어질 만한 일을 벌이는 게 아니라 저만의 투자 스타일을 만들었다고 생각했죠. 그리고 2023년 지금은 다시 거대한 벽에 막혀 우왕좌왕하고 있다고 느껴요. 2020~22년까지 코로나19와 리오프닝을 거쳐 시중에 위험자산을 선호하는 자금도 많이 풀렸고 주가가 많이 떨어진 우량 기업에 투자하거나 감염병 때문에 이연됐던 수요가 폭발하겠다는 등 직관적인 투자 아이디어를 많이 떠올릴 수 있어서 쉽게 돈을 벌었나 봅니다. '주식이 이렇게 어려웠었나?' '2019년 이전에는 투자를 어떻게 했었지?' 하는 생각을 많이 하거든요. 하지만 저도, 당신도 다시 성장할 수 있다고 믿습니다.

재무제표를 제대로 공부하고 싶어요

저는 공부를 정말 싫어하는 사람이에요. 어릴 적 장래희망에도 의료인이나 법조인, 학자를 적어낸 적은 한 번도 없었어요. 공부를 엄청 해야 하는 직업이잖아요. 자유롭게 생활할 수 있는 펀드매니저를 선택한 것도 그래서 너무 잘한 결정이라고 생각해요. 그런데 딱 하나 예외가 있으니 바로 재무제표 읽는 법입니다.

당신은 우리말을 어떻게 깨쳤나요? 아마 기억이 안 날 겁니다. 별다른 공부를 하지 않은 채로 자라나다 보니 엄마, 아빠부터 시작해 자연스럽게 한글을 떼게 됐을 테니까요. 그러다 외국에 나가면 어떤가요? 공항 표지판이나 음식점 메뉴판을 읽는데도 어려움을 겪고 길을 물으려 해도 번역 앱을 꺼내 들어야 합니다. 갑자기 말 못하는 아기가 된 느낌이죠. 귀국하고 나서 갑자기 외국어 공부에 시간을 쏟기도 하고요.

주식투자라는 나라에서 쓰는 언어는 회계와 재무제표입니다. 외국어를 모르는 채로 해외여행을 자유롭게 다닐 수 없듯이 재무제표 읽는 법을 익히지 않으면 주식투자로 돈을 벌 수 없습니다. 마른하늘에 날벼락이죠? 하지만 불행 중 다행입니다. 읽고 쓰고 말하고 들어야 하는 외국어와는 다르게 재무제표는 읽는 법만 알면 되거든요.

재무제표를 공부하는 가장 손쉬운 방법은 내 생활에 빗대 생각해보는 겁니다. 우리는 사실 이미 화폐단위와 숫자에 익숙합니다. 인식하지 못하고 있을 뿐이죠. 사업이나 자영업을 하고 있다면 더 좋겠지만 급여 소득자나 따로 소득이 없는 주부, 학생이어도 괜찮아요. 먼저 자산을 모두 적어보세요. 부동산은 얼마, 주식은 얼마, 예금은 얼마… 이런 식으로요. 그다음은 부채를 적어봅시다. 주택담보대출, 마이너스 통장…. 자산은 내 이름으로 돼 있는 모든 걸 뜻하고요, 그중에서 남에게 갚아야 할 걸 부채라고 합니다. 자산에서 부채를 빼면 순수한 내 돈, 즉 자본이 됩니다. 다 알고 있죠? 그럼 재무제표 중 재무상태표를 이해하고 있는 거예요. 항목 이름이 실생활에서 쓰는 것과 조금 다른데 이건 '구글 신'의 도움을 받으면 그만입니다.

손익계산서는 더 쉽습니다. 자산 내역을 안 적어본 사람은 있어도 가계부나 용돈기입장을 한 번도 안 써본 사람은 없잖아요? 가계부나 용돈기입장은 월급이나 용돈을 받는 데서 시작됩니다. 앞으로 한 달간 쓸 수 있는 돈이 수중에 들어오는 순간이죠. 기업에 돈이 들어오는 건 매출액이나 영업수익이라고 합니다. 회사나 부모님 대신 고객이 주는 돈으로 출발하는 거예요. 그 아래로는 쭉 쓴 돈을 적고 남은 금액도 적죠? 한 달이 모두 지났는데도 돈이 남으면 다음 달로 넘깁니다. 이게 영업비용과 이익이에요. 다만 기업 손익계산서는 영업비용과 이익을 중간중간에 다양한 항목으로 끊어서 기록해요. 제품 생산에 직접 관계되는 비용은 매출원가라는 이름을, 제품이나 서비스 판매 활동에 들어가는 비용이나 기업 전반 관리에 들어가는 비용은 판매비와 관리비라는 이름을 붙입니다. 매출액에서 매출원가를 빼면 매출총이익, 매출총이익에서 판매비와 관리비를 빼면 영업이익이 되는 식이죠. 가계부나 용돈기입장은 소비나 저축이라는 단순한 활동을 위한 것이지만 기업 재무제표는 훨씬 복잡하고 다양한 활동을 기록하는 것이고 그래서 투자자나 경영자가 상세히 분석할 거리가 필요하거든요.

재무제표는 재무상태표, 손익계산서, 자본변동표, 현금흐름표의 4가지로 구성되는데요, 지금은 재무상태표와 손익계산서만 얘기했습니다. 일단은 이 정도로 충분하거든요. 그다음 알아봐야 할 건 돈의 흐름입니다. 재무제표는 쉽게 말해 기업이 가진 돈이 얼마인지, 그 돈이 어떻게 흘러가는지 설명하는 자료예요. 돈의 흐름은 다른 말로 거래라고 합니다. 내가 가게에 가서 물건을 사는 것도 거래고요, 회사에서 월급을 받는 것도, 증권사 계좌에 돈을 넣고 주식을 매매하는 것도 거래입니다. 한쪽에 있던 돈이 어떤 물건이나 서비스의 대가로 다른 쪽으로 옮겨가는 거죠. 가계부와 용돈기입장은 그중 작성하는 한쪽 입장만 기록하는 거라면 기업 재무제표는 거래 상대방까지 감안해서 적어요. 어떤 기업이 투자금을 들여 새로 공장을 지었다면 보유한 현금이 사라진 게 아니라 공장이라는 형태의 부동산으로 바뀐 거죠. 그 공장을 짓기 위해 은행에서 대출을 일으켰다면 부채도 새로 생겼을 겁니다. 이렇게 기업 내부에서 일어나는 거래를 재무상태표에 기록하고 외부와의 거래는 손익계산서에 기록합니다. 고객에게 물건을 팔았다면 매출액, 그 물건을 생산하기 위해 거래처에서 원재료를 구매했다면 매출원가에 기록할 겁니다. 이렇게 거래 상대방까지 생각해서 적는 걸 어려운 말로 복식부기라고 합니다. 단식부기의 반대말이죠. 1년 동안 장사를 잘해서 순이익(총이익에서 영업비, 잡비 따위의 총비용을 빼고 남은 순전한 이익)이 남았다면 이건 다시 현금이라는 형태로 재무상태표에 기록될 거예요. 여기서 손익계산서와 재무제표가 연결됩니다. 물론 그 사이에 자본변동표가 들어가긴 하지만 일단은 넘어가자고요.

우리는 재무상태표와 손익계산서의 연결 그리고 복식부기에 익숙해져야 합니다. 일상생활에서 거래를 생각하고 계산해보는 습관을 들이는 거예요. 카페에 갔다면 커피값을 썼다고만 생각할 게 아니라 동시에 카페 사장님의 매출이 발생했다고 생각해보는 거죠. 그리고 '이 사장님은 5,000원짜리 커피를 팔면 얼마가 남을까?' 하는 식으로 확장해봅니다. 원재료는 얼마가 들어갈까? 커피 머신이 잡아먹는 전기는? 설거지하는 데 필요한 물은? 그럼 1잔당 얼마가 남는다는 결론이 나오겠죠? 하지만 그게 다가 아닙니다. 임차료도 내야 할 테고 아르바이트생 급여도 줘야 할 겁니다. 이걸 모두 감당하려면 하루에 몇 명의 손님이 와야 할까? 그 돈이 남으면 오롯이 사장님 주머니로 들어갈까? 깨진 컵도 사야 하고 내부 인테리어를 수리해야 할지도 모르죠. 그러다 보면 카페 사장님보다 커피 원두를 공급하는 회사나 커피 머신 제조사에 관심이 생길 수도 있어요.

하지만 이보다 더 빠르게 재무제표를 공부하는 방법은 아마도 덜컥 주식을 사보는 걸 거예요. 사람은 간사해서 돈이 들어가면 관심이 확 생기거든요. 사자마자 주가가 순조롭게 오르면 공부할 생각이 들지 않겠지만 언젠가 주가가 출렁거리면 재무제표를 뒤적거리게 될 겁니다. 기업이 투자 아이디어대로 움직이고 있는지, 장사는 잘하고 있는지 찾아보게 돼요. 기업의 본질가치는 이익이라고 했으니 이익이 발생하고 있는지 보겠죠? 그런데 어떤 이익일까요? 매출총이익일까, 영업이익일까, 순이익일까… 매출총이익은 뭐였지? 왜 매출총이익은 잘 나왔는데 영업이익은 안 나왔을까? 매출총이익과 영업이익 중간에 있는 건 판매비와 관리비라고 했는데… 판매비와 관리비 항목은 어디서 찾지? 이때 재무제표의 주석이라는 걸 발견하게 되겠네요. 재무제표의 주석이란 기업 실질을 표현하는 데 꼭 필요하지만 재무제표에는 담을 수 없는 내용을 더 자세히 설명하기 위한 거예요.

영업이익 증가가 투자 아이디어였고 생각대로 영업이익은 잘 증가했다고 해보죠. 그런데 주가는 떨어져요. 알고 보니 고객에게 편의를 주기 위해 물건을 판 다음 몇 달, 몇 년 후에나 물품 대금을 받기로 한 거예요. 분명히 물건이 판매됐으니 매출액과 이익은 늘어났지만 기업 경영에 꼭 필요한 현금을 받지 못해 원재료 구매나 임직원 급여 지급에 곤란을 겪어요. 심지어는 은행에서 빌린 대출금을 갚기도 빠듯해진다면 주가가 떨어지는 게 당연하겠죠? 이런 내용을 파악하는 과정에서 현금흐름표를 공부하게 될 거예요.

"목마른 사람이 우물 판다"라는 속담 들어봤죠? 재무제표 공부도 딱 그래요. 막연히 공부를 좋아하는 이상한(?) 사람이 아니라면 투자하는 재미와 돈을 벌고 싶은 탐욕에 몸을 맡겨보세요. 모르는 게 많은 상태로 투자라는 정글 같은 세계에 뛰어들기가 두려울 수도 있지만 두려운 만큼 더 빨리 습득하게 될 거예요. 어차피 A부터 Z까지 다 알고 나서 시작할 순 없거든요. 1,000조각짜리 대형 퍼즐을 맞춘다고 생각해봐요. 왼쪽 위부터 순서대로 맞추는 사람이 있던가요? 눈에 보이는 대로, 손에 집히는 대로 맞추잖아요. 그래도 결국 퍼즐은 완성돼요. 저도 그렇게 했고요. 저는 학교에서 회계 수업 한번 들어본 적 없지만 지금은 꽤 복잡한 재무제표도 술술 해석한다니까요. 이제 이 글을 시작할 때 우리가 말을 배운 아기 시절을 떠올린 이유를 알겠죠?

꼭 지키는
투자 원칙이
있다면요?

저는 2004년에 주식투자를 시작했습니다. 이제 꼭 20년이 지났네요. 투자를 시작하고 15년 동안은 '누구보다 열심히 연구하면 훌륭한 기업을 다른 사람보다 먼저 찾고 기업가치를 더 정확히 계산할 수 있다'고 생각했던 것 같아요. 그래서 당연하게도 구두 밑창이 닳도록 발로 뛰고 정수리에서 김 나도록 열심히 공부했습니다.

그런데 이제는 조금 달라졌어요. 주식 가격은 기업의 미래 이익과 연결되는데 누가 미래를 정확히 예측할 수 있겠어요? 제아무리 열심히 연구해도 미지의 영역이 남는 거죠. 학창 시절 수학 시간에 배운 무한소수라는 개념 기억나나요? 0.999…(9, 이렇게 숫자 위에 강조점을 찍어 표기하기도 했죠?)가 1과 같은 숫자인지 아닌지 끙끙 씨름하기도 했는데, 어쨌든 이 숫자는 1에 무한정 가까이는 가지만 마지막 하나가 부족하다는 느낌을 감출 수가 없어요. 주식도 그런 것 같아요. 이게 제 투자 철학 1번입니다. 모른다.

그렇기 때문에 좋은 기업을 사야 합니다. 그리고 싸게 사야 합니다. 이게 제 두 번째, 세 번째 투자 철학입니다. 미래를 정확히 예측할 수 있다면 기업의 질이 뭐가 중요하겠습니까? 그 기업의 내재 가치보다 낮은 가격에만 사면 그만인 걸요. 또 너무 잘 안다고 착각하면 자기 판단이 맞는다고 여겨 비싼 가격에 많은 금액을 '지르게' 됩니다. 어쩌면 과도한 빚을 져서라도 투자하고 싶을지 모르죠. 하지만 그건 착각입니다. 혹 예측이 맞았다 하더라도 운에 불과한데 보통은 운이 아니라 자기 실력이라고 또 다른 착각을 해 결과적으로 큰 실패에 이를 때까지 무서운 베팅을 계속합니다.

좋은 비즈니스 모델과 훌륭한 기업 문화를 가진 기업에 투자하면 설령 내 예측이 몇 번 틀릴지라도 그 기업의 저력으로 높은 파고를 돌파해냅니다. 많은 사람이 그 주식을 기피할 정도로 소외된 시점에 투자하면 어차피 단기적인 기대감을 가진 주주가 없어 웬만해서는 주가가 내려가지 않습니다. 반대로 작은 호재만 보여도 주가는 탄력성 있게 위쪽으로 움직입니다.

네 번째 투자 철학은 좋은 기업인지, 저평가됐는지 스스로 판단한다는 겁니다. 버핏도 좋은 투자자가 되기 위해서는 많이 읽으라고 했습니다. 단, 의견이 아니라 사실을요. 실제 일어나는 일을 기반으로 투자 대상인 기업과 단둘만의 대화를 해야 합니다. 그래야 자신만의 노하우가 생깁니다. 투자에 실패하더라도 그 원인을 알고 복기하거나 교훈을 얻을 수 있습니다. 타인의 의견만 들어서는 절대 장기적이고 반복적인 수익을 창출할 수 없습니다. 투자의 궁극적인 목적이 높은 장기 수익률이고 이를 위해 50%를 갓 넘는 확률 게임을 반복해야 한다는 점에서 아주 중요한 사실입니다. 다시 강조하지만 공짜 점심은 없습니다. 누군가 우리에게 정보를 주려고 할 때는 그 행위로 인해 그들이 얻는 게 뭔지 살펴봐야 합니다. 혹 그 정보가 내게 득이 되는 사실이라도 거기에 익숙해지면 혼자서는 돈을 벌지 못하게 됩니다. 그리고 그 누군가가 상장회사 주식 담당자건 저명한 애널리스트건 그들은 언젠가 당신 곁을 떠날 수 있습니다.

앞서 제 투자 철학의 근본이 무한한 연구에서 시장 앞에서의 겸손함으로 바뀌었다는 얘기를 했었죠? 투자자는 계속 발전해야 합니다. 버핏은 미스터 마켓은 조울증에 걸린 사람이지만 아이큐가 2만에 달할 정도로 똑똑하다고도 했습니다. 한 방법이 성공한다는 사실이 널리 알려지면 많은 사람이 따라 해 금세 초과수익 기회는 사라집니다. 제가 삼양식품에 처음 투자할 당시 불닭볶음면 매출액을 추정했던 관세청의 수출입 실적 조회법은 이제 대한민국 주식투자자라면 모르는 사람이 없을 정도가 돼버렸죠. 제가 존경하는 투자자 김두용 대표가 이끄는 머스트자산운용 홈페이지에는 "투자에 지속 가능한 불로소득은 없다"라고 나와 있습니다. 계속 투자자로 기능하려면 끊임없이 갈고닦아야 한다는 뜻이겠죠. 우리 투자자는 단순히 통장에 찍히는 0의 개수 때문이 아니라 숨겨진 좋은 기업을 찾을 때의 희열 때문에 투자를 하니 조기 은퇴란 사전에 없을 테고 그러니 더욱 정진해야 합니다.

올해 유망 섹터는 어디인가요?

알고 있을지 모르지만 저는 종종 대중매체에 출연합니다. 지금도 구독자 100만 명이 넘는 대형 유튜브 채널과 공중파 라디오 1곳에 고정 출연하고 있어요. 저는 방송 프로그램에서 섭외를 받으면 출연 여부를 결정하기 전에 제작진에게 몇 가지를 꼭 확인해봅니다. 먼저 촬영 일시. 당연하겠죠? 그다음은 같이 출연하는 사람, 특히 전문가 패널. 지금쯤이면 다들 눈치챘겠지만 저는 투자관이 아주 뚜렷한 사람입니다. 거시경제보다 개별 기업을 우선하는 상향식 투자, 기업의 유망함과는 별개로 적당한 가격 이하에서 매입해야 한다는 가치투자, 기업 주가는 단기적으로는 본질가치와 동떨어져 움직일 수 있지만 시간이 지나면 결국 제자리로 돌아오기에 그리고 작은 투자수익이라도 거듭하면 기대보다 훨씬 높은 수익을 기록할 수 있다는 복리의 마법을 누리기 위해 가능한 오래 투자해야 한다는 장기투자… 뭐 이런 것들이죠. 다른 의견이 있을 수 있다는 점도 충분히 이해해요. 또 건강한 토론은 언제나 환영이고요. 하지만 군이 방송에서까지 얼굴 붉히며 왈가왈부 싸우고 싶진 않습니다. 그래서 상대가 어떤 경제관념이나 투자 철학을 갖고 있는지 사전에 알아보고 어느 정도 결이 같을 때만 출연합니다. 예를 들어 제가 차트를 보며 암호화폐를 거래하는 사람을 만나면 무슨 할 얘기가 있겠습니까? 또는 모든 투자자산 중 강남 아파트가 최고니 묻지도 따지지도 말고 묻어두라는 사람을 만나면요? 아마 토론조차 되지 않겠죠. 그렇다고 바득바득 우겨가며 말싸움에서 이긴다 한들 저한테 남는 게 있을까요? 우스꽝스러운 모습밖에 남지 않을 거예요.

그리고 가장 중요한 하나가 방송 콘셉트입니다. 건전한 투자 방법을 알리는 방송은 당연히 적극적으로 검토합니다. 그러나 주식투자를 부각하는 방송이라 하더라도 단기투자를 권하거나 수익률 경쟁을 부추기는 듯한 분위기는 반드시 피합니다. 주식투자를 도박처럼 여기는 기본적 이해가 부족한 제작진과도 같이 일하기 어렵습니다. 좀 더 구체적으로 말하면 특정 종목이나 업종을 추천하거나 단기적인 경제나 주식시장을 전망하지 않습니다. 실제로 섭외 전화가 오면 초반부터 이렇게 잘라서 말해버려요. 안타깝죠? 왜냐하면 그게 시청자들이 원하는 바고 시청자가 원하는 바는 곧 시청률을 의미하기에 제작진도 관심 있어 하는 것이니까요.

유망 섹터가 어디냐는 질문은 1년 이내, 아니 약 6개월 정도에 전체 주식시장보다 더 많이 오를 업종을 고르라는 얘기입니다. 제가 투자하는 기업의 몇 년 후 모습도 정확히 알 수 없는데 어떻게 전체 주식시장이 어떨지, 시장 참여자들이 그중 어떤 업종을 더 좋아할지 어떻게 알겠습니까? 기간도 너무 짧고요. 또 어쩌다 유망 산업을 짚으면 분명 그 안에서 어떤 종목이 더 좋은지 궁금해할 게 뻔합니다. 사람 욕심은 끝이 없거든요. 예를 들어 K-POP 산업이 장기적으로 유망할 것 같다고 하면 그중 하이브가 나은지 에스엠이 나은지, 아니면 JYP가 더 좋은지 궁금해지고 다시 3분의 1, 4분의 1 확률의 로또를 만지작거리는 셈이 되죠. 유망 섹터를 발굴하고 분석해나가는 과정, 즉 낚시하는 방법을 알려야 하는데 그건 매우 소수의 투자자를 제외한 사람에게는 따분한 일이 돼버려요.

유망 섹터가 아예 없다는 건가요?

그래도 얘기를 해보라면 지금은 경기회복에 초점을 맞추라고 말하고 싶어요. 나라별로 시차는 조금씩 있지만 경기가 침체되고 있어요. 최근 한국은행 총재도 공식적인 경기 침체 국면을 인정했죠. 그런데 제가 장기 자료를 조사해본 바로는 경기 침체는 인정하는 순간 벗어나기 시작하더라고요. 통계 수치는 조사하고 분석하는 과정이 길기 때문에 어쩔 수 없이 실물경제보다 후행할 수밖에 없거든요. 그리고 경제도 기업 실적도 주가도 많이 내려가면 그다음에는 올라갈 가능성이 커요. 시작점이 낮아졌잖아요. 성적이 좋아 전교 1등을 하던 학생은 유지하거나 떨어질 일밖에 없지만 꼴찌 학생은 올라갈 일만 남았다고 볼 수도 있는 거죠.

부동산 PF(부동산 개발 등 현금흐름 같은 프로젝트 자체의 경제성에 기초를 두고 자금을 조달하는 금융 기업)가 부도가 나고 청년 실업률이 치솟는 지금 무슨 경기회복이냐고도 할 수 있는데요, 원래 동트기 전이 가장 어두워요. 잘 생각해보자고요. 기업 경기가 좋아 너 나 할 것 없이 성과급을 왕창 받고 모든 자산 가격이 오른다고만 생각해 낮은 금리에 기대 영끌, 빚투한 결과가 어땠나요? 경제가 좋았는데 왜 모두 투자에 실패해 돈을 잃었나요? 경제가 좋았을 때 하지만 그 성장 곡선의 기울기가 완만해질 때 투자했기 때문이에요. 투자는 다음 스텝을 보고 하는 거고 경제나 기업의 성장 가속도를 보고 하는 겁니다. 경제가 안 좋을 때 하지만 모두가 안 좋다는 걸 알고 호들갑을 떨 때 투자해야 해요.

그럼 경제가 좋아지기 시작할 때 오르는 업종은 어디일까요? 경기에 민감한 주식이겠죠. 이들은 경제가 활황기에서 수축 국면으로 접어들 때 먼저 하락하지만 저점을 지나 회복할 때는 또 먼저 상승하는 특징이 있어요. 경기순환에 따라 기업이 경영하는 장면을 상상해봅시다. 불황이던 경제가 회복할 것 같아요. 그럼 기업은 뭘 먼저 할까요? 경제가 회복했을 때 선두로 치고 나가 경쟁사보다 물건을 많이 팔려고 하겠죠. 물건을 많이 팔기 위해서는 원재료가 있어야 하고요. 지금까지 긴축 경영을 하느라 최소한의 재고자산만 쌓아두던 창고에 원재료를 더 구매해두는 거예요. 따라서 원자재 성격을 띠는 상품을 파는 회사가 가장 먼저 경기회복의 수혜를 받습니다. 예를 들어 화학제품의 원재료는 석유가 될 거고요, 철강 제품 원재료는 철광석이 되겠죠. 이런 원자재는 보통 땅이나 바다에서 바로 채취하는 1차 산업인 경우가 많아 누가 공급하더라도 품질이 크게 차이 나지 않아요. 그래서 런던금속거래소London Metal Exchange나 시카고상품거래소Chicago Board Of Trade 등에서 국제 시세를 정해 거래하죠. 때문에 어떤 상품의 수요가 늘어나는 모습이 보이면 많은 수요자와 투기 거래자까지 합세해 가격이 빠르게 오릅니다. 광산을 가진 회사는 하루에 캐낼 수 있는 광물량이나 그 작업 비용이 항상 비슷할 거예요. 그런데 하루아침에 광물 가격이 급등하면 수익 또한 급증해요. 일반 제조업은 보통 수익을 많이 내려면 생산량을 늘려야 하고 여기에는 시간과 노력이 많이 필요한데 1차 산업은 가격 등락만으로도 수입이 달라지는 거죠. 이게 경기회복 시기에 원자재를 파는 기업이 먼저 상승하는 또 하나의 이유기도 합니다.

원재료를 어느 정도 확보했다고 해보죠. 그럼 고객이 원하는 제품을 만들어

팔 겁니다. 경기회복 전후로 볼 때 어떤 제품이 잘 팔릴까요? 세탁기에 들어가는 세제나 처방 의약품? 아니면 새로 분양하는 아파트나 승용차? 아마도 후자겠죠. 앞에 적은 건 경기가 좋든 나쁘든 꾸준히 소비해야 하는 품목입니다. 조금 어려운 말로 필수 소비재라고 하고요, 아파트나 승용차는 경기 소비재입니다. 경기가 좋으면 새로 구매하거나 하나 더 살 수도 있지만 주머니 사정이 안 좋을 때는 당분간 구매를 미룰 수 있는 품목이죠. 우리는 경제가 좋아진다고 가정하고 있으니 앞으로 더 많이 팔릴 수 있는 경기 소비재에 주목해야 합니다. 필수 소비재는 경기와 상관없이 꾸준하게 팔려서 변동성은 적지만 기대할 수 있는 수익도 상대적으로 낮아요.

경기가 회복되고 확장 국면이 한창일 때 기업의 제품은 날개 돋친 듯 팔려나갑니다. 원재료도 많이 구매하고 판매망도 확충하겠죠. 그다음은 어떻게 될까요? 더 많은 매출액을 기대하며 공장과 창고 건물을 늘립니다. 돈도 어느 정도 모였겠다 본격적으로 과감한 설비투자에 들어가는 거죠. 당연히 직원 채용도 확대하고요. 설비투자는 큰돈이 들어가는 일이고 무를 수도 없습니다. 직원 채용도 마찬가지예요. 장사가 잘된다고 아무나 뽑았다가 조금 어려워졌다고 획획 자를 수는 없습니다. 윤리적으로도, 법적으로도요. 그래서 이런 투자는 경영자가 충분히 잉여 자본을 축적했거나 성장 자신감이 가득할 때 진행됩니다. 경기에 후행하는 대표적인 지표죠. 경기에 후행한다는 건 설비투자가 늘고 고용이 확대되는 게 곧 경기 정점을 의미하니 다른 업종 주식은 슬슬 정리해야 할 때가 됐다는 뜻입니다. 가끔 학자나 경제분석가가 경기 정점에서 신흥국의 부상, 인공지능에 의한 생산성 증가 등 그럴싸한 이유를 가져다 대며 슈퍼 사이클이니 뉴노멀**New Normal**(시대 변화에 따라 새롭게 부상하는 표준으로 경제 위기 이후 5~10년간의 세계 경제를 특징짓는 현상)이니 하며 과거와는 다를 테니 공격적 투자를 지속해도 좋다고 한다면 더욱 확신을 갖고 위험자산에서 돈을 빼 안전자산으로 옮기세요. 우리는 돈을 벌어야 하지만 잃지 않아야 다음을 기약할 수 있다는 사실을 잊으면 안 됩니다. 영혼이 있는 투자자 존 M. 템플턴 경Sir John M. Templeton이 주식시장에서 가장 위험한 말로 "이번만은 다르다"를 꼽았다는 사실도요.

현재 경기가 침체돼 있고 앞으로 회복될 것 같다는 말을 믿지 못하겠다고요? 좋습니다! 저는 미래를 예측하는 데는 젬병이라고 했잖아요. 하지만 적어도 사치재처럼 경기에 후행하는 기업에서는 손 떼면 좋을 것 같아요. 사치재는 부자들이 사니 경기와 무관하다고요? 절대 그렇지 않습니다. 물론 사우디의 빈 살만 왕세자 같은 '찐'부자는 경기가 좋든 나쁘든 갖고 싶은 걸 턱턱 주문하겠죠. 하지만 부자도 계층과 수준이 각기 다르고 상황도 다릅니다. 페라리라는 고급 스포츠카를 예로 들어볼게요. 승용차 1대에 수억 원을 훌쩍 넘긴다고 하니 과연 부자의 전유물이라고도 할 수 있습니다. 그런데 페라리를 여러 대 소유하고 있던 기업가가 사업이 위태로워져 현금이 필요하다면 페라리를 중고차 시장에 내놓지 않을까요? 중고차 시장에 매물이 늘어나면 중고차 가격이 하락할 테고 꼭 신차가 아니어도 되는 운전자가 중고차를 구입한다면 페라리 신차 수요는 1대 줄어드는 겁니다. 또 수입이 아주 높지는 않지만 너무 자동차를 사랑하는 사람이라면 할부나 리스를 이용해 드림카를 소유해볼 수도 있겠죠. 그런데 대출 금리가 많이 올라 더는 이자를 감당할 수 없다면 이 또한 중고로 내놓거나 아직 구매하지 않았다면 페라리보다는 조금 저렴한 브랜드로 눈을 돌릴 수도 있을 거예요. 문제는 사치품 업종은 전통적으로 경기에 후행해서 투자 초보자들이 '와, 이 회사는 경기가 안 좋은데도 계속해서 좋은 실적을 발표하고 있어' '역시 부자가 주로 사는 제품이라 경기를 안 타는구나' 하고 착각한다는 겁니다. 이미 경기는 곤두박질 치고 있는데 과도한 믿음에 주식을 계속 사다가 나중에 가서 크나큰 후회를 하는 거죠.

경기에 베팅하는 업종을 제외하면 또 하나 관심을 두는 업종이 있습니다. 인터넷, 모바일, 클라우드, 인공지능같이 여전히 전통적인 산업을 가상 세계로 끌어오는 큰 테마에 속한 산업입니다. 당신이 2020~22년까지 '언택트'라는 이름으로 좋아했던 그런 기업이요. 꼭 대기업에 투자한다는 건 아니지만 맥락 이해를 돕기 위해 누구나 들으면 알 법한 이름으로 바꿔 말하면 네이버, 카카오, 아마존, 알파벳 같은 회사죠. 더퍼블릭자산운용에서는 누구도 거스르기 어려운 시대적 흐름을 메가트렌드라고 얘기해요. 메가트렌드에 속한 기업은 단기적으로 부침이 있더라도 시간이 지남에 따라 그 본질가치가 커지기 때문에 투자에 실패할 가능성이 낮습니다.

그러나 제아무리 메가트렌드에 속해 있다 하더라도 투자자의 탐욕과 공포 앞

메가트렌드와 역[逆]메가트렌드 기업에 투자했을 때

주가

메가트렌드 기업

투자 아이디어가 잘못돼도
시간이 지나면 수익이 난다

투자 아이디어가 잘못되면
만회할 기회가 없다

역메가트렌드 기업

시간

출처: 《부자들은 이런 주식을 삽니다》, 김현준

에서는 주가가 천정부지로 뛰어오르기도 하고 바닥을 모르고 추락하기도 합니다. 코로나19 시기 전후가 딱 그랬던 것 같아요. 많은 사람이 재택근무와 원격 회의를 할 것 같았어요. 하지만 모든 기업이 물리적 오피스를 닫은 채 평생 갈 것 같지는 않았거든요. 배달 음식 편한 것 누가 모르나요? 그래도 좋은 기념일에 사랑하는 사람과 데이트를 할 때는 근사한 레스토랑을 찾을 거라고 생각해요. 이게 제가 2021년 일찌감치 언택트 주식을 팔아치운 이유입니다. 정점에서 팔지 못해 더 오르는 구간에서 멍청하다는 소리도 많이 들었지만 그 이후 하락장에서 크게 손실을 입지 않았어요. 반대로 지금은 미래 성장성보다 충분히 저평가된 IT 소프트웨어, 인터넷 플랫폼 주식이 종종 제 눈에 띕니다. 주가가 적게는 반 토막, 많게는 10분의 1토막까지도 나버려 모두 이런 주식 사기를 두려워하는 것 같아서 오히려 기회로 느껴지죠.

이런 기업의 옥석을 가릴 때는 이렇게 해보세요. 먼저 감염병이 유행했을 때만 필요한 제품인지 아니면 감염병 유행 때문에 그 제품의 진가를 알게 돼 감염병이 진정된 지금도 우리의 행동 양식을 바꿔놓는 제품인지 가릅니다. 그리고 그 제품을 대체할 수 있는 경쟁 제품이 있는지 없는지, 경쟁 제품이 있다 하더라도 먼저 시장과 고객을 사로잡은 선점 효과를 누리고 있어 경쟁 우위가 강화되고 있는지 검증해봅니다. 마지막으로 내가 언택트 시기에 이 주식을 사고 싶었던, 꼭 사야 할 것 같았던 그 이유가 지금도 유효한지 그리고 이제는 사람들이 그런 가치를 거들떠보지도 않는지 확인하면 돼요. 이 모든 과정을 거쳤다면 방망이를 길게 잡고 장기투자를 계획해봅시다.

서른 살로 돌아간다면 어떤 주식을 사겠어요?

버핏과 멍거는 능력의 범위 내에서 투자하라는 말을 강조했는데요, 저는 특히 그 범위가 좁은 것 같아요. 지금까지 한 번도 삼성전자에 투자해본 적이 없고요, 우리나라에 바이오산업 열풍이 불 때도 거의 손댄 적이 없습니다. 잘 모르겠더라고요. 모르는 곳에 투자하면 대부분의 경우 손실을 봅니다. 운 좋게 수익이 나더라도 실력이 좋다고 착각하다가 결국에는 깡통을 차게 돼요. 이런 일을 꼭 경험해봐야 아나요? 우리보다 훨씬 훌륭한 투자 대가들이 다 미리 직·간접적으로 경험해보고 역사를 통해 전달해주고 있는데요. 그런데 저는 문과 출신의 지독한 제너럴리스트라서 특별한 전문 분야도 없습니다. 그냥 직접 사볼 수 있고 써볼 수 있는 데, 그것도 아니면 나 같은 보통 사람도 상식적으로 이해할 수 있는 데만 투자합니다.

저처럼 하고 싶다면 명심할 점. 기대수익률을 낮춰야 합니다. 매년 꼬박꼬박 20%의 수익률을 올리는 건 가능할 수도 있어요. 하지만 1년에 '따블' 같은 건 어렵습니다. 30대에 100억 원대 부자가 되기도 어렵고요. 욕심을 버리고 자기 실력이 주는 재물과 그 주변 삶에 만족해야 해요.

제 투자관을 한마디로 정의하면 좋은 기업을 싸게 사는 겁니다. 어떤 기업이든 위기를 맞을 수 있어요. 하지만 훌륭한 기업은 그 위기를 잘 극복해냅니다. 많은 사람이 포기하고 비난하는 만큼 주가는 떨어지지만 언제 그랬느냐는 듯이 오뚝이처럼 일어나요. 주식투자를 시작하고 약 20년 동안 여러 선배의 가르침을 받고 많은 주식을 매매했지만 실제로 의미 있는 수익을 준 종목은 몇 안 되더라고요. 모바일 게임이 유행할 때는 구글 플레이 스토어에서 신작 게임 매출도 예측해보고 반도체나 스마트폰 부품 회사도 구두가 닳도록 탐방했는데 말이죠. 기대수익률을 낮추고 다른 사람의 돈을 부러워하지 않으면 몇 년에 1번씩 오는 기회만 잘 잡아도 투자자로서 어느 정도의 성공은 거둘 수 있음을 깨달았습니다.

그런데 문제는 좋은 기업이 참 적다는 거예요. 또 보통 좋은 기업은 주식시장에서 후한 평가를 받기 때문에 투자할 만한 기회가 좀처럼 나타나지 않습니다. 코로나19 때 많은 종목의 주가가 무차별적으로 하락했는데 그런 일은 몇 년에 1번 일어날까 말까 하잖아요. 요새는 해외 주식을 볼 때 이런 아쉬움을 많이 느낍니다. 해외 주식에서 훌륭한 비즈니스 모델을 가진 기업을 찾아내잖아요? 십중팔구 비싸요. 많은 투자자가 그 기업이 앞으로 잘하리라 믿고 높은 PER과 PBR을 부여하는 겁니다. 한편 평상시에 좋은 기업에 투자해두면 마음은 편할지 몰라도 수익은 크지 않습니다. 수익은 반드시 리스크를 동반하는데 리스크는 다른 말로 불확실성이고 불확실성은 투자자의 마음을 불안하게 하죠. 마음이 편하면 돈이 벌리지 않아요.

이번에는 투자자로서 제 약점을 얘기해볼게요. 저는 어릴 때부터 산만한 아이였어요. 좋게 말하면 세상만사에 관심이 많아 하나에 오래 집중하기 어려웠죠. 하늘은 공평하다고 하잖아요? 그래서 종종 혼잣말처럼 "내가 집중력까지 있었으면 서울대, 아니 스탠퍼드 갔겠지"라고 얘기합니다. 일이나 공부를 할 때도 순간적인 폭발성은 있어요. 인간은 적응의 동물이라고 그때는 머리가 '핑핑' 돌아가요. 금세 자리에서 일어나 딴짓을 할 테니 엉덩이를 붙이고 앉은 그 시간 내에 뭔가 해결해야 하거든요. 주식투자가 재밌는 것도 그 때문인 것 같습니다. 너무너무 다양한 사람이 너무너무 다양한 방법으로 돈을 벌거든요. 펀드매니저란 돈을 좀 만진다는 이유로 그걸 아주 쉽게 배우고 경험할 수 있는 직업이고요.

그렇게 항상 새로운 것에 자극을 받다 보니 이미 잘 알고 있다고 생각하는 주식에는 마음이 잘 안 갑니다. 분명 그 회사가 어떻게 돈을 버는지, 장단점은 뭔지 꿰고 있기 때문에 특정 상황이 되면 수익이 날 텐데도 관심이 덜 가요. 뻔해 보이고 지루하다고나 할까요? 반복 작업도 기피하는 것 중 하나입니다. 꾸준히 몇 개 기업을 추적해가면 기업이 변화하는 순간을 다른 이들보다 먼저 알아챌 수 있고 그게 바로 주식 매매 타이밍인데 짧으면 몇 개월, 길어도 몇 년 이내에 관심이 식어버리는 게 제 문제죠. 오죽하면 동료나 후배에게 "내가 꾸준히 따라다니다가 어느 순간 포기하고 버려두는 기업에 투자하면 무조건 돈 번다"라는 웃픈(?) 농담까지 하겠습니까.

이제 본론입니다. 제가 서른 살로 돌아가면 투자자로서 꼭 하고 싶은 일! 내가 잘 아는 좋은 기업이 일시적으로 부정적인 평가를 받아 싸게 거래될 때 사고 싶은 투자자가 그 빈도를 높여 수익률을 더욱 올릴 수 있는 방법은 2가지입니다. 하나는 과거에 투자했던 기업에 또 투자하기. 훌륭한 기업이라면 본질가치가 계속해서 우상향할 겁니다. 그럼 내가 처음 투자했던 혹은 매도했던 가격보다 높은 주가라 해도 본질가치보다 저평가된 국면일 수 있습니다. 과거에 치밀한 분석을 했을 테니 추가로 투입할 시간이나 노력도 적은 데다 기업이 처한 상황을 능숙하게 판단해낼 수도 있어요. 처음 투자할 때 얻은 교훈이 있다면 좀 더 좋은 수익을 올릴 수도 있겠죠. 우리나라에서 처음 저비용 항공사가 유행했던 시절 투자한 티웨이항공에 코로나19 이후 일본이 다시 무비자 관광객 입국을 허용한다는 뉴스를 보고 투자한 것이나 미국 반려동물 실손 보험 기업 트루패니언Trupanion에 수년 간격으로 2차례 투자한 걸 보면 이 단계는 성공한 것 같습니다.

다른 하나는 애초에 훌륭한 기업을 많이 알아두는 겁니다. 젊은 시절에는 당장 눈앞의 수익을 좇기 바빠 비즈니스 모델이 훌륭하거나 경제적 해자가 강력해도 조금 비싸게 거래된다 싶으면 제 탐방이나 분석을 기다리는 다음 기업으로 서둘러 넘어갔습니다. 투자 스타일도 정립되지 않아 어떤 주식이 내게 맞는지도 잘 몰랐고요. 과거로 돌아간다면 지금 제 투자관을 갖고 가고 싶어요. 강력한 경쟁 우위를 갖추고 꾸준히 성장하는 기업에 집중하고 싶거든요. 그런 기업을 많이 알고 싶습니다. 모든 주식이 한꺼번에 떨어지는 이른바 금융위기는 아주 드문 일이고 보통은 기업마다 어려움을 겪는 시기가 다르니 그때마다 항상 투자할 수 있도록요. 국가대표 상비군 같은 개념이랄까요? 과거와 현재를 이어주는 tvN 드라마 〈시그널〉에 나오는 무전기가 있다면 이렇게 외치고 싶어요. "아아, 2013년의 김현준 씨, 잘 들립니까? 여기는 2023년입니다. 당장 오를 것 같은 주식만 찾아다니면 남는 게 없어요. 돈은 10년 후에 벌어도 되니까 좋은 기업을 찾아두세요. 지금 사지도 않을 주식이라고 생각하겠지만 그게 분명 현준 씨만의 자산이 될 거예요."

경기순환 주기에 따르면 경기 확장기 초기에 먼저 수익이 나는 기업이 있고 경기 정점에 다다라서 수익이 나는 기업도 있잖아요. 원자재를 다루는 기업은 인플레이션 때 이익이 증가하는 반면 소비재를 파는 기업은 제품 가격을 인상한 후 원재료 가격이 하락할 때 이익이 증가한다고 했죠. 지금도 훌륭한 기업을 하나하나 제 투자 꾸러미에 추가해가고 있는데 '이거 참 좋은 기업인데 내년쯤 사면 좋겠다' '위기가 오면 반드시 이 주식은 살 거야'처럼 미래를 위해 저장해두

◆ 경기순환주 1개만 알 경우

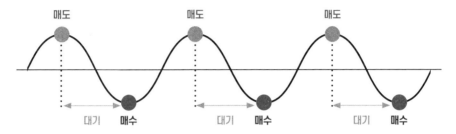

반복적으로 수익을 창출할 수 있으나 투자를 쉬는 기간이 많다.

◆ 경기순환주 여러 개를 알 경우

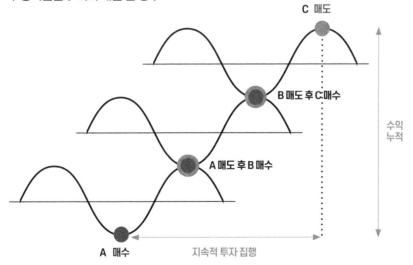

는 게 아니라 '지금은 이런 기업을 살 때야' '이번에는 내 꾸러미 안에서 이 기업에 투자해야겠다' 같은 일종의 '국면별 좋은 기업 자판기'가 되고 싶습니다. 자본시장에서는 이렇게 나중을 위해 저장해두는 꾸러미를 우주라는 뜻의 유니버스 Universe라고 부릅니다.

◆ 성장주 1개만 알 경우

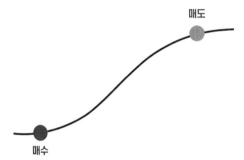

높은 수익률을 거둘 수 있으나 매도 후 또 다른 성장주를 찾기까지 시간이 오래 걸린다.

◆ 성장주 여러 개를 알 경우

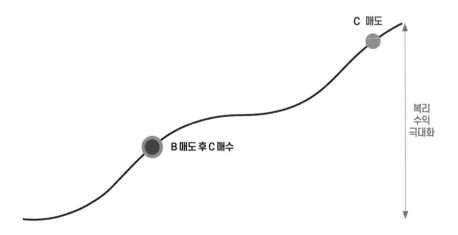

투자 꾸러미 중 하나만 말해주세요

2015~16년경 미술품 경매회사 서울옥션을 분석한 적이 있습니다. 김환기, 이우환, 박서보 등 걸출한 작가들이 단색화라는 장르로 우리나라 미술계를 드높이던 시절이죠. 참고로 단색화란 1가지 색 또는 비슷한 톤의 색만 사용해 한국의 미학을 담은 그림을 의미합니다. 한국식 모노크롬Monochrome이라고도 불리고요. 결국 투자하진 못했지만 미술품 경매라는 비즈니스 모델에 관해 잘 알게 됐습니다. 한번 공정성과 신뢰도를 인정받으면 그림을 사고파는 사람들이 그곳만 찾더라고요. 수수료가 다소 비싸더라도 말이죠. 그림을 사려는 쪽은 좋은 그림이 많이 출품되는 곳을 갈 테고 그림을 팔려는 쪽은 그림을 구매하려는 이들이 많아서 조금이라도 높은 가격에 그리고 조금이라도 빠른 시기에 팔 수 있기 때문입니다. 이를 선점 효과라고도 하고 네트워크 효과라고도 해요. 우리가 카카오톡을 쓰는 이유는 캐릭터 라이언이 귀여워서도, 친구 생일마다 선물하기가 편해서도 아니잖아요? 대화를 나눌 수 있는 친구가 많기 때문이죠. 이렇게 이용자가 늘어날수록 서비스 가치가 올라가는 걸 네트워크 효과라고 합니다. 모든 서비스가 그렇지 않냐고요? 전혀요. 피트니스 센터를 생각해볼까요? 똑같이 한 달에 10만 원씩 내고 웨이트트레이닝을 하는데 회원이 적어서 기구나 샤워실을 이용하는 데 기다리지 않는 곳과 회원이 바글바글해서 땀 냄새가 가득한 곳 중 어디를 선택하겠어요? 당연히 사람 없는 쪽이죠? 그것 보세요. 피트니스 센터는 이용자가 많을수록 그 가치가 낮아집니다.

신흥국에서 부자는 새롭게 생겨나는데 유명한 작가의 그림은 한정적이다 보니 미술 시장은 계속 성장해왔습니다. 피카소나 고흐는 더는 그림을 그리지 못하잖아요. 그리고 미술 시장이 성숙할수록 상대적으로 거래 투명성이 낮고 2차 거래가 어려운 화랑보다는 경매에서의 거래 비율이 높아집니다. 여기서 2차 거래란 화가와 컬렉터 간 거래가 아니라 컬렉터끼리의 거래를 의미합니다. 2차 거래가 활성화돼야 언제든 다시 팔 수 있다는 안도감에 마음 놓고 그림을 구매하는 사람이 많아지죠.

비즈니스 모델이 좋은 데다 계속해서 경쟁 우위가 강화되고 산업 크기마저 성장한다니 이보다 더 좋은 투자 대상이 어딨겠습니까? 단, 미술 시장이 얼어붙어 주식투자자가 이런 사실을 잊을 때에 한해서요. 그래서 저는 2016년 다음 폭락장이 오면 반드시 소더비Sotheby's에 투자하겠노라고 다짐했습니다. 크리스티Christie's와 함께 전 세계에서 가장 유명한 경매 회사거든요. 크리스티는 비상장 기업이니 소더비밖에 대안이 없었습니다. 그리고 몇 년 만에 맞이한 2020년 코로나19 폭락장. 두근거리는 마음에 주식을 검색했는데 아무리 찾아도 안 나오는게 아니겠습니까? 알고 보니 이미 사모펀드에 인수돼 더는 상장기업이 아닌 상태더라고요. 그렇게 몇 년을 묵힌 투자 아이디어는 허공으로 날아가버렸습니다. 그때는 왜 또 서울옥션이 생각 안 나던지… 이제는 다시 서울옥션 주가가 충분히 하락하길 기다리는 중입니다.

제 투자 유니버스에 이런 기업이 20개만 되면 좋겠어요. 기업의 비즈니스 모델을 완벽히 이해하고 주가가 떨어지면 묻지도 따지지도 않고 반드시 투자할 기업이요. 버핏이 서브프라임 모기지 위기로 주가가 하락해 저평가된 기업이 널려 있던 2008년 "모두가 공포를 느낄 때 탐욕스러워져야 한다"라고《뉴욕타임스》에 인터뷰했던 그런 기분을 자주 느끼도록 말입니다.

레버리지 투자, 괜찮나요?

버핏과 그의 단짝 멍거는 빚내서 투자한 적이 있을까요, 없을까요? 정답은 '둘 다 있다'입니다. 버핏의 자서전 《스노볼1》에 따르면 버핏은 20대에, 멍거는 30대에 주식투자 규모를 확대하기 위해 은행에서 돈을 빌립니다. 그리고 그들이 가격 결정력이 있고 설비투자가 필요 없어 현금흐름이 원활한 기업을 선호한 것도, 버크셔 해서웨이 아래에 자동차보험 회사 가이코GEICO나 재보험 회사 제너럴리General Re 같은 여러 보험사를 소유한 것도 모두 플로트Float라는 부채를 투자에 사용하기 위해서였습니다. 재보험 회사는 보험 회사의 보험 회사인데요, 예기치 못하게 매우 큰 재난이 발생해 보험사가 약속된 보험금을 지불하지 못할 때를 대비해 좀 더 큰 보험사에 보험을 들어놓는 수요로 생긴 산업입니다.

플로트는 물에 뜬다는 뜻에서 파생된 단어로 여유 자금을 뜻합니다. 버핏과 멍거가 이 개념을 처음 사용한 건 블루칩 스탬프Blue Chip Stamps라는 쿠폰 회사에 투자하면서였습니다. 블루칩 스탬프는 소매상점에 소비자 유치를 위한 쿠폰을 발행해주는 회사였는데요, 소매상점이 먼저 블루칩 스탬프에 현금을 주면 블루칩 스탬프는 나중에 소비자가 쿠폰을 여러 장 모아왔을 때 사은품으로 돌려주는 방식으로 운영했죠. 시간이 지나면서 블루칩 스탬프를 통해 쿠폰을 발행하는 상점이 사라져 이 투자는 실패로 돌아갔지만 소매상점에서 받은 현금이 소비자에게 사은품 형태로 돌아가기까지의 기간 동안 남는 현금으로 다른 기업을 인수할 자금을 만들 수 있었기에 두 거장에게는 큰 도약이었습니다.

버핏과 멍거는 투자수익이 날 때마다 자신의 투자 조합이나 블루칩 스탬프, 버크셔 해서웨이 지분을 늘리는 데 사용했기 때문에 상당 기간 보유한 자산 규모보다 손에 쥐는 현금은 많지 않았습니다. 그런데 투자할 만한 기업은 계속 눈에 띄었기 때문에 타인 자본, 다시 말하면 기업 내 유휴자금을 이용해 투자 규모를 확대해나간 겁니다. 그런 형태에 가장 적합한 업종이 보험이었던 거고요. 보험사는 고객에게서 매달 보험료를 받지만 실제 사고나 질병이 발생해 보험금을 내줘야 하는 때는 한참 뒤인 경우가 많습니다. 한마디로 보험사 내에는 둥둥 떠다니는 자금, 플로트가 가득한 겁니다. 보험금은 나중에 고객에게 돌아갈 돈이니 부채라고 할 수 있지만 사고나 질병이 발생할 확률만 잘 계산한다면 이자를 내지 않고 장기간 사용할 수 있는 좋은 빚이라고 할 수 있었죠.

그런 좋은 빚이라면 당연히 빌려 써야 합니다. 하지만 여기에 조건이 하나 더 붙습니다. 투자 규모를 확대했다가 실패하면 어떻게 될까요? 당연히 손실 규모도 커집니다. 그런데 그게 남의 돈이라면 아무리 만기가 길고 금리가 낮아도 부담은 몇 갑절로 커집니다. 운 좋게도 버핏과 멍거는 그들이 처음 주식투자를 위해 은행 대출을 받은 이후 승승장구했죠. 당신은 어떤가요? 그럴 자신이 있나요?

제가 전작 《부자들은 이런 주식을 삽니다》에서 "부자들은 빚을 사랑한다" "착한 빚은 이런 것이다"라고 말한 건 어디까지나 투자 실력 또는 사업 수완이 충분히 뒷받침될 때에 한한 얘기입니다. 《스노볼2》에는 레버리지는 기름과 같다는 얘기도 나옵니다. 주가가 오르는 시장에서 자동차는 더 빨리 달리려고 기름을 더 많이 소비하지만 주가가 떨어지는 시장에서 기름은 자동차를 폭발하게 만든다고요. 우리 목표는 장기간 복리의 마법을 누려 내 스스로 정의한 경제적 자유를 얻는 거지 단기간에 남보다 빨리 돈을 버는 게 아님을 꼭 기억해야 합니다. 고속도로에서 자주 볼 수 있는 "5분 먼저 가려다 50년 먼저 간다"라는 표어로 기억해도 좋고요.

　그럼 언제 부자 되느냐고요? 레버리지는 우리말로 지렛대인데요, 지렛대는 작은 힘으로 무거운 물체를 들어 올릴 때 쓰잖아요. 투자에서 레버리지는 2가지가 있습니다. 타인 자본을 사용하는 재무 레버리지와 그렇지 않은 영업 레버리지입니다. 우리는 당분간 재무 레버리지를 쓰지 않기로 했으니 영업 레버리지로 관심을 돌려봅시다. 영업 레버리지를 이해하기 위해서는 먼저 고정비와 변동비 개념을 알아야 합니다. 기업이 사용하는 영업비용 중 매출액에 따라 같이 변동하는 돈을 변동비, 그렇지 않은 돈을 고정비라고 해요. 예를 들어 제품을 생산하는 데 필요한 원재료나 완성된 제품을 판매처까지 옮기는 운반비는 변동비라고 할 수 있습니다. 한편 본점 임차료나 생산 및 판매에 직접적으로 연관되지 않은 임직원 급여는 고정비입니다. 전체 영업비용에서 변동비가 차지하는 비율이 높으면 매출액이 증가할 때 영업비용도 따라 증가하기 때문에 이익이 많이 나기 힘듭니다. 반대로 전체 영업비용 중 대부분이 고정비인 기업은 매출액이 증가해도 영업비용은 그대로라 손익분기점을 넘은 다음부터는 이익이 기하급수적으로 늘어납니다.

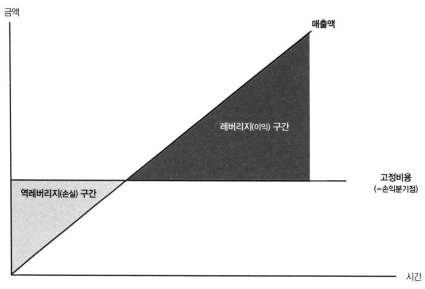

영업 레버리지와 손익분기점

금액

매출액

레버리지(이익) 구간

고정비용
(=손익분기점)

역레버리지(손실) 구간

시간

출처: 《부자들은 이런 주식을 삽니다》, 김현준

기업 주가는 그 기업의 이익과 같이 움직입니다. 그러므로 우리는 가급적 영업 레버리지가 높은 주식을 찾는 데 집중해야 합니다. 이게 부채를 사용하지 않고도 더 많은 돈을 버는 비결이에요.

종목 선정 기준
알려주세요

저는 먼저 수익 모델이 제가 이해하기 쉬운지 살펴봅니다. 무슨 제품을 만들어 어떻게 파는지, 원재료를 들여와 제품을 생산하고 수익을 내는 과정을 보자마자 바로 알 수 있거나 적어도 회사 홈페이지나 IR 자료를 몇 분 훑어보는 것만으로 이해할 수 있는 기업이 주로 분석 대상이 됩니다. 기업을 발견하고 투자하기까지 는 많은 단계를 거쳐야 하고 다음 단계로 넘어갈 확률이 아주 낮아서 기업을 이 해하고 공부하는 작업이 오래 걸리면 비효율적입니다. 처음 발견했을 때 '대박, 이거 꼭 사야겠는데?' 하는 느낌이 들어도 결국 약점이 드러나 투자하지 못하는 경우가 대부분이니 시작부터 공들일 필요가 없거든요. 물론 투자 공부를 오래하 다 보면 조금 어려운 기업이라도 이해하는 시간이 단축되기도 하고 많은 경험을 하면서 이미 알고 있는 산업이나 기업 범위도 점점 넓어지긴 합니다.

비즈니스 모델을 이해했다면 그다음은 제가 중시하는 조건을 갖췄는지 알아봅니다. 이 조건은 앞에서 거듭 얘기한 내용인데요, 바로 메가트렌드, 경제적 해자, 영업 레버리지입니다. 메가트렌드는 기업이 속한 산업이 장기적으로 그리고 당위적으로 성장할 수 있는지를 의미합니다. 예시로 제가 투자하는 동안 겪어온 메가트렌드를 몇 개 꼽자면 스마트폰 등장, 중국 경제성장에 따른 소비 시장 확대, 1인 가구 확대, 구독 경제 등을 들 수 있을 것 같습니다. 모두 과거에는 생각하지 못한 큰 변화면서 최소 몇 년간은 지속되며 실물경제에 영향을 준 테마입니다. 메가트렌드에 속한 기업에 투자하면 오랫동안 마음 편하게 기업 성장을 지켜볼 수 있습니다. 기업 매출액과 이익 성장은 곧 본질가치 성장이고 이는 곧 주가가 오를 확률이 높다는 뜻입니다.

메가트렌드가 기업의 성장성을 대표한다면 경제적 해자는 수익의 안정성이나 견고함을 나타냅니다. 주식투자는 미래를 전망해서 하는 일이라 반드시 틀릴 수밖에 없습니다. 그럼 틀렸을 때 손실을 적게 보는 방법을 선택해야 하고 스스로 미래를 전망해 50%가 넘는 확률이라고 판단한다면 포기하지 않고 반복하는 게 중요합니다. 그러려면 역시 큰 손실은 피해야겠죠. 미래 전망에 실패하면서도 손실을 크게 보지 않는 방법은 2가지가 있습니다. 하나가 싸게 사는 것이고 다른 하나가 고객을 사로잡는 경제적 해자가 있어 경기 침체나 경영진의 판단 실수 등 어떤 상황에서도 이익을 지키는 강력한 힘을 가진 기업에 투자하는 것입니다.

세 번째 조건은 영업 레버리지입니다. 주식시장에는 워낙 똑똑한 사람이 많아서 저평가된 기업을 찾기가 만만치 않습니다. 한 분야를 열심히 공부했다고 해도 해당 산업에서 일하는 전문가나 기업 내부자만큼 정확히 이해하거나 관련 정보를 빠르게 얻기가 어렵고요. 경험과 실력이 충분히 쌓인 투자자라도 좋은 종목을 우연히 싼 가격에 발견하는 일은 천운에 가까우니 그보다는 '내가 계산을 잘

못한 건 아닐까?' '미처 발견 못한 위험 요소가 있진 않을까?' 하고 생각하는 게 합리적입니다. 이런 논리로 현재 시점에 본질가치보다 싸게 거래되는 주식이 없다고 가정해보면 우리가 할 수 있는 일은 평균적인 시장 참여자보다 투자 기간을 오래 잡고 본질가치, 즉 이익이 증가하는 기업에 투자하는 것뿐입니다. 지금 당장 저평가돼 있지 않더라도 시간이 흘러 이익이 증가하면 언젠가는 많은 투자자로부터 "저 주식은 현재 싸게 거래되고 있으니 주가가 더 올라야 해"라고 재평가받는 날이 온다는 거죠. 보통의 시장 참여자는 통찰력이 부족해 먼 미래 일을 예측하지 못하고 혹 예측한다 하더라도 인내심이 부족하고 욕심이 많아 빨리 돈을 벌고 싶은 마음에 오래 기다리려고 하지 않거든요.

이익이 빠르게 증가하려면 매출액이나 판매량이 증가하는 동안 영업에 사용되는 비용은 늘어나지 않는 게 좋습니다. 브랜드 가치가 높아 이익률이 높거나 애초에 원재료나 판매 비용이 별로 필요하지 않은 콘텐츠나 소프트웨어 업종이 좋은 예가 되겠죠. 비즈니스 모델상 내재한 이익률은 높지만 현재는 이익률이 낮거나 적자인 기업은 훨씬 더 폭발적인 이익 성장을 보여줄 수 있습니다. 이를 우리는 공헌이익률 또는 한계이익률이라고 하는데요, 물건을 만들거나 파는 데 직접적으로 필요한 영업비용, 즉 변동비용 또는 한계비용만 생각해 계산한 단위당 이익률을 뜻합니다.

만약 당신이 귀여운 캐릭터 인형을 만들어 팔기로 했다고 해봅시다. 인형은 개당 2만 원이고요, 외주 공장을 알아보니 생산비용은 개당 1만 원이라고 해요. 포장하고 배송하는 데는 5,000원이 들어가고요. 그럼 캐릭터 인형이 하나 팔릴 때마다 5,000원을 벌 겁니다. 생산비용, 포장비용, 배송비용은 변동비용 그리고 남는 5,000원을 공헌이익이라고 하겠습니다. 이때 공헌이익률은 5,000원÷인형 판매 단가 2만 원, 따라서 25%입니다. 그런데 이 인형을 디자인하기 위해 500만 원을 들여 애플의 고성능 노트북 맥북도 구매했다고 칩시다. 그럼 캐릭터 인형을 1,000개 팔 때까지는 죽었다 깨나도 적자일 겁니다. 이때 이 500만 원은 매출액이나 판매량과 무관하게 지출된 돈이죠. 반대로 말하면 앞으로 인형 판매가 늘어도 더 늘어나지 않을 테니 고정비용이라 하겠습니다(고정비용 500만 원＝단위당 공헌이익 5,000원×인형 1,000개). 판매가 시작되면 적자가 줄어들고 어느새 손익분기점을 지나 흑자가 되며 장사가 잘될수록 이익률은 25%에 수렴할 겁니다. 그 이상 올라갈 순 없죠. 그럼 이미 사업이 잘돼 이익률이 25%에 가까운 상태에서 투자하는 게 나을까요, 아니면 적자인 상태에서 투자하는 게 나을까요? 이익이 증가하는 만큼 주가가 오른다는 말을 떠올려보면 오히려 이익률이 낮을 때 투자해야 매출액이 증가하는 속도보다 이익이 증가하는 속도가 빠를 겁니다. 이때를 영업 레버리지가 나는 국면이라고 하죠. 물론 메가트렌드나 경제적 해자가 뒷받침돼 이 사업이 잘되리라는 확신이 전제돼야 하는 건 당연합니다. 이게 바로 더퍼블릭자산운용이 적자 기업에도 투자할 수 있는 이유입니다.

결국 바라는 건 이익의 성장인가요?

이런 조건으로 결국 알고 싶은 건 이 기업이 미래에 벌어들일 이익 규모겠죠. 저는 3~5년 내에 이익이 2배 이상 성장할 기업을 찾습니다. 보통 국내 펀드는 장기 성장성이나 비즈니스 모델이 상대적으로 약한 경우가 많아서 히트 상품을 냈거나 턴어라운드가 기대돼 3년 이내에 빠르게 수익을 실현할 수 있는 주식을 선호하고요. 해외에는 국내보다 훌륭한 기업이 많은 편이라 당장의 이익 성장이 다소 느리더라도 잠재 시장 규모가 충분히 크다면 5년까지도 추정 재무제표를 만

들어보고 기업에 넉넉히 시간을 주는 편입니다. 이러면 현지 투자자보다 단기적인 변화에 둔감할 수밖에 없는 단점도 극복할 수 있습니다. 그들이 '이 기업은 사업 모델은 좋지만 눈에 보이는 성과가 나오려면 내년 말이나 돼야 하니 6개월쯤 있다가 사자' '좋은 잠재력을 갖고 있지만 곧 발표될 실적이 좋지 않대. 악재를 앞두고 굳이 지금 이 주식을 살 필요는 없어' 같은 생각을 해서 투자를 꺼릴 때 예상 투자 기간이 긴 저는 낮은 가격에 매입할 기회를 얻는 거죠.

　기업 성장세를 전망할 때 중요한 점은 당위성입니다. 당위성을 국어사전에서 찾아보면 '마땅히 그렇게 하거나 돼야 할 성질'이라고 나옵니다. 1~2년의 시간은 틀릴 수 있지만 그 기업이 제품과 서비스를 판매하는 양이 커지고 그에 따라 이익이 늘어나는 게 당연하고 순리적일 때 투자해야 합니다. 정치나 정책 등 외부 변수에 영향을 받으면 안 됩니다. 예를 들어 풍력발전 산업은 친환경 에너지로 각광받고 있습니다. 그런데 지구를 건강하게 만드는 이점을 하나 얻었다면 반대급부로 잃을 것도 있죠. 사실 친환경 에너지는 화석연료로 전기를 얻는 것보다 불편하고 돈이 많이 듭니다. 전기 요금을 올려야 하고 누군가 그 부담을 반드시 져야 하죠. 보통은 정부나 대기업이 시민 전체를 위해 이를 부담합니다. 그런데 최근 미국 중앙은행을 비롯해 세계 각국이 금리를 빠르게 인상하면서 많은 풍력발전 프로젝트가 위기를 맞고 있습니다. 발전 사업자들은 돈을 빌려 발전소를 지은 다음 전기 요금을 받아 수익을 내려고 했는데 금리가 올라가니 이자 비용이 걱정되기 시작한 거죠. 그래서 전기 요금을 더 올리겠다고 으름장을 놨지만 정부가 내놓을 수 있는 보조금도 한계가 있기 때문에 서로 줄다리기를 하다 몇몇 프로젝트는 첫 삽을 뜨기도 전에 계약이 파기되기도 했습니다. 친환경 에너지나 풍력발전 사용량이 늘어나리라는 전망은 당위적이기는 하지만 자체적으로 건강한 수익을 내기는 어려운 단계다 보니 정부 보조금이나 중앙은행 금리라는 외부 변수에 흔들린 겁니다. 만일 미국이 2030년까지 30GW기가와트의 해상 풍력발전 프로젝트를 건설하기로 했다가 2040년으로 연장되거나 발전 용량이 20GW로 줄어들었을 때 내가 투자할 기업의 이익 성장이 영향을 받는다면 내 투자금에도 문제가 생길 수 있겠죠.

이런 당위성을 검증하는 과정은 철저히 귀납적이어야 합니다. 귀납 추론이란 개별적인 특수한 사실이나 원리에서 일반적이고 보편적인 명제 및 법칙을 유도해내는 추론 방식을 말합니다. 일반적인 사실이나 원리를 근거로 다른 특수한 사실을 이끌어내기 위한 논증을 뜻하는 연역 추론에 상대되는 말이죠. 어렵다고요? 이렇게 생각해보면 쉽습니다. 연역 추론은 머릿속으로 하나씩 논리를 전개해나가는 과정입니다. '청년 실업률이 올라갔으니 청년 소득이 줄어들 것이다. 청년 소득이 줄어들면 청년들은 주택을 구매하기 어려울 것이다. 주택을 구매하기 어려우니 결혼은 꿈도 꾸지 못할 테고 그래서 1인 가구가 늘어날 것이다' 이런 방식을 연역 추론이라고 합니다. 한편 귀납 추론은 '나도 독립했지만 혼자 살고 있어. 내 친구도 30대 중반이 되도록 결혼하지 않고 1인 가구로 사는 경우가 많아. 통계청 자료를 보니 실제로 1인 가구 비율이 늘어나고 있네' 이렇게 여러 가지 사실을 퍼즐처럼 조합해 답을 찾아나가는 겁니다.

투자 아이디어를 검증하는 과정도 이와 같아야 합니다. '우리나라 사람들이 그랬던 것처럼 치아에 문제가 있는 중국 사람들도 언젠가 치과용 임플란트를 많이 심을 거야' 하며 속되게 말해 '뇌피셜'로 중국 임플란트 시장 규모나 성장성을 추정하고 막연히 기다리는 투자를 하는 게 아니라 실제로 중국 사람이 왜 임플란트 치료를 덜 하는지, 임플란트 기업은 그런 문제를 해결하기 위해 어떤 노력을 하고 있는지, 그런 노력을 현지 치과 의사들은 어떻게 보고 있는지 곳곳에서 정보를 모아야 합니다. 이를테면 중국 최대 검색 포털 사이트 바이두Baidu에서 중국 의료 관련 신문을 번역해 읽어볼 수도 있고 중국어를 잘하는 친구와 함께 현지 치과 박람회를 찾아가 치과 의사에게 간단한 질문을 던져볼 수도 있겠죠. 또 전 세계 치과용 임플란트 기업의 연차 보고서를 읽어보면서 중국 시장을 어떤 관점으로 보는지 파악할 수도 있습니다. 그렇게 수집한 사실이 하나의 결과를 가리키고 있다면 투자 아이디어에 확신을 가질 수 있고 포트폴리오에서 좀 더 많은 비중을 실어볼 수도 있습니다.

물론 이익이 2배 성장한다고 해서 모두 투자하진 않습니다. 현재 시장 참여자의 관심이 너무 높거나 이익이 2배 성장한 후 시장 참여자의 관심이 급격히 하락할 수 있는 기업은 투자를 잠시 미뤄둡니다. 예를 들어 앞으로 몇 년간은 고성장하지만 그 후에는 시장이 포화돼 더는 구매할 고객이 없다거나 성장률이 급격히 하락할 기업은 이익은 성장했지만 PER이 하락하면서 주가가 오르지 않거나 오히려 떨어질 수도 있습니다(주가=이익↑×PER↓). 예를 들어 인바디라는 기업이 높은 브랜드 인지도를 바탕으로 미국 피트니스 센터에 체성분 분석기를 공급하고 있다고 해보죠. 피트니스 센터 점주는 체성분 분석기를 들여놓음으로써 경쟁 점포보다 회원을 많이 모집하거나 회비를 높여 받을 수 있으니 인바디 매출액은 올라갑니다. 그런데 만일 모든 피트니스 센터가 체성분 분석기를 보유하는 날이 온다면? 극단적인 가정을 위해 인바디 체성분 분석기는 품질이 아주 뛰어나 교체 주기가 매우 길고 피트니스 센터용 체성분 분석기 외에 다른 사업은 없다고 한다면 시장 참여자의 기대치, 즉 PER이 곤두박질칠 수도 있는 겁니다.

그럼 지금 시장에서 인기가 있고 유명한 주식인지 정량적으로 파악하는 방법은 뭘까요? 3년, 5년 혹은 당신이 생각한 기간 후에 생각한 만큼 이익이 증가했을 때 PER이 충분히 낮아지지 않으면 비싼 주식이라고 판단하고 매수하지 않습니다. 지금 이익이 100억 원, 시가총액이 1,000억 원인 기업이 있다고 해보죠. 이익이 2배 증가하면 200억 원이 되고 지금 시가총액 1,000억 원과 비교하면 PER 5배, 기대수익률은 20%가 됩니다. 비즈니스 모델의 견고함이나 이후 성장성에 따라 다르겠지만 현재 금리와 비교할 때 충분히 높은 수익이죠. 그러나 같은 기업 시가총액이 4,000억 원일 때 매수한다면 이익이 2배 증가해도 PER 20배, 기대수익률은 5%에 불과합니다. 5년, 10년 뒤에도 전망이 아주 밝은 굉장히 매력적인 사업이 아니라면 투자하기 꺼려질 것 같네요.

이런 과정을 거치는 동안 회사와도 미팅을 하고 주변을 탐문하면서 비정형의 정보도 모읍니다. 경영진이 과거에 했던 말이나 발간했던 자료를 읽으면서 나와 철학이 비슷한지, 내가 추측한 미래를 비슷하게 그리고 있는지도 확인해봅니다. 그래서 십중팔구 아니 백중구십구는 여러 겹의 종목 선정 거름망을 통과하지 못하죠. 그러나 다시 말씀드리지만 투자하지 않으면 잃지 않고요, 어줍지 않은 곳에 투자하면 훌륭한 기회가 왔을 때 발견하지 못하거나 기존 손실 종목에 발목 잡혀 그 기회를 놓치고 맙니다. 제 경험상 훌륭한 투자 기회는 바람 불 듯 자연스럽게, 하지만 내게 꼭 맞는 맞춤 정장처럼 분명히 찾아옵니다.

주가,
정말 안 보나요?

가끔 저는 인터뷰에서 우스꽝스러운 사람이 됩니다. 상대가 오늘 주식시장이 많이 하락했다거나 삼성전자 같은 누구나 알 법한 기업의 주가가 많이 올랐다는 등의 얘기를 늘어놓으면 "그래요?" "그렇군요" 같은 대답을 하면서 시큰둥한 반응을 보이기 때문이죠. 명색이 투자 전문가라는 사람이 주가도 모를 수 있냐고요.

저는 실제로 주가를 거의 보지 않습니다. 호가창은 더더욱 그렇죠. 호가란 부를 호呼에 값 가價 자를 써서 투자자가 매수나 매도하고 싶어 주문을 낸 가격을 뜻합니다. 현재가는 가장 최근에 거래가 체결된 가격이고요. 왜 그런 것 있잖아요? HTS나 MTS를 보면 거래가 체결될 때마다 반짝거리는 현재가 위아래로 쭉 늘어선 가격 말이에요. "제 주식을 1만 500원에 팔겠습니다!" "저는 이 주식을 9,500원에 사겠습니다!"라고 하는 게 호가입니다. 주식시장이 지금처럼 전산화

되기 이전에는 트레이더들이 객장Floor에서 고객의 주문을 받아 목청껏 거래 상대방을 찾는 데서 비롯된 용어죠. 지금도 뉴욕 거래소에는 이렇게 직접 거래를 하는 트레이더들이 있다고 해요. 주식시장이 아주 좋거나 아주 나쁠 때 신문에 실리는 사진을 보면 양복 입고 컴퓨터 앞에 있는 사람이 있는가 하면 말쑥한 유니폼을 차려입고 손에는 종이를 든 채 서 있는 사람이 있는데 바로 이 유니폼 입은 사람을 플로어Floor 트레이더라고 한다네요. 말이 길어졌는데요, 어찌 됐든 호가를 보기 위해서는 증권사 거래 프로그램을 실행해야 하는데 저는 이 프로그램 자체를 아주 드물게 켭니다. 몇 달에 1번 켤 때도 있어요. 주가는 구글 검색창이나 네이버페이 증권에 검색하면 볼 수 있고 직접 펀드에 주식을 사거나 팔아야 할 때는 회사 트레이더에게 어떤 주식을 얼마에 사고 팔라는 지시만 내리면 되기 때문이에요. 자산운용사는 펀드 운용을 결정하는 펀드매니저와 그 결정에 따라 직접 거래를 체결하는 트레이더를 분리하게 돼 있거든요.

주가 창을 자주 들여다보지 않는 데는 그럴 만한 이유가 있습니다. 일단 주가를 자주 보는 건 전혀 생산적이지 않습니다. 차라리 인스타그램이나 유튜브 쇼츠를 보면(인생을 좀먹는다고 생각해도 좋을 만큼 정말 쓸데없는 행동의 대표 격으로 적은 겁니다) 큭큭 웃을 수라도 있겠죠. 주가를 본다고 주식에 대한 영감이 떠오르는 것도 아니요, 주가가 오르는 건 더더욱 아닙니다. 주가 창을 들여다보는 걸로 주가가 오를 수 있다면 제 눈에 인공눈물이 마르지 않을 때까지 들여다보겠습니다. 소셜미디어와 주가 시세표의 공통점은 또 있습니다. 끊임없이 아드레날린을 분비해 중독되게 하며 그동안 서서히 뇌를 망가뜨린다는 거죠. 다시 말해 보면 볼수록 계속 보고 싶어진다는 겁니다! 새로 사귄 연인도 아닌데 말이죠.

장기적으로 주식시장은 체중계 같아서 기업 본질가치와 주가는 비슷하게 움직입니다. 기간을 잘게 쪼개면 쪼갤수록 본질가치와는 아무 관계없이 움직이죠.

산책 나가는 주인과 반려견을 상상해봅시다. 둘은 한집에서 출발해 한집으로 돌아옵니다. 그러나 산책을 다니는 동안에는 반려견의 움직임을 예측하기 어렵습니다. 곳곳에서 킁킁 냄새를 맡기도 하고 반가운 친구 녀석을 만나면 주인보다 훨씬 빠르게 달려나가기도 해요. 산책을 마치고 집에 들어가기 싫을 때는 바닥에 주저앉아 리드 줄이 팽팽해질 때까지 버티기도 하죠. 여기서 주인은 기업의 본질가치고 반려견은 주가입니다. 주가는 제멋대로 움직이는 것처럼 보이지만 결국 본질가치와 비슷한 동선을 따라가고 있죠. 경영학에서는 여기에 무작위 걸음 **Random Walk**이라는 이름을 붙였습니다.

따라서 매시간, 매분, 매초 주가는 단기적인 매매 동향에 따라 위아래로 춤을 춥니다. 문제는 인간의 뇌에 있는데요, 여러 연구에 따르면 인간의 뇌는 이익을 얻었을 때 느끼는 기쁨보다 손실을 입었을 때 느끼는 슬픔을 2배가량 더 크게 받아들인다고 합니다. 보너스 100만 원을 받은 기쁨이 100이라면 그 보너스를 넣은 봉투를 택시에 두고 내렸을 때 슬픔이 -100으로 상쇄되면 좋을 텐데 실제로는 그 슬픔이 -200 정도가 돼 보너스를 안 받은 것만 못한 상실감에 빠진다는 거죠. 그런데 방금 주가를 확인하는 빈도가 짧을수록 주가는 무작위 걸음을 한다고 얘기했잖아요? 쉽게 말해 오를 확률 50%, 내릴 확률 50%가 되는 겁니다. 그런데 우리는 주가가 내릴 때 느끼는 슬픔을 오를 때 느끼는 기쁨보다 2배 크게 느끼기 때문에 높은 확률로 기분이 상합니다. 좀 전에 확인했을 때 주가가 100원 올라서 약간 기뻤는데 지금 다시 보니 100원이 떨어져 내 자산에는 변화가 없는데도 부정적 감정이 자꾸 커지는 거예요. 이런 일이 반복되다 보면 인내심이 바닥나 '에잇, 다시는 내가 주식 하나 봐라' 하면서 팔아버리는 비이성적인 결과가 초래됩니다. 주가를 확인해 얻는 건 없고 잃는 건 있으니 제가 호가창을 자주 들여다보지 않는 이유를 이제는 알겠죠?

물론 제가 보유하고 있거나 조만간 투자하려고 검토하고 있는 주식은 종종 확인합니다. 보유 종목 주가는 개장 직후와 폐장 직후 1번씩은 봐요. 전날과 비교해 5% 이상 변동하면 스마트폰에 알람이 오게 해두고 그 이유를 찾아봅니다. 특별한 뉴스나 공시가 없는지 확인하고 종목토론실이나 텔레그램 같은 곳에 떠도는 얘기는 없는지도 찾아봅니다. 그럼에도 뾰족한 이유를 찾지 못하면 해당 회사에 연락해 주가에 영향을 미칠 만한 일은 없는지 묻기도 해요. 단기적인 주가 변동에 연락한다는 것 자체가 장기투자자로서 손발이 오그라들 만큼 부끄럽기도 하지만 고객 자산을 맡아 굴리는 프로로서는 꼭 필요한 자세라고 생각합니다. 간혹 회사 측에서 증권가에는 어떤 루머가 없는지 역으로 물어보기도 하고 확실한 내용은 아니지만 어떤 문의를 하는 전화를 많이 받았다는 식으로 에둘러 알려주기도 합니다. 아, 아주 가끔 주식시장이 뜨겁게 달아오르고 제가 가진 종목에 호재가 생겨 주가가 급등하는 날이면 모니터 1대에 포트폴리오 편입 종목 주가창을 모두 띄워놓긴 해요. 그것만으로도 기분이 좋아지잖아요! 대신 그날의 생산성은 포기하는 거죠.

적정 주가는
어떻게 계산하나요?

먼저 일러두고 싶은 점은 기업의 적정 가치를 평가하는 방법은 정말 여러 가지가 있고 저 또한 상황에 따라 각기 다른 방법을 쓰거나 한 방법을 쓸지라도 조금씩 변형해 사용한다는 겁니다. 한때는 경영학자들이 내놓은 방법을 공부해보기도 했고 그게 현실에 맞지 않는다는 사실을 깨달은 뒤에는 증권가에서 주로 쓰는 방법은 뭔지 연구해보기도 했습니다. 모두 퇴근한 밤 존경하는 선배들의 보고서를 찬찬히 뜯어보며 의구심도 가져보고 다음 날 여쭤보기도 했죠. 그리고 결국은 저만의 방법이 없으면 팔랑귀처럼 주식시장에 휘둘려 뚝심 있는 투자를 하지 못한다고 결론지었어요.

현재의 김현준은 이렇게 적정 주가를 구합니다. 먼저 최소 3년간 이익이 성장하고 그 후에도 꾸준히 이익을 낼 기업이라는 재료가 필요합니다. 그 기업 경영자가 현명하고 강력한 의지를 가진 사람이고 계속해서 새로운 일에 도전해 그 산업에서 자신만의 발자취를 남기겠다는 기업 문화를 가졌다면 금상첨화입니다. 아니, 사실은 우리 투자자가 엑셀 몇 페이지로 재단하는 것도 우스울 정도로 재료 자체가 전부입니다. 우리는 원금을 잃기 싫어하는 겁쟁이라 좀 싸게 샀다가 그 기업의 훌륭한 성장 여정에 당분간 동행하는 수준이죠.

그 기업이 성장하는 가장 쉬운 방법은 속한 산업이 성장하는 겁니다. 그래서 잠재 시장 규모와 침투율을 먼저 파악합니다. 잠재 시장 규모는 요새 TAM, Total Addressable Market이라는 단어로도 자주 사용됩니다. 시장 규모가 산업 내 모든 기업 매출액의 합으로 이미 소비자가 인식하고 실질적인 플레이어들이 진검 승부로 경쟁을 펼치는 장이라고 한다면 잠재 시장 규모는 아직은 진짜 판매가 일어나고 있지 않으나 향후 발생 가능한 소비까지 예측한 미래 시장 규모라고 할 수 있습니다.

치과용 임플란트를 예로 들면 현재 우리나라에서 매년 임플란트 시술을 받는 환자 수와 그 환자들이 지불하는 치료비를 곱한 게 시장 규모입니다. 여기서 특정 기업의 매출액 비율을 계산한 게 시장점유율이 되고요. 한편 중국의 치과용 임플란트 시장은 아직 우리나라보다 훨씬 작습니다. 중국 인구가 우리보다 수십 배 많다는 점을 감안하면 이상한 일이죠. 중국인이 유독 치아 건강이 좋아 임플란트 시술이 필요 없을까요? 아닙니다. 아직 소득 수준이 낮고 임플란트 시술이 잘 알려지지 않았을 뿐이죠. 그럼 이렇게 생각해볼 수 있습니다. '국적을 막론하고 현대인의 몇 퍼센트는 치아 건강이 좋지 않고 일부는 심각한 상태로 임플란트 시술이 필요하다' '중국은 아직 임플란트 시장 규모가 작지만 많은 인구를 보면 향후 몇 명이 임플란트 시술을 할 것이다' 하고요. 이게 잠재 시장 규모입니다. 그중 이미 임플란트 시술을 하는 환자의 비율을 침투율이라고 해요.

잠재 시장 규모×침투율＝시장 규모

시장 규모×시장점유율＝매출액

잠재 시장 규모를 계산할 때는 지극히 상식적이어야 합니다. 침투율이나 침투율의 성장 속도는 보수적으로 측정하는 게 중요합니다. 처음 기업을 분석할 때는 미래가 너무 창창해 보이겠지만 산업 변화는 생각보다 빠르게 일어나지 않거든요. 아주 많은 경우 산업 전문가가 전망한 수치보다 작고 지금까지 해오던 속도보다 느려질 가능성이 큽니다.

그다음은 시장점유율을 곱해봅니다. 여기서부터는 비즈니스 모델이나 산업 이해도가 매우 풍부해야 합니다. 이 기업이 경쟁사보다 확실한 경쟁 우위에 있어야 높은 시장점유율을 유지하거나 더 높여갈 수 있습니다. 오래 시장점유율을 지키고 있었다고 해도 안심할 수 없습니다. 의외의 복병이 생길 수도 있으니까요. 과거 운동화 및 아웃도어 의류 업체 나이키가 게임기를 만드는 닌텐도를 경쟁 상대로 지목한 것도 같은 맥락일 겁니다. 의류 업체끼리 경쟁하는 건 당연하고 나아가 소비자가 집에서 게임하느라 밖에 나가지 않으면 아예 아웃도어 의류 판매 자체가 쪼그라들 수 있다고 지적한 거죠. 우리가 주로 사용하는 메신저도 마이크로소프트의 MSN에서 네이트온으로 또다시 카카오로 이동해왔잖아요. 투자 세계에는 뭐든 당연한 건 없습니다.

그렇게 매출액을 구하고 나면 비용을 차감할 차례입니다. 재무제표의 주석에서 '비용의 성격별 분류'를 보는 방법 등으로 회사가 사용하는 영업비용을 변동비와 고정비로 나눕니다. 그리고 변동비는 카드 수수료처럼 매출액에 연동되는지 운반비처럼 판매량에 연동되는지도 나눠봅니다. 고정비도 시간이 지남에 따라 적당히 증가한다고 가정합니다. 고정비가 매출액과 비례하지 않는다는 거지 항상 똑같다는 의미는 아니니까요. 단적으로 말해 당신이 다니는 회사의 매출액은 늘어나는데 월급은 계속 동결된다면 어떨까요? 그럴 일도 잘 없거니와 그렇다면 열심히 일하고 싶은 맛이 싹 사라지겠죠. 이는 결국 회사의 생산성 감소로 이어질 테고요.

이렇게 앞서 계산한 매출액에서 영업비용을 빼면 그게 이익입니다. 바로 이 이익이 기업의 본질가치라고 할 수 있고 대략적으로는 이익이 증가하는 만큼 주가나 시가총액도 덩달아 오른다고 할 수 있습니다. 그런데 계속기업이라고 해서 10년, 100년 치를 추정할 순 없는 노릇입니다. 참고로 계속기업이란 사업을 반영구적으로 계속하는 기업 또는 회계상으로 그렇게 돼 있는 기업을 뜻해요. 그러니 예측이 맞을 가능성이 큰 구간만 추정합니다. 국내 기업은 3년, 해외 기업은 5년까지도 추정 재무제표를 만들어요.

3~5년은 이익이 성장하고 이후에는 그 이익 규모를 유지한다고 가정합니다. 물론 더 성장하면 당연히 더 좋고요. 그래서 투자하는 동안 계속 추적, 관찰하는 거예요. 생각대로 움직이고 있는지 아닌지. 생각대로 움직이고 있는데 주가가 오르지 않으면 주식을 더 살 수도 있고요, 생각보다 훨씬 못하고 있다면 내가 뭔가 잘못 생각했는지, 기업 역량이 부족한지 점검해보고 아쉽지만 손실을 확정하고 팔아야 할 수도 있겠죠. 이익이 성장한 만큼 주가가 올랐더라도 처음 예상한 성장 구간 이후에 지속적으로 회사가 잘해주고 있다면 굳이 팔거나 다른 회사를 찾을 필요 없이 또다시 그 시점에서 미래 3년을 그려볼 수도 있습니다. 장기투자는 처음부터 장기투자라고 못 박고 시작하는 게 아니라 기업이 한 땀 한 땀 만들어내는 단기 실적의 적분값이 멋진 성장 곡선을 그려낼 때 결과적으로 기업과 투자자가 윈윈하는 장기투자가 되는 거라고 생각해요.

우리 추정이 맞는다면 기업가치는 셋으로 계산할 수 있습니다. 첫째, 이 이익을 만들어내는 데 필요하지 않은 비영업용자산. 둘째, 이익이 성장하는 기간 동안 이익의 합. 셋째, 이익 성장이 끝난 후 이익의 합. 비영업용자산은 영업에 필요한 양을 넘어서는 현금이나 투자 목적으로 사둔 주식, 채권, 부동산을 얘기합니다. 기업을 통째로 인수한다고 가정했을 때 그만큼은 바로 회수할 수 있는 것들이죠. 예를 들어 시가총액 1,000억 원에 비영업용자산 500억 원이 있는 기업이 매년 이익을 100억 원 낸다고 해볼게요. 100억 원÷1,000억 원, 연간 10% 수익률이 기대됩니다. 그런데 1,000억 원에 그 기업을 인수하면 500억 원을 꺼내 바로 다른 곳에 쓸 수 있어요. 그럼 실제로 투자한 돈은 500억 원에 불과하니 사실 연간 수익률은 10%가 아니라 100억 원÷500억 원, 즉 20%가 됩니다. 똑같이 시가총액 1,000억 원에 이익 100억 원을 내는 기업인데 비영업용자산이 없는 기업과 비교하면 분명 500억 원의 가치가 눈에 보일 겁니다.

비영업용자산을 들어내고 나면 결국 그 기업의 영업 가치는 평생 벌어들일 이익의 합과 같습니다. 솔직히 몇 년간 얼마를 벌어들일지, 그게 꾸준하거나 일정한 성장률을 보이며 선형(1차 대수식으로 나타내는 형태. 1차식 ax+by 따위가 있다)으로 성장할지 아니면 들쭉날쭉할지는 아무도 모릅니다. 이걸 조금 단순화해 성장하는 구간과 그 구간을 지나 정체하는 구간 둘로 나누는 거예요. 경영학에서는 이를 2단계 성장 모형이라고 합니다. 평생 같은 이익 또는 같은 성장률의 이익을 내는 기업은 (1단계) 성장 모형으로도 가치를 측정할 수 있지만 기간이 정해진 채권 정도에나 적합하고요, 사실은 2단계가 아니라 10단계, 100단계 성장 모형을 만들어야 하지만 현실적으로 어렵기 때문에 2단계에서 만족하자는 거죠. 2단계 성장 모형에서 1단계는 우리가 직접 추정한 3~5년 정도의 이익을 하나하나 다 더하는 겁니다. 몇 개 안 되니까 충분히 할 수 있겠죠?

2단계는 이익이 정체하는 구간이라고 했고 계속기업을 가정했으니 같은 이

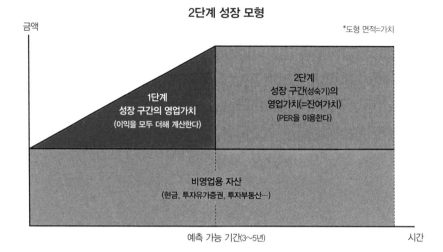

2단계 성장 모형

금액

*도형 면적=가치

1단계
성장 구간의 영업가치
(이익을 모두 더해 계산한다)

2단계
성장 구간(성숙기)의
영업가치(=잔여가치)
(PER을 이용한다)

비영업용 자산
(현금, 투자유가증권, 투자부동산…)

예측 가능 기간(3~5년)

시간

익이 무한히 반복됩니다. 그럼 기업가치가 무한대냐고요? 그렇지 않습니다. 시간가치라는 말을 들어봤을 겁니다. 지금의 100만 원과 10년 후 100만 원은 다르다는 얘기죠. 친한 친구가 100만 원을 빌려달라고 했을 때 바로 내일 갚겠다고 하면 이자를 안 받아도 될 겁니다. 그런데 10년 후에 갚겠다고 하면요? 그가 갚을 수 있을지 없을지도 잘 따져봐야 하고 10년간 그 돈으로 내가 할 수 있는 일이나 다른 곳에 투자했을 때 얻을 수 있는 수익과도 비교해봐야 합니다. 그리고 물가가 꾸준히 오른다고 가정하면 최소한 물가 상승률 이상의 이자는 받아야 손해 보는 장사가 아니겠죠. 이를 돈의 시간가치라고 하는데요, 이로 인해 같은 이익을 꾸준히 벌어들이더라도 먼 미래의 이익은 영(0)에 가까워질 겁니다. 이렇게 무한히 같은 금액이 반복적으로 입금되는 구조의 총합은 배당 할인 모형으로 계산할 수 있습니다. 말 그대로 배당금이 꾸준히 들어오는 기업의 가치를 계산하는 모형인데요, 같은 배당금이라도 현재에 가까우면 원금에 가깝게, 미래로 갈수록 적정한 이자율로 깎아서(할인) 계산해줘야 한다는 원리예요.

배당 할인 모형은 여기서 다루기 조금 복잡하니 뛰어넘기로 하고요, 간단히 얘기하면 매년 들어올 금액을 적정한 이자율로 나눈 게 해당 기업이 벌어들일 금액의 총합과 같다는 뜻입니다. 여기서 이자율은 내가 친구에게 100만 원을 10년간 빌려줄 때 받고 싶은 금리고 이는 투자자마다 다릅니다. 우리는 이걸 기대수익률이라고 부르죠. 엇? 어디서 들어본 것 같지 않나요? 매년 들어올 금액, 즉 이익을 기대수익률로 나눈다라…? PER이 바로 여기서 온 개념입니다! 정리하면 2단계 성장, 즉 유지 가능한 이익에 적정한 PER을 곱해주면 끝입니다. 이를 계산하고 남은 부분이라 해서 잔여 가치라고 불러요.

이익÷기대수익률＝적정 가치

이익×(1÷기대수익률)＝적정 가치

이익×PER(회수 기간)＝적정 가치

적정한 PER이 얼마냐고 하면 또 끝도 없는 논쟁이 되겠지만 저는 둘 중 하나를 사용합니다. 내가 예측할 순 없지만 2단계에서도 충분히 성장 잠재력이 남아 있고 주식시장에서도 이를 인정할 만한 인기 업종 또는 유망 산업이라고 하면 업종 평균 PER을 곱해줍니다. 하지만 그게 30~40배처럼 절대적으로 높은 수치라면 적당히 낮춰줍니다. 그렇지 않은 경우에는 BBB- 등급 회사채 금리의 역수를 사용합니다. 왜 역수를 사용하는지는 앞서 얘기했죠? 회사채 금리를 사용하는 이유는 같은 기업에 투자할 때 주식과 채권 2가지 방법이 있다고 한다면 주식이 훨씬 위험한 투자처라 최소한 채권보다는 높은 수익률이 기대돼야 투자할 것 같거든요. 주식은 따박따박 나오는 이자도 없고 회사가 재정적으로 어려워졌을 때 채권 투자자가 모두 원금을 회수하고 난 뒤에야 남은 원금을 건질까 말까 하니까요. 그런데 모든 상장기업이 항상 채권을 발행하는 건 아니기 때문에 딱 그 기업에 맞는 채권 수익률을 찾기가 어렵습니다. 그래서 투자 적격 등급 중 가장 낮은 신용등급, 다시 말해 망하지 않을 것 같은 기업 채권 중 가장 수익률이 높은 BBB- 회사채를 이용하는 거예요.

주식투자 리스크≥채권 투자 리스크
주식 기대수익률≥채권 수익률
　　　　≥신용 등급 낮은(BBB-) 채권 수익률 ≥ 신용 등급 높은
　　　　채권 수익률

종합해보면 기업가치는 비영업용자산과 성장 구간 이익의 합, 성장 구간이 지난 이후 이익에 적당한 PER을 곱한 잔여 가치로 이뤄져 있어요. 그런데 우리는 기업 전체를 인수하는 게 아니다 보니 비영업용자산에 눈독을 들이기가 어렵죠. 경영진에게 배당을 하라, 자기주식을 사라고 외쳐봐야 공허한 메아리일 뿐이에요. 그래서 일반적인 상황에서 비영업용자산 가치는 주가에 잘 반영되지 않습니다. 시장 상황이 매우 안 좋거나 개별 기업이 큰 위기에 처해 주가가 많이 하락했을 때 가진 비영업용자산 이하로는 더 떨어지지 않게 하는, 이른바 하방경직성 下方硬直性을 주는 역할만 합니다. 왜냐하면 우리는 기업 전체를 살 수 없지만 주가가 아주 낮은 상황에서는 버핏 같은 큰 투자자나 기업 사냥꾼이 인수할 수도 있잖아요. 반대로 주식시장이 너무 활황일 때도 간혹 목표주가에 덤처럼 따라와요. 이익 가치로만 계산하면 더는 살 주식이 없을 때, 그러나 시장 참여자가 너무 주식에 매료돼 있을 때는 '사실 이 기업은 이익도 많이 나지만 현금이나 부동산도 많아요. 그러니 주가는 좀 더 올라야 해요. 편히 사셔도 됩니다' 하는 분위기가

형성되는 겁니다. 하지만 우리는 더 벌기보다 잃지 않는 데 주력해야 하니 이런 시장 상황에서는 조용히 파티장을 빠져나오는 게 좋습니다.

성장 구간 이익의 합은 다른 의미로 중요도가 떨어집니다. 너무 단순한 이유지만 기간이 3년으로 잔여 가치에 비해 훨씬 짧고 성장하는 구간이다 보니 같은 기간이라 하더라도 그 총합이 성장이 정체된 이후 구간의 합보다 작을 수밖에 없습니다. 예를 들어 우리가 잔여 가치를 계산하는 PER을 10배로 적용했다고 하면 1단계 성장 구간은 3년, 이후는 10년 치를 계산하니 3배 이상 차이가 나고요, 특히 성장 구간에서 이익이 100, 150, 200으로 빠르게 성장한 후 200에서 정체한다고 하면 성장 구간 합은 450에 불과하고 2단계 정체 구간 합은 2,000(200×10년)이나 되거든요. 그래서 아주 단순하게 보자면 몇 년 후 이익이 얼마가 될 거고 그때 이익에 PER을 몇 배 곱해주는가가 밸류에이션의 전부입니다. 너무 쉽죠? 쉽다니까요, 계산은요. 문제는 이 계산을 잘한다고 해서 기업가치를 정확히 측정하는 게 아니라는 거죠. 이제 다시 왜 기업의 수익 모델이 중요한지, 왜 경제적 해자를 갖춘 기업에 투자해야 하는지 떠오를 겁니다.

마지막으로 이렇게 여러 조건을 연구해 추정 재무제표를 작성하고 합당한 PER을 찾는 작업은 기업당 최소 3번씩 합니다. 빠른 속도로 성장하고 시장 참여자의 각광을 받는 긍정적 시나리오, 생각과 달리 성장을 잘하지 못해 어려움을 겪는 부정적 시나리오 그리고 그 가운데 있는 중립적 시나리오를 모두 만들기 때문입니다. '미래의 일을 맞히기는 어렵다. 당연히 틀릴 수 있다. 하지만 부정적 시나리오에서도 손실을 입지 않을 낮은 가격에 투자하면 다음 기회를 찾을 수 있다' 이게 제 투자 철학의 근간입니다. 예기치 못한 문제에 손실을 입거나 허둥대지 않으려면 그리고 그런 실수를 단번에 뛰어넘을 만한 대박 주식을 발견하려면 이런 작업은 필수입니다.

기업 관련 자료를
찾는 곳이
따로 있나요?

주식투자의 8할은 종목 선택이라고 생각합니다. 별로인 기업 또는 비싼 기업을 어떻게든 사보고자 이리 재고 저리 재고 엑셀 숫자를 아무리 매만져봐도 보통은 헛수고가 됩니다. 운명의 상대를 만날 때까지 소개팅을 계속해야지 '에라 모르겠다'는 심정으로 적당한 상대와 평생을 약속해선 안 되는 법이잖아요.

　가장 중요한 점은 기업이나 사업 아이템과의 접점을 넓히는 일입니다. 자갈 밑에 가재가 숨어 있는지 아닌지 자갈을 뒤집으려 할 때는 자갈이 많은 개울가에 가는 게 먼저지, 자갈 하나 없는 모래사장에서 1~2개 떠밀려온 돌을 찾아봐야 소용없는, 확률 낮은 게임입니다. 여기서 문제는 해외 주식인데요, 아무래도 생활 반경이 한국이다 보니 우리나라 기업의 투자 아이디어는 상대적으로 많이 떠오르지만 해외 주식은 의도적으로 노력해야 합니다.

그래서 제가 가장 즐겨보는 잡지는 미국의 《배런스》와 《월스트리트저널》입니다. 한국으로는 실물 잡지가 배달되지 않기 때문에 온라인으로 구독해 회사에서는 PC 모니터로, 집이나 여행지에서는 아이패드로 열어 봅니다. 《배런스》는 종목 얘기가 많이 나와서 좋아요. 우리나라에는 증권 전문 기자가 많지 않아선지 주로 시황 얘기가 나오거나 종목을 다뤄도 수박 겉핥기식인 경우가 많은데 《배런스》는 기사 질이 상당히 좋습니다. 물론 그들도 이른바 '팔리는' 기사를 써야 하는 건 마찬가지인지 최근 인기가 높은 종목이나 테마를 다루는 비율이 높긴 하지만요.

　《월스트리트저널》에서는 굵직한 경제, 경영 얘기를 읽습니다. 개별 기업에 집중하는 상향식 투자를 하더라도 큰 흐름을 거스르면 돈을 잃기 십상이거든요. 미국은 세계 최대 경제권역이자 소비 시장이기도 하고 특히 최근에는 미국 증권가 동향이 우리나라와 동조화되는 경우가 많아 한국 투자에도 도움이 됩니다. 둘 다 우리가 존경해 마지않는 버핏 선생님도 항상 끼고 사는 잡지라고 하니 믿고 봐도 될 것 같습니다. 심지어 《월스트리트저널》은 해외여행을 갈 때도 반드시 특별 배송을 요청해 매일 호텔에서 읽는다고 하네요.

　해외 투자를 할 때 두 번째 문제는 언어 장벽입니다. 해외 기업은 우리나라보다 투자자에게 필요한 정보를 적당한 시기에 그리고 누구에게나 공평하게 제공합니다. 그래서 어느 정도 독해력만 있으면 분석하는 데 큰 어려움은 없습니다. 그러나 실적 발표회나 기업 설명회 같은 행사에 직접 참석하기 어렵고 설령 온라인이나 전화 회의로 진행되더라도 그들의 말을 실시간으로 알아듣기란 불가능에 가깝습니다. 이때 시킹알파(seekingalpha.com)가 큰 힘을 발휘합니다. 아주 많은 기업, 제 경험상 영어로 설명회나 전화 회의를 진행하는 미국, 유럽 상장기업의 녹취록을 십중팔구로 찾을 수 있거든요. 그리고 우리에게는 구글 번역기가 있지 않습니까? 행사 이후 하루, 이틀이면 녹취록이 업로드되기 때문에 현지인과 비교했을 때 정보를 얻는 시간에 큰 차이가 나지 않습니다. 사실 시킹알파는 주식 커뮤니티 같은 곳인데요, 외국은 주식시장의 절대 규모 자체가 크다 보니 이런 커뮤니티도 성행하는 편입니다. 우리나라 같으면 결국 쓸데없는 댓글로 가득한 네이버 종목토론실 정도를 제외하면 이용자 수가 적어 커뮤니티가 상업적으로 운영되기 어렵잖아요. 그에 반해 시킹알파 같은 외국 주식 커뮤니티는 다양한 기업에 관해 꽤 심도 있는 논의가 일어나 구하기도 어렵고 구한다 해도 가격이 너무 비싼 외국계 투자은행 보고서 대신 기업을 빠르게 훑어보기도 좋습니다.

투자 아이디어를 떠올린 다음에는 구글 트렌드(trends.google.com)에서 확인해보는 경우도 많습니다. 기업 본질가치가 이익이라고 할 때 이익을 내려면 매출이 필요하고 이 매출이란 결국 누군가 물건이나 서비스를 구매한다는 거잖아요? 그리고 현대인은 뭔가에 돈을 쓰기 전에 반드시 뭘 하죠? 검색을 하죠. 전 세계인이 즐겨 사용하는 검색 엔진은 구글이고요. 구글은 사용자가 자사 엔진에 어떤 키워드를 검색하는지 시간대와 지역별로 통계 자료를 공개하고 있습니다. 이를 통해 내 투자 아이디어가 다른 많은 사람에게도 보편타당한 사실인지, 경쟁사가 더 앞서 나가고 있진 않은지 간단하게 검증해볼 수 있어요.

우리나라 기업은 홈페이지의 IR 메뉴를 형식적으로만 만들어놓은 곳이 많아요. 그 페이지에는 아무도 열어보지 않을 것 같은 주가 차트나 전자공시시스템 링크, 너무 간단해서 네이버페이 증권만도 못한 재무 정보가 나와 있죠. 개인투자자와 기관투자자를 차별하면 안 된다는 원칙 아래 외국 기업은 당연히 IR 자료를 홈페이지에 게시합니다. 우리나라는 기업 탐방을 가야만, 그것도 파일이 아닌 인쇄물 형태로만 제공하는 상장기업도 많은 게 현실입니다. 개인투자자는 그마저도 얻기 어렵죠. 그럴 때 지푸라기라도 잡는 심정으로 들어가보는 곳이 한국

구글 트렌드 검색 예시

거래소 전자공시서비스^{KIND}입니다. 금융감독원 전자공시시스템^{DART}과 비슷한 사이트인데요, 눈치채지 못했을 수도 있지만 공시 내용이 조금씩 다르답니다. 예를 들어 KIND에는 상장기업이 공시를 하고 DART에는 상장 여부와 관계없이 일정 조건이 충족되는 기업은 모두 공시를 합니다. 그리고 거래소 고유의 수시공시와 자율공시, 의결권행사공시 등은 KIND에서만 확인할 수 있습니다. 하지만 KIND 안에서도 제가 주로 들어가보는 곳은 IR 자료실 메뉴입니다. 종목 이름만 알면 해당 기업이 기업 설명회 개최 공시를 게시할 때 제출한 IR 자료를 아주 옛날 것까지 한데 모아서 열어볼 수 있습니다. 어느 회사나 IR 자료는 꽤 공들여 만들기 때문에 회사 수익 모델을 쉽게 이해할 수 있고 나름대로 밝은 미래를 꿈꾸며 적은 목표도 나와 있어 그 기업의 성장 곡선을 가늠해볼 수도 있습니다. 작은 팁을

드리자면 아주 뛰어난 기업을 제외하면 보통은 목표를 달성하는 경우가 드물기 때문에 분석 초기 단계에는 회사가 제시하는 목표를 최대치로 잡고 이를 반영해도 주가가 비싸다면 일찌감치 손 털고 나오는 게 효율적일 수도 있어요.

각종 경제 데이터를 얻을 수 있는 웹사이트도 하나 알려드리겠습니다. 요새는 구글신의 능력이 더욱 강력해져 대부분의 정보를 검색 한번이면 찾아낼 수 있지만 가끔은 장기 시계열 자료를 구해야 할 때도 있잖아요. 그때 저는 인덱스문디(indexmundi.com)를 찾습니다. 국가별 경제지표나 각종 원자재 가격을 수십 년에 이르는 장기 자료로 보여주며 마우스로 슥 긁으면 엑셀에 바로 가져다 붙일 수도 있어요. 심지어 공짜랍니다!

분석을 어느 정도 마친 후에는 관심 종목 목록에 넣어두고 한국 기업이라면 전자공시시스템 어플리케이션에 공시 알림 기능, 외국 기업이라면 홈페이지에서 뉴스 레터를 구독합니다. 실적을 발표하거나 그만큼 중요한 공시 사항이 있을 때마다 빠르게 알 수 있죠. 또 구글 알리미(google.com/alerts)에 기업 이름이나 브랜드, 관련 정책이나 경쟁사 등을 저장해놓고 관련 기사를 받아봅니다. HTS나 네이버페이 증권에서도 관심 종목 뉴스를 모아주기는 하지만 간혹 빠뜨리는 소식도 있거든요. 키워드만 잘 설정해두면 정해진 주기마다 언론, 블로그, 보도자료 등 출처를 가리지 않고 내가 관심 있어 할 만한 내용을 이메일로 보내주니 상당히 쓸 만합니다.

마지막으로 주가는 네이버페이 증권이나 인베스팅닷컴(investing.com)을 통해 확인합니다. 인베스팅닷컴은 다른 증권 서비스보다 조금 느리다는 단점이 있는 대신 제가 본 툴 중에서는 가장 많은 국가의 주식을 취급합니다. 저는 그리스, 스웨덴, 네덜란드, 태국 등 다른 투자자는 거의 투자하지 않는 국가에도 투자하기 때문에 이 부분이 큰 장점으로 다가왔습니다. 그래서 광고를 없애주고 접속

속도를 늘려주는 소액 유료 결제를 하고 있어요. 개인 계좌에는 몇 달에 1번씩 접속하고 주문이나 잔고, 환전, 이체 정도 메뉴만 사용하기 때문에 이용하는 증권사를 알려드리는 건 별 도움이 안 될 것 같아요(사실 아는 형님이 증권사 영업점에서 일해서 그쪽으로 옮긴 거예요). 회사 또한 주로 기관투자자 전용 단말기를 통해 주문을 내고 그건 전문 트레이더의 영역이라 이 책의 독자와는 관계가 없을 것 같네요.

저는 많은 고객의 돈을 다루다 보니 개인투자자와 다른 다양한 툴도 사용해요. 한 달에 수십, 수백만 원을 내고 쓰는 것도 있고요. 한번은 대전광역시로 인공위성을 만드는 회사 탐방을 갔다가 그 회사가 제공하는 인공위성 사진 구독 서비스를 이용하는 고객이 될 뻔한 적도 있답니다. 어느 공장에 트럭이 몇 대 드나들었는지 보고 매출액을 예상해본다거나 대형 할인점 주차장에 차가 얼마나 많은지에 따라 소비경기를 가늠하는 거죠. 그런데 제가 장담할 수 있는 건요, 이런 게 꼭 수익과 연결되진 않는다는 겁니다. 오히려 저는 투자 경력이 길어질수록 한국 기업은 전자공시시스템, 외국 기업은 그 회사 홈페이지 자료에 들이는 시간이 더 많아지는 것 같아요. 공식 자료에서 직접 얻은 수치를 엑셀에 하나하나 입력하고 가만히 들여다보면서 조용히 기업의 미래 그림을 상상해보는 거예요. 이게 조금의 추가 수익률을 위해 또는 남의 돈을 맡는 자로서 뭐라도 해야 해서 하는 일보다 견고한 장기 수익률을 만들어나가는 데 훨씬 중요한 부분이라고 생각합니다.

다음
메가트렌드는
뭔가요?

제가 메가트렌드를 좇아서 투자한다고 하면 곧바로 나오는 질문이 "다음 메가
트렌드는 뭔가요?"인데요, 왜 꼭 '다음'을 찾나요? 아직 안 오른 주식에 가장 먼
저 투자하고 싶어서인가요? 사실 메가트렌드는 예측하는 게 아닙니다. 이미 곁
에 와 있어 거부하는 게 불가능하고 당분간 지속될 걸 말하죠. 예를 들어 스마트
폰이 보급된 지 한참이 지나도 기존 피처폰을 고집하는 분이 있습니다. 보안 문
제, 경제성, 번호 변경의 불편함 등 이유는 저마다 다르지만 공통점이 하나 있습
니다. 피처폰을 가진 그 사실만으로 '나는 독특한 존재다' 하는 근거 없는(?) 오라
를 내비치고 싶어 한다는 점입니다. 하지만 시간이 지날수록 그들도 하나둘씩 스
마트폰으로 교체해 그 인원이 소수가 돼간다는 점은 명백하죠. 대단한 연구도 필
요 없어요. 이런 이유로 스마트폰도 오랫동안 메가트렌드 중 하나였습니다.

그럼 질문을 바꿔서 대답해볼까요? 지금 더퍼블릭자산운용이 투자하고 있는 기업이 속한 메가트렌드는 이렇습니다. 탈탄소 정책, 클라우드 소프트웨어와 구독 경제, 인공지능, 에스테틱, 반려동물, 빅데이터, K-푸드, 일본의 디지털 전환, 시장 통합… 18개 보유 종목에서 9개 메가트렌드가 나왔어요. 특정 종목이 바로 연상되는 것 몇 개는 제외했으니 거의 대부분의 투자 기업이 메가트렌드 안에 있다고 봐야겠네요. 제가 투자하고 있는 메가트렌드를 간단히 소개해보겠습니다.

1. 탈탄소 정책: 환경오염, 지구온난화라는 단어는 이제 식상할 정도로 많이 들어봤죠? 많은 이들이 환경에 관심과 경각심을 가지면 각국 정부는 여러 규제를 도입합니다. 당장 돈이 들더라도 더 중요한 가치를 지키려는 거죠. 여기서 꼭 기억해야 할 사실. 한쪽에서 돈을 쓴다는 건 다른 한쪽은 돈을 번다는 뜻입니다.

2. 클라우드 소프트웨어와 구독 경제: 클라우드와 구독은 떼려야 뗄 수 없는 관계입니다. 먼저 구독은 당장은 저렴한 것처럼 보이지만 평균 구독 기간에 지불하는 금액을 모두 합하면 일시불로 구매할 때보다 더 높은 비용이 됩니다. 기업이 미끼 상품이나 초기 할인 등으로 일단 고객을 유치하는 것도 이 때문이죠. 소비자 입장에서는 이른바 가랑비에 옷 젖듯 돈을 내는 격이에요. 그런데 구독이라는 게 뭡니까? 원하기만 하면 언제 어디서든 가입과 해지 그리고 이용을 손쉽게 해주는 거잖아요? 그러기 위해서는 소프트웨어나 콘텐츠를 하늘 위 구름 같은 서버에 올려두고 유저로 하여금 인터넷을 통해 접속할 수 있게 해줘야 하고요.

3. 인공지능: 인공지능이나 로봇이 우리 직업을 모두 대체한다는 괴담을 들어봤을 겁니다. 그런데 증기기관은요? 석유는요? 컴퓨터는요? 인터넷은요?

스마트폰은요? 인류 문명은 계속 발달해왔지만 일자리가 줄어든 적은 한 번도 없습니다. 오히려 프로그램 개발자의 경우 찾는 곳이 너무 많아 몸값이 천정부지로 치솟았죠. 반드시 인공지능을 이용해 제품과 서비스를 고도화하고 그를 통해 소비자를 더욱 만족시키는 기업은 나타날 겁니다. 그를 통해 시장 점유율을 확대하거나 판매 가격을 높일 수도 있습니다. 일부는 생산이나 판매에 들어가는 비용을 감축하는 데 쓸 수도 있겠죠.

4. 에스테틱: 동서고금을 막론하고 더 젊게, 더 아름답게 보이고 싶다는 욕망은 인간의 영원한 테마입니다. 중산층의 가처분소득이 늘어나고 YOLO**You Only Live Once**라는 신조어가 잘 보여주듯 아끼는 것만이 미덕이 아니라는 사회 풍조가 확산되면서 피부 미용, 성형 시술, 다이어트 등과 관련된 회사들이 질주하고 있습니다.

5. 반려동물: 이제는 우리 집 강아지를 애완견이라고 부르면 시대에 뒤처진 사람입니다. 다리가 4개고 몸에 털이 북슬북슬할 뿐 어엿한 가족 구성원이니까요. 자녀의 건강한 먹거리와 교육비는 빚을 내서라도 충당하듯 반려동물에게도 아낌없이 주는 게 현대인이고 MZ세대입니다. 투자자 입장에서 다행인 점은 아직 내 자녀에게는 해주지만 반려동물에게는 해주지 못하는 품목이 너무 많다는 사실입니다!

6. 빅데이터: 스마트폰 어플리케이션을 설치하려고 할 때 여러 가지 '동의' 항목이 뜨고 혹 거부라도 하면 이용 자체가 어려웠던 경험이 있을 겁니다. 스마트폰이 우리 일상을 편하게 해주는 대신 기업은 우리 개인 정보를 가져가죠. 그 정보는 이용자 맞춤형 광고로 지갑을 얇게 만들기도 하고 익명 처리 같은 재가공을 거쳐 팔려나가기도 합니다. 앞으로는 유용한 정보가 많고 정보를 재가공하는 능력을 갖춘 회사가 돈을 버는 시대가 오리라 생각해요. 이른바

미래 산업으로 아직까지 이 분야에서 큰 수익을 거두는 회사가 많지 않다는 점이 오히려 투자자로 하여금 흥미진진한 승부욕을 불러일으키게 합니다.

7. K-푸드: 이제 한류라는 말은 너무 낡았습니다. 일본, 중국 등 한자를 쓰는 일부 국가에서만 대한민국을 사랑하는 게 아니거든요. 빌보드 차트를 석권하고 그래미상을 받은 아이돌 BTS, 아카데미 시상식을 휩쓴 영화 〈기생충〉, 넷플릭스에 사상 최대 수익을 안겨준 드라마 〈오징어게임〉… 전자제품과 자동차를 넘어 문화 영역까지 이제 전 세계에서 'K'는 신뢰의 아이콘입니다. 우리나라에 동경과 애정을 가진 세계인이 관심을 쏟는 곳은 음식인 것 같아요. 한국을 사랑한다고 해서 갑자기 모든 생필품을 '메이드 인 코리아'로 바꿀 수도 없고 여행을 가기에는 너무 멀고 그들 입장에서 쉽게 한국인을 흉내 낼 수 있는 게 음식이었던 거죠. 치킨, 라면, 숯불구이에 소주까지… 콘텐츠가 잘 닦은 길을 식품이 미끄러지듯 달려갑니다.

8. 일본의 디지털 전환: 일본에서는 선거를 할 때 유권자가 수기로 후보 이름을 적어야 한다는 사실, 알고 있었나요? 전자세금계산서 대신 거래처에 우편(이메일이 아닙니다)으로 견적서를 보낸다는 건요? 이런 사실을 몰랐다 해도 신용카드나 온라인 간편결제 대신 현금을 많이 쓴다는 점은 일본 여행을 가본 사람이라면 누구나 알 겁니다. 보수적인 문화에 고령 인구가 많아선지 아직도 아날로그 시대에 살고 있죠. 하지만 그들도 온라인, 디지털, 모바일화되리란 건 불 보듯 뻔한 일입니다. 오히려 외국인 투자자로서는 땅 짚고 헤엄치기를 하는 듯한 느낌입니다. 조선 시대 선진 문물을 경험하고 돌아온 사절단의 마음이 이랬을까요? 자국 디지털 전환을 위해 부단히 노력하고 있는 많은 기업에서 투자 기회가 보입니다.

9. 시장 통합: 시장 통합은 어느 산업에나 적용할 수 있는 마법 같은 메가트렌

드입니다. 큰 산업 안에 시장점유율이 높은 독보적 기업은 없고 여러 작은 사업자만 존재하는 상황을 가정해봅시다. 그런데 어떤 외부 충격에 의해 기존 시장 질서가 무너지면서 시장점유율을 빠르게 확대하는 기업이 생기면 절대적인 산업 크기가 성장하지 않아도 기업 규모가 성장하는 데는 문제가 없습니다. 오히려 소비자는 기존에 자연스럽게 구매하던 제품이므로 특별히 돈을 더 지출해야 하는 것도 아니죠. 이들이 기존의 불편함을 해소해준다면 더 빠르게 선도 기업으로 이동할 거고요. 예를 들어 가구 산업의 경우 부동산 경기가 불황을 겪을 때마다 브랜드가 없는, 속칭 '사제' 회사가 시장에서 퇴출됩니다. 축산업은 중소 농가의 2세, 3세가 서울로 이주해 다른 경력을 쌓으며 살아가기 때문에 후계자가 없어 대기업에 사업체를 매각하는 일이 잦습니다.

사실 제가 매번 '챗GPT로 진짜 돈을 벌 기업은 뭘까?' '일본의 디지털 전환 수혜주는 어떤 게 있을까?' 하면서 메가트렌드를 찾아 투자하진 않습니다. 오히려 노가다(?)성으로 자갈 뒤집기를 하다가 우연히 좋은 기업을 발견하면 '혹시 메가트렌드에 거스르는 건 아닐까?' 정도로 검증하죠. 말하자면 메가트렌드 주식을 찾는 게 아니라 역메가트렌드 기업을 지워나가는 거라고 할까요?

좋은 업종 중에서 1등을 고르는 방법이 있나요?

2023년 초만 해도 "나는 마스크 절대 벗지 않을 거야" "다른 사람들도 그럴걸" "여름에 잠깐 벗더라도 겨울 되면 코로나19가 재유행해서 다시 쓸걸"이라고 말하는 사람이 많았습니다. 하지만 이제는 식당에서 일하는 사람이나 은행 창구같이 직접적으로 손님 얼굴을 마주 보는 일을 하는 사람을 제외하면 주변에서 마스크를 쓴 모습을 좀처럼 보기 힘들어졌습니다. 좁고 밀폐된 엘리베이터 같은 공간에서도 마찬가지입니다. 간혹 마스크를 쓴 사람을 보면 '저 사람은 왜 마스크를 썼지?' '혹시 감기라도 걸렸나?' '건강 문제에 예민한 사람인가?' 하는 생각이들 정도죠.

이제는 코로나19에 따른 언택트 시기도 경제 재개에 따른 리오프닝과 보복소비 트렌드도 지나갔습니다. 모두 2019년 이전의 세상으로 돌아온 것을 환영합니다. 투자를 할 때도 과거 몇 년간은 빨리 잊어버리는 게 도움 될 겁니다. 너무 비정상적인 시기였으니까요.

이 글에서는 더퍼블릭자산운용의 마지막 리오프닝 주식 에게항공^{Aegean} ^{Airlines}을 통해 업종 내에서 1등 주식을 고르는 방법을 소개하겠습니다. 국경을 넘나들 때마다 코로나19 검사를 하고 음성 판정을 받았을 때만 비행기에 오를 수 있던 2022년, 저는 꿈에 그리던 이탈리아 북부 여행을 다녀왔습니다. 여행객이 없어 어느 가게나 우리를 반겨주고 평소 같으면 사람이 붐빌 명소도 별다른 줄서기나 예약 없이 구경할 수 있어 정말 즐거웠어요. 딱 하나! 미친 듯한 비행기 삯만 빼면요.

옆에 앉은 정호성 대표와 이런 얘기를 하던 중 자연스럽게 항공사에 투자하면 어떻겠냐는 토론으로 넘어가게 됐죠. 리오프닝 후 수요가 넘쳐날 산업 중 항공사만큼 판매 단가가 탄력적으로 움직일 수 있는 곳이 없겠더라고요. 매출액이 증가하는 방법에는 판매량이 늘어나거나 판매 단가가 오르는 2가지가 있는데요, 판매량이 늘어나면 보통 원재료, 운반비 등 생산이나 판매에 들어가는 비용이 같이 늘어나 이익 증가가 제한적입니다. 반면 판매 단가 상승에는 별다른 비용이 동반되지 않아 이익률이 빠르게 개선되죠. 잘 알다시피 항공권은 같은 이코노미 클래스라 하더라도 환불이 되는지, 마일리지 적립이 되는지 등에 따라 요금이 천차만별이고 예약 사이트나 시기에 따라서도 가격이 다릅니다. 심지어는 쿠키라고 해서 웹 브라우저에 우리 정보를 저장했다가 '요 녀석이 인천발 시애틀행 항공권을 자주 검색하는군' '반드시 티켓을 살 것 같으니 가격을 높여서 보여주자' 하는 방식의 인공지능 알고리즘까지 우리를 괴롭힌다고 합니다. 다시 말하면 공급 좌석 대비 항공권 수요가 많으면 항공사 이익이 많이 늘어날 수 있다는 거고 제 눈에는 곧 그럴 시기가 다가올 것 같았습니다. 저야 근무 시간이 자유로운 직업이고 감염병에 겁을 덜 내는 편이라 여유를 두고 일찌감치 여행을 다녀왔지만 많은 사람이 아직 해외여행을 떠나지 않았을 때였으니까요.

우리는 생각을 모으기 시작했습니다. 일단 장거리보다는 단거리 노선이 먼저 부각될 거라 생각했어요. 오랜만에 해외여행을 간다고 하면 아주 모르는 곳보다는 상대적으로 가까운 곳을 택할 가능성이 높다고 본 겁니다. 코로나19 검사를 하려면 하루 이틀쯤 여행 기간이 짧아져야 할 테고 서양인은 아시아를 코로나19의 진원지라고 꺼리고 아시아인은 서양인의 동양인 혐오 문제에 겁을 먹었을 것 같았거든요. 하지만 똑같은 단거리 노선이라도 미국을 포함한 북미 지역은 제외했습니다. 북미 항공사 단거리 노선은 대부분 국내선이라 가로막혔던 국경이 열리는 것과는 무관하다고 본 겁니다. 당신도 코로나19 기간 동안 어디를 제일 많이 갔습니까? 제주도였겠죠? 그럼 아시아와 유럽이 남았습니다. 안타깝게도 아시아는 가장 큰 국가인 중국이 계속해서 감염병에 고통받고 있었고 따라서 최종적으로 우리는 유럽을 선택했습니다.

유럽 대륙은 작은 국가로 촘촘히 나눠져 있어 저비용 항공사를 이용해 단거리만 움직이더라도 색다른 풍경을 보고 다른 나라 문화를 경험하기 좋습니다. 리오프닝에 가장 제격인 대륙이라고 할 수 있었죠. 이때 눈여겨본 건 유럽 지역의 설문 조사였습니다. 봉쇄가 풀리고 경제가 재개됐을 때 가장 누리고 싶은 휴가 형태가 '쉼'으로 나타난 겁니다. 몇 년 만에 처음으로 해외여행을 나가는데 마스크를 쓰고 파리 에펠탑이나 로마 콜로세움에 줄지어 들어가고 싶진 않은 거죠. 그래서 나만의 공간이 확보된 곳에서 여유롭게 휴양을 즐기고 싶다는 대답이 가장 많았습니다. 코로나19 때 우리나라에서 골프가 유행한 것도 운 좋게 여윳돈이 생겼기 때문이기도 하지만 모르는 사람과 충분한 '사회적 거리 두기'를 할 수 있기 때문이었던 것과 같습니다.

유럽인이 가장 좋아하는 휴양지는 그리스였습니다. 그리스는 많은 섬으로 이뤄진 관광 국가더라고요. 그리고 수도인 아테네까지는 많은 항공사가 오가지만 거기서 유명한 관광지인 산토리니를 비롯한 주요 섬까지는 에게항공이 노선을 거의 독점하고 있었습니다. 전 세계적으로 리오프닝이 일어나면 에게항공만큼 수혜를 입는 회사도 없다는 뜻이었죠. 게다가 에게항공은 그리스 아테네 거래소라는, 속된 말로 '듣도 보도 못한' 거래소에 상장돼 있었고 시가총액은 한화로 수천억 원에 불과한 소형주였습니다. 제일 높은 평가를 받아야 할 기업이 제일 낮은 밸류에이션으로 소외되고 있었던 거죠. 이게 전 세계 항공사를 모두 줄 세워 얻은 결론이었습니다.

에게항공에 투자하는 동안 생각지도 않은 일이 많이 있었습니다. 수요가 폭발하고 티켓 가격이 오른 건 예상대로였지만 오랫동안 본업에서 멀어져 있었던 항공사와 공항 임직원이 복귀하는 데는 상당한 시간과 추가 비용이 소요됐습니다. 러시아가 우크라이나를 침공하면서 국제 유가도 껑충 뛰어올라 실적 개선에 부담을 줬습니다. 그런데도 아테네 거래소의 소형 항공사는 다른 리오프닝 주식

에게항공 주가 차트

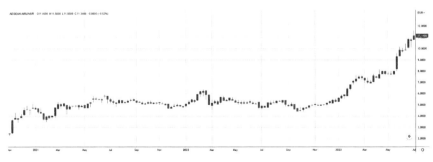

출처: 레피니티브 아이콘

의 성과를 훌쩍 초과하는 모습을 보였습니다. 좋은 주식이라면 국경을 가리지 않고 투자한다는 더퍼블릭자산운용의 모토가 빛난 순간이었죠. 그리고 이 과정이 매우 상식적이었다는 점에서 누구나 가능하다는 희망을 주기에도 충분했다고 생각합니다.

하와이은행Bank of Hawaii에 투자한 과정도 재밌습니다. 2023년 3월 실리콘밸리은행Silicon Valley Bank이 파산하고 5월 퍼스트리퍼블릭은행First Republic Bank이 파산 직전 JP모건체이스J. P. Morgan Chase에 인수되는 등 미국 지방 은행이 줄줄이 유동성 위기를 겪은 적이 있습니다. 은행은 고객의 예금을 받아 그보다 높은 이자율로 대출을 해주는 게 주된 사업입니다. 예금 이자율이 3%고 대출 이자율이 5%라고 가정하면 이론상으로는 땡전 한 푼 없이도 2% 차익을 얻을 수 있습니다. 문제는 이게 평상시가 아닌 비상 상황에는 적용되지 않는단 점입니다. 은행 입장에서 예금은 남의 돈, 즉 부채거든요. 어떤 이유로 예금주가 갑자기 예금을 해약해 현금으로 돌려달라고 요구하면 이른바 유동성 위기가 생깁니다. 은행 점포에는 생각보다 현금이 많이 없으니까요. 다른 곳에 이미 대출을 해줘버렸거든요.

각국 중앙은행이 인플레이션을 걱정한 나머지 2022년부터 급격히 금리를 인상하면서 지방 은행은 수익성이 악화되기 시작했습니다. 원리금 상환을 못하는 기업이 많아지고 은행이 직접투자한 채권 가격이 하락했죠(금리가 오르면 채권 가격은 하락한다는 사실은 이제 모두 알고 있죠?). 여기서 끝이었으면 좋았겠지만 아니었습니다. 은행의 수익성이 악화된다는 소식을 들은 예금주들이 앞다퉈 예금을 해약하기 시작한 겁니다. 우리는 이걸 뱅크런이라고 하죠. 그리고 줘야 할 돈을 못 주게 된 건 채무불이행, 즉 파산이라고 합니다.

실제로 실리콘밸리은행이나 퍼스트리퍼블릭은행이 심각한 위기를 겪자 주식시장에도 잡음이 생겼습니다. 많은 투자자가 미국 지방 은행 주식을 위험하다고 판단하고 매도하기 시작한 겁니다. 태생적으로 군중과 다른 방향으로 가고자 하는 역발상 투자자는 본능적으로 이런 때가 기회라고 느낍니다. 저는 미국 지방 은행을 모조리 조사하기 시작했습니다. 실리콘밸리은행 위기가 시작되고 나서 주가가 많이 떨어진 은행, 그러면서도 자산과 부채가 건전해 망하지 않을 은행을 찾았죠. 다시 말해 뱅크런 문제가 없음에도 지방 은행이라는 이유만으로 과도하게 하락한 기업을 골라내고 싶었어요.

그렇게 찾은 곳이 하와이였습니다. 하와이는 엄연히 미국 영토지만 뉴욕에서는 비행기로 11시간, 로스앤젤레스에서는 6시간이 소요되는 가장 먼 땅입니다. 미국에 편입된 것도 1959년에 이르러서고 인구 절반 가까이가 미국이 아닌 폴리네시안(하와이, 뉴질랜드 등 태평양 중동부 폴리네시아의 섬에 사는 원주민을 가리키는 말), 유럽, 일본계로 이뤄져 있습니다. 무슨 말을 하고 싶은지 알겠나요? 미국이지만 가장 미국이 아닌 곳이라는 뜻입니다. 실리콘밸리에서 일어난 뱅크런이 하와이에까지 영향을 줄 가능성이 낮다는 뜻이고요. 경제적으로도 마찬가지였습니다. 하와이 전체 경제 규모나 예금액 기준으로 관광업이 차지하는 비중은 20%가

하와이은행 주가 차트

출처: 레피니티브 아이콘

넘습니다. 미군 아시아·태평양 함대와 관련된 부분을 제외하면 하와이에서 관광업은 절대적으로 중요한 산업입니다. 미국을 비롯한 전 세계가 인플레이션에 고통받고 있을 때 하와이 경제는 리오프닝으로 내방 관광객 수가 급증하며 아주 탄탄하게 성장하고 있었습니다. 관광업이 성장하면 하와이 주민 수입이 늘어나고 이는 예금 증가로 이어집니다. 뱅크런과는 정반대 모습이죠. 또 향후 영업 규모 확대를 위해 호텔이나 레스토랑을 증축하면 대출도 확대될 수 있습니다. 이리 보나 저리 보나 하와이 은행은 주가가 하락할 이유가 없어 보였습니다.

하와이에는 하와이은행과 퍼스트하와이안은행First Hawaiian Bank이 터줏대감처럼 영업을 하고 있었는데요, 그중 주가가 더 많이 하락한 하와이은행을 선택했습니다. 상대적으로 금리에 영향을 받는 채권 비율이 높아 위험해 보이기 때문이었을 겁니다. 물론 금리가 폭등하는 최악의 상황에서도 파산 위험이 없는지, 하와이 외부에서 돈을 맡겨 하와이 관광업 활성화와 무관한 예금주 비율은 어느 정도인지, 금융시장의 충격에 단기적으로 대응해야 하는 기관투자자 비율은 어느 정도인지 샅샅이 파악했습니다. 사실 서브프라임 모기지 사태 때도 하와이은행의 예금 인출 규모는 크지 않았습니다. 그에 비하면 실리콘밸리은행 파산이 방아쇠가 된 이번 미국 지방 은행 위기는 새 발의 피 정도여서 안심하고 투자할 수 있었죠. 시간이 지나면서 예금주의 불안이 가셨고 뱅크런 문제는 더 확대되지 않았습니다. 주가는 당연히 많이 올랐고요. 간혹 "굳이 은행 주식을 사려면 뱅크오브아메리카Bank of America 같은 대형주가 안전하지 않겠냐?"라는 핀잔도 들었지만 주식투자는 안전하기 위해 하는 게 아니잖아요? 마음이 불편해야 돈을 벌 수 있다는 점, 잊지 마세요.

우리는 이미
부자입니다

경제적 자유란 뭘까요? 시간과 돈에 구애받지 않고 자신이 원하는 일을 할 수 있는 것 아닐까요? 일반투자자를 만나 왜 투자를 하느냐고 물어보면 "부자가 되기 위해" "경제적 자유를 얻으려고"라는 답이 많이 돌아옵니다. 그럼 저는 부자가 뭔지, 경제적 자유는 어떤 상황을 의미하는지 묻죠. 그럼 10억 원이니 100억 원이니 하는 구체적인 금액이 튀어나와요. 그럼 다시 물어봅니다. "왜 10억 원이냐" "100억 원이 생기면 뭘 할 거냐"라고요. 이 정도가 되면 보통 꿀 먹은 벙어리가 됩니다.

서울이 아닌 지방으로 기업 탐방을 가면 KTX 역사나 공항에서 택시를 타게 되는데요, 이때 네비게이션 조작에 서툴거나 사용 자체를 기피하는 기사님을 만나면 당황스럽습니다. 그냥 네비게이션에 주소를 입력하고 그대로 따라가면 그만인데 자꾸 생소한 지명을 대며 어느 부근인지 묻거나 자신만 믿고 따라온 다음 근처에서 알려달라고 하는 경우 말이에요. '저는 외지인이고 초행길이라고요!' 마음속으로 외칩니다. 정확한 목적지를 모르는데 어떻게 길을 갑니까?

저는 몸 뉘일 집이 있고 기동력을 주는 자가용도 있습니다. 평생 일할 직장도 찾은 것 같습니다. 사실 뭐가 그렇게 더 필요하겠습니까? 반주로 캔맥주 대신 위스키를 홀짝이면 제 인생이 훨씬 행복해질까요? 평범한 아파트 대신 한남동 고급 빌라에 거주하면 정말 좋을까요? 확실한 건 그걸 손에 넣기 위해 내 가족과 보낼 시간이 줄어든다면, 마음 두근대는 소설이나 에세이를 읽는 대신 불편한 관계의 손님을 만나야 한다면 저는 그 삶을 선택하지 않으리란 사실입니다.

제가 대한민국 평균보다 많이 가져서 그렇다고 눈을 흘길 분도 있겠죠. 단언컨대 그렇지 않습니다. 투자를 하고 고액 자산가를 만나야 하는 직업 특성상 부자를 많이 만나는데요, 사람 욕심은 끝이 없더라고요. 젊을 때부터 부에 대한 철학을 다져두지 않으면 중간에 노선을 바꾸거나 급행열차를 멈춰 세우기가 어렵습니다.

저는 회사원이던 시절 곰곰이 생각했습니다. '내가 하고 싶은데 돈 때문에 못 하는 일이 뭘까?' 원체 안분지족安分知足 스타일이라 크게 바라는 게 없더군요. 집도 있고 차도 있고 패션에는 관심이 없고⋯ 먹고 마시는 걸 좋아하지만 현재 소득으로 충분히 가능한 취미였습니다. 결국 생각해낸 게 영화와 해외여행이었습니다. 저는 못해도 한 달에 1번은 극장에 갈 정도로 상업영화를 좋아하는데 예민한 성격 탓에 늦게 입장하는 사람, 중간에 휴대폰 켜는 사람, 떠드는 사람, 내 좌석을 건드리는 사람이 모두 싫은 '프로불편러'입니다. 그들도 분명 말 못할 이유가 있을 텐데 그 상황을 마주치는 것 자체가 싫은 거죠. 결혼할 때 아내와 1년에 4번씩은 해외여행을 가기로 약속했습니다. 그런데 제 키가 183cm로 큰 편이고

허리가 안 좋아 먼 거리를 이코노미석에 앉아 가면 정말 힘듭니다.

그래서 계산해봤죠. 1년 12번 영화관을 대관하고 1년 4번 비즈니스석을 타고 가는 비용을요. 의외로 얼마 안 들어요. 작은 영화관은 보통 100석입니다. 계산하기 쉽게 101석이라 생각하면 제가 부담해야 할 차액은 100명 분, 조조 영화는 1만 원 정도 하니 100만 원, 1년이면 1,200만 원입니다. 지금은 리오프닝으로 항공 좌석 공급이 수요에 비해 부족한 탓에 티켓값이 많이 비싸진 상황이지만 과거 미국이나 유럽 기준 왕복 항공권은 이코노미가 100만 원, 비즈니스가 400만 원 정도 했습니다. 다시 과거 수준으로 돌아온다고 보면 차액은 300만 원, 1년이면 이것도 1,200만 원이네요. 저는 현재보다 연 수입이 2,400만 원 늘어나면 경제적 자유를 이루는 거예요. 앞으로 50년 더 산다고 하면 12억 원만 더 있으면 되겠네요. 아니다! 3% 예금 통장에 넣어둔다고 하면 여윳돈 8억 원이면 됩니다. 주식투자 실력이 늘어 매년 10% 수익을 낼 수 있으면 2억 4,000만 원이에요. 충분히 꿈꿔볼 수 있는 돈이 됐죠?

저와 《사요 마요》는 당신의 꿈을 응원합니다. 그 꿈이 훌륭한 투자자가 되는 거라면 이제 본격적으로 달려봅시다. 당신이 진짜 바라는 게 돈이 아닌 다른 뭔가라면 불필요한 목표를 좇기 위해 지금을 낭비하지 맙시다. 욕심내지 않고 비교하지 않으면 당신은 이미 부자입니다.

초판 1쇄 인쇄 2024년 2월 14일
초판 1쇄 발행 2024년 2월 21일

지은이 김현준
펴낸이 이승현

출판1 본부장 한수미
와이즈 팀장 장보라
편집 임경은
디자인 STUDIO BEAR

펴낸곳 ㈜위즈덤하우스   **출판등록** 2000년 5월 23일 제13-1071호
주소 서울특별시 마포구 양화로 19 합정오피스빌딩 17층
전화 02) 2179-5600   **홈페이지** www.wisdomhouse.co.kr

ⓒ 김현준, 2024

ISBN 979-11-7171-146-8 03320

· 이 책의 전부 또는 일부 내용을 재사용하려면 반드시 사전에 저작권자와 ㈜위즈덤하우스의
  동의를 받아야 합니다.
· 인쇄·제작 및 유통상의 파본 도서는 구입하신 서점에서 바꿔드립니다.
· 책값은 뒤표지에 있습니다.